Wolfgang Bußler

# Ecclesia und Synagoga und der Mönchengladbacher Tragaltar



verlag mainz

Wolfgang Bußler

# Ecclesia und Synagoga und der Mönchengladbacher Tragaltar

## Judentum und Christentum in Kunst und Kirche

verlag mainz
2021

## Impressum

1. Auflage 2021

Printed in Germany

Gestaltung, Druck und Vertrieb:
Druck & Verlagshaus Mainz GmbH
Süsterfeldstraße 83
D - 52072 Aachen
www.verlag-mainz.de

Abbildungsnachweise (Umschlag):

Fond oben:»Synagogue and Ecclesia« from BL Royal 3 D VI, f. 93, Image taken from f. 93 of Historia scholastica (The ›Ashridge Petrus Comestor‹) – https://picryl.com/media/synagogue-and-ecclesia-from-bl-royal-3-d-vi-f-93-95cde5
Copyright info: Public Domain
Links unten: »Synagoga«, Gladbacher Tragaltar,
Rechts unten: »Ecclesia«, Gladbacher Tragaltar

ISBN-10: 3-86317-056-3
ISBN-13: 978-3-86317-056-1

Gewidmet der »Gesellschaft für Christlich-Jüdische Zusammenarbeit Mönchengladbach«, gegründet 1989.

*»Laßt uns auch beten für die Juden, zu denen Gott, unser Herr, zuerst gesprochen hat: Er bewahre sie in der Treue zu seinem Bund und in der Liebe zu seinem Namen, damit sie das Ziel erreichen, zu dem sein Ratschluß sie führen will.*

Allmächtiger, ewiger Gott, du hast Abraham und seinen Kindern deine Verheißung gegeben. Erhöre das Gebet deiner Kirche für das Volk, das du als erstes zu deinem Eigentum erwählt hast: gib, daß es zur Fülle der Erlösung gelangt.«

(Fürbitte aus der Karfreitagsliturgie. Meßbuch Teil I, S. 48)

Mönchengladbach, Karfreitag 2021

# Inhalt

# Geleitwort von Oberbürgermeister Felix Heinrichs

*Liebe Leserinnen und Leser,*
Wolfgang Bußler hat mit seinem Buch »Ecclesia und Synagoga und der Mönchengladbacher Tragalter – Judentum und Christentum« ein umfangreiches Werk vorgelegt, das ausgehend von einzelnen Details dieser mittelalterlichen Kostbarkeit des Münsterschatzes hin zu der aktuellen Frage führt, was wir selbst zu einem respektvollen Miteinander der Religionen beitragen können. Im Fokus stehen das Judentum und das Christentum. Als dritte abrahamische Religion wird auch der Islam mit einbezogen. Letztlich geht es aber im Kern um das friedliche Zusammenleben *aller* Menschen in Mönchengladbach: Überzeugte Gläubige jedweder Religion, Zweifelnde, Fragende, Enttäuschte, Suchende. Alle haben ihren Platz in einer offenen Stadtgesellschaft.

Es ist ein großer Bogen, den Wolfgang Bußler mit diesem Buch spannt. Der Miniatur- oder Reisealtar mit seinen wertvollen Goldschmiede- und Schmelzarbeiten – heute könnte man salopp sagen: ein »Altar to go« – ist Ausgangspunkt seiner detailreichen Betrachtungen. Aus allen Zeilen spricht bei ihm, dem Pfarrer i. R. und ausgesprochenen Kunstkenner, eine liebevolle Verbindung zur Mönchengladbacher Münsterbasilika mit ihren Schätzen. Das kann ich sehr gut nachvollziehen. Das Münster steht für viele Mönchengladbacher symbolisch für ihre Heimatstadt, für ihre Herkunft und Zukunft. So erhaben und markant sich das Münster auf dem Abteiberg zeigt, so sehr prägt es auch das Profil der Stadt.

Auch für mich hat das Münster eine besondere Bedeutung. Hier bin ich zum Beispiel 2007 gefirmt worden. Das verbindet. Und seit kurzem gibt es noch eine weitere Beziehung zum Münster: Direkt nebenan, im Rathaus Abtei, befindet sich mein Arbeitsplatz. Seit 1850 ist das Rathaus Abtei der Amtssitz des jeweiligen Oberbürgermeisters bzw. der Oberbürgermeisterin. Das Rathaus soll nach meiner Vorstellung ein ebenso offenes Haus sein wie das Münster, in dem jeder willkommen ist – unabhängig von seiner Religion, Weltanschauung, Herkunft und seinem sozialen Status: Ein Rathaus – und damit meine ich die Stadtverwaltung in Gänze – als ein Ort des Respektes und der Toleranz.

Dort, wo diese Werte selbstverständlich gelebt werden, haben Ausgrenzung, Hass und Gewalt keine Chance. Und hier schließt sich der Kreis zu der wichtigen Mission von Wolfgang Bußler, der auch sehr aktiv im Vorstand der Mönchengladbacher Christlich-Jüdischen Gesellschaft ist: Verunglimpfung und Angriffe auf Andersgläubige oder Nichtgläubige darf es nie mehr geben. Antisemitismus ist nicht nur ein Angriff auf Menschen jüdischen Glaubens, sondern auf uns alle. »Ecclesia und Synagoga«. Mönchengladbach ist ein Ort des friedlichen Miteinanders der Religionen.

Mönchengladbach, 1. November 2020

FELIX HEINRICHS
Oberbürgermeister

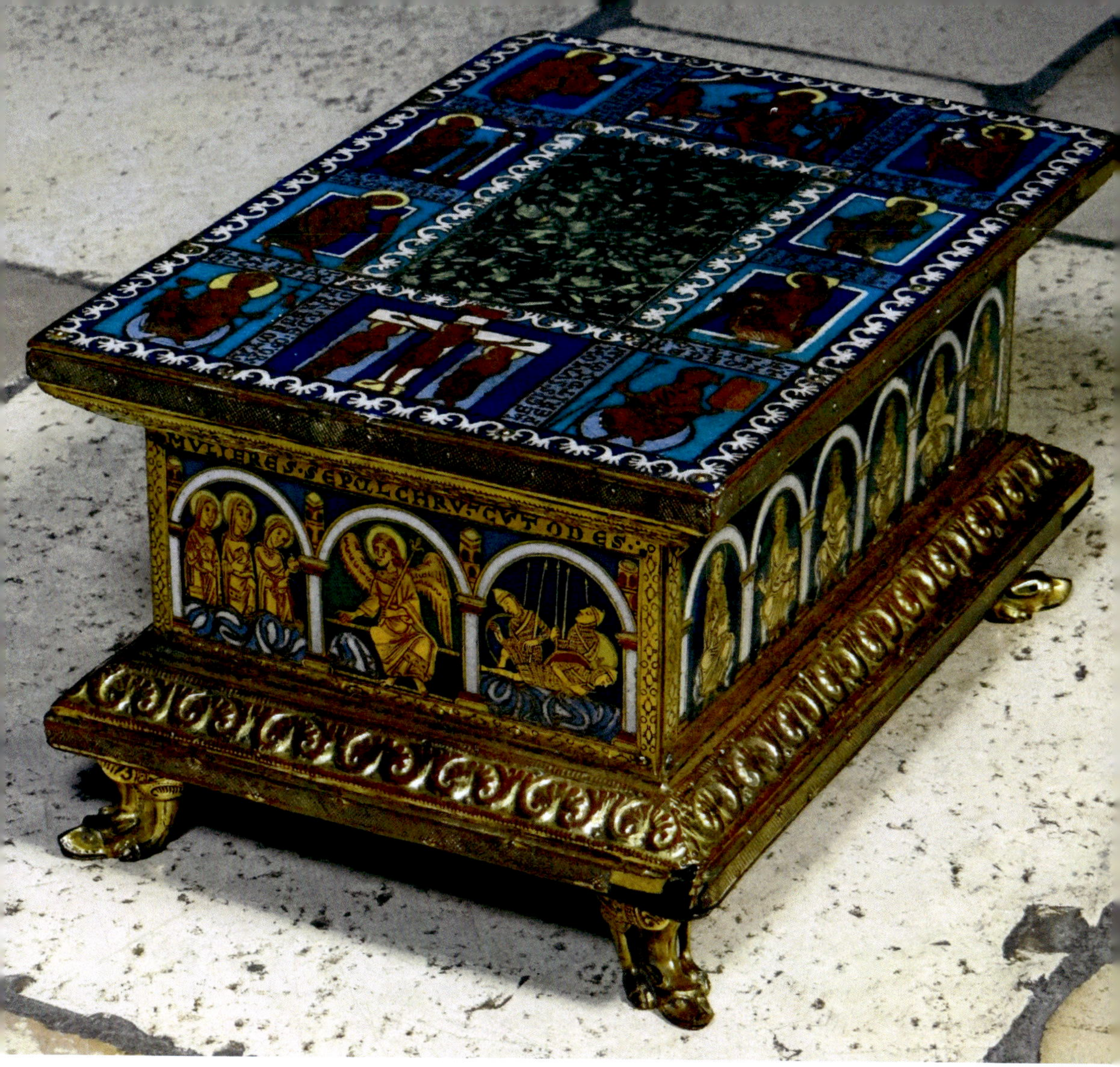

Bild 1: Der Gladbacher Tragaltar, 1160.

# Vorwort
## von Bischof em. Dr. Heinrich Mussinghoff

Schon als Kind hat Wolfgang Bußler den Gladbacher Tragaltar gesehen, erschaut und sich »eingebildet«. Aus lebenslanger Anschauung ist ihm eingeprägte Einsicht erwachsen. Das hat ihn zu seiner Verantwortung im priesterlichen Beruf, im Verein für christliche Kunst der Bistümer Köln und Aachen und in der Gesellschaft für Christlich-Jüdische Zusammenarbeit in Mönchengladbach geführt.

In diesem kleinen Buch zeigt er uns die Schönheit und die Bedeutung des Gladbacher Tragaltars, der die Äbte von Mönchen-Gladbach auf Reisen begleitete. Er legt eine kunstgeschichtliche Studie vor über das Verhältnis von Ecclesia und Synagoga. Sie zeichnet das dramatische Verhältnis von Kirche und Synagoge, von Christentum und Judentum durch die Geschichte nach.

Es beginnt mit der Zeit Karls des Großen. Diese Zeit war »die goldene Zeit für die Juden«.

Man kann das 9. Jahrhundert als das Zeitalter der »Concordia« bezeichnen, wo Juden und Christen in Eintracht miteinander lebten. Der Mainzer Theologe Rabanus Maurus (780–856) nennt die Kirche »deine Schwiegertochter, die dich lieb hat: sie hat sich mit Christus vermählt, dem Sohn Gottes, dem aus dem Volk der Juden«.

Dann kommt die Zeit der »Altercatio«. Streitgespräche beherrschen das Feld. Wir sehen die Synagoge in trauriger, aber noch würdiger Gestalt. Die Synagoge erscheint blind bei der Hl. Hildegard, aber noch nicht mit verbundenen Augen, ja, sie wird noch Mutter der Menschwerdung des Gottessohnes genannt.

In der diskriminierten Phase nach 1000 bildet sich ein Grundtyp der Trennung heraus: rechts vom Kreuz (oder dem Christusbild) steht die Ecclesia (oder die Maria) selbstbewusst stolz, schön, herrscherlich, kostbar gekleidet, würdevoll; sie trägt die Siegesfahne (mit verdeckter Hand), den Kelch mit dem gewandelten Wein, dem Blut Christi.

Links steht die Synagoga: eine gebeugte, leidende Frau mit verbundenen Augen, die ihr Gesicht vom Kreuz abwendet, also für nicht fähig gehalten wird, die Wahrheit zu sehen, der die Gesetzestafeln aus den Händen gleiten und deren Fahne oder Stab zerbrochen ist. So zeichnet Wolfgang Bußler die Bilder der Verachtung und Diskriminierung nach, etwa des Straßburger Münsters, des Bamberger Domes und viele andere Beispiele. Ja, im Magdeburger Dom führt die Ecclesia (Kirche) die klugen Jungfrauen an, schön, klug, geordnet, gut gerüstet ins Paradies, während die Synagoga die törichten Jungfrauen in die Hölle führt.

In der Renaissance und im Barock bleibt die Grundausstattung. Nur müssen bei diesen herrschenden Kunstformen die Frauen jung und schön sein, aber die Kirche dem Altar zugewandt (mit Insignien und Kleidung des Papstes) und die Synagoge im hohepriesterlichen Gewand mit abgewandtem Blick.

In der Folgezeit im 19. Jahrhundert bis weit nach dem Zweiten Weltkrieg bleibt die typische Darstellung von Kirche und Synagoge im Wesentlichen erhalten, als habe man die Shoah, die Vernichtung der europäischen Juden, nicht wahrgenommen. Die Steinigung des Stephanus taucht auf und verschärft den Dissens.

Nachdem das II. Vatikanische Konzil mit dem Dekret »Nostra aetate« der alten, die Juden diskriminierenden Theologie eine klare Absage erteilt hat, kann sich das Verhältnis von Juden und Christen erneuern.

In jüngster Zeit hat es zwei Erklärungen Orthodoxer Rabbinerkonferenzen gegeben, die sich auf dem Weg »hin zu einer Partnerschaft mit dem Christentum« fühlen, wie es auch vom Vatikan und verschiedenen Katholischen Bischofskonferenzen Erklärungen gibt, die das Basisdokument des Konzils verfeinern.

Wolfgang Bußler arbeitet und wirbt seit Jahren für die Mönchengladbacher Gesellschaft für Christlich-Jüdische Zusammenarbeit.

Ich erlaube mir noch einen Hinweis: Kindern versuche ich klarzumachen, dass Gott seinen ersten Bund mit seinem Volk Israel am Mosesberg auf dem Sinai geschlossen hat. Israel ist also Gottes »erste Liebe«. Und von seiner ersten Liebe wird Gott nie lassen. Deshalb gehören wir fest und unzertrennlich, Juden und Christen, zusammen. Wir haben Unterschiede, aber wir sind gemeinsam »Gottes Volk« – seine geliebten Kinder. Deshalb beten wir für die Juden, zu denen Gott zuerst gesprochen hat: »Bewahre sie in der Treue zu seinem Bund und in der Liebe zu seinem Namen, damit sie das Ziel erreichen, zu dem sein Ratschluss sie führen will. Denn du, Gott, hast Abraham und seinen Kindern deine Verheißungen gegeben. Erhöre das Gebet deiner Kirche für das Volk, das du als erstes zu deinem Eigentum erwählt hast: Gib, dass es zur Fülle der Erlösung gelangt« (Fürbitte aus der Karfreitagsliturgie).

Unser Autor beendet sein Werk mit Kernsätzen von Päpsten und Theologinnen und Theologen, die ein Umdenken eingeleitet haben und stützen. Das II. Vatikanische Konzil hat mit der Einführung von »Nostra aetate« die Wende zu zaghaft beginnender christlich-jüdischer Zusammenarbeit und zu einem friedlichen Zusammenleben und Freundschaften geschaffen. Die christlichen Kirchen und jüdischen Gemeinschaften finden immer mehr zusammen, aber es bleiben starke Gruppierungen in unseren säkularen Gesellschaften, die Antisemitismus schüren, Gewalt anwenden, den Frieden stören.

Das Buch von Wolfgang Bußler ruft uns auf, die Shoah nicht zu vergessen, Antisemitismus und Rassismus zu bekämpfen, Frieden, Verständigung und Freundschaft zu leben. Gott ist ein Gott aller Menschen. Er will den Frieden und das Heil und die Erlösung für alle.

Die Botschaft dieses Buches ist sogar für Kinder einfach:

- Gott hat Israel, das Volk der Juden, zuerst geliebt.
- Gott hat mit Israel seinen Bund geschlossen und nie widerrufen.
- Gott kann und wird nie seinen Bund widerrufen. Das widerspräche seinem Wesen, das Liebe ist.
- Wir sind nur gemeinsam mit seinem Volk in sein himmlisches Vaterhaus gerufen.
- Unser Bischof Klaus Hemmerle hat die Mitschuld der Kirche und der Christen beim Namen genannt.
  »Man hat meinem Gott das Haus angezündet …« (im Text Seite 154)

Aachen, den 11. März 2020

Dr. Heinrich Mussinghoff
emeritierter Bischof von Aachen

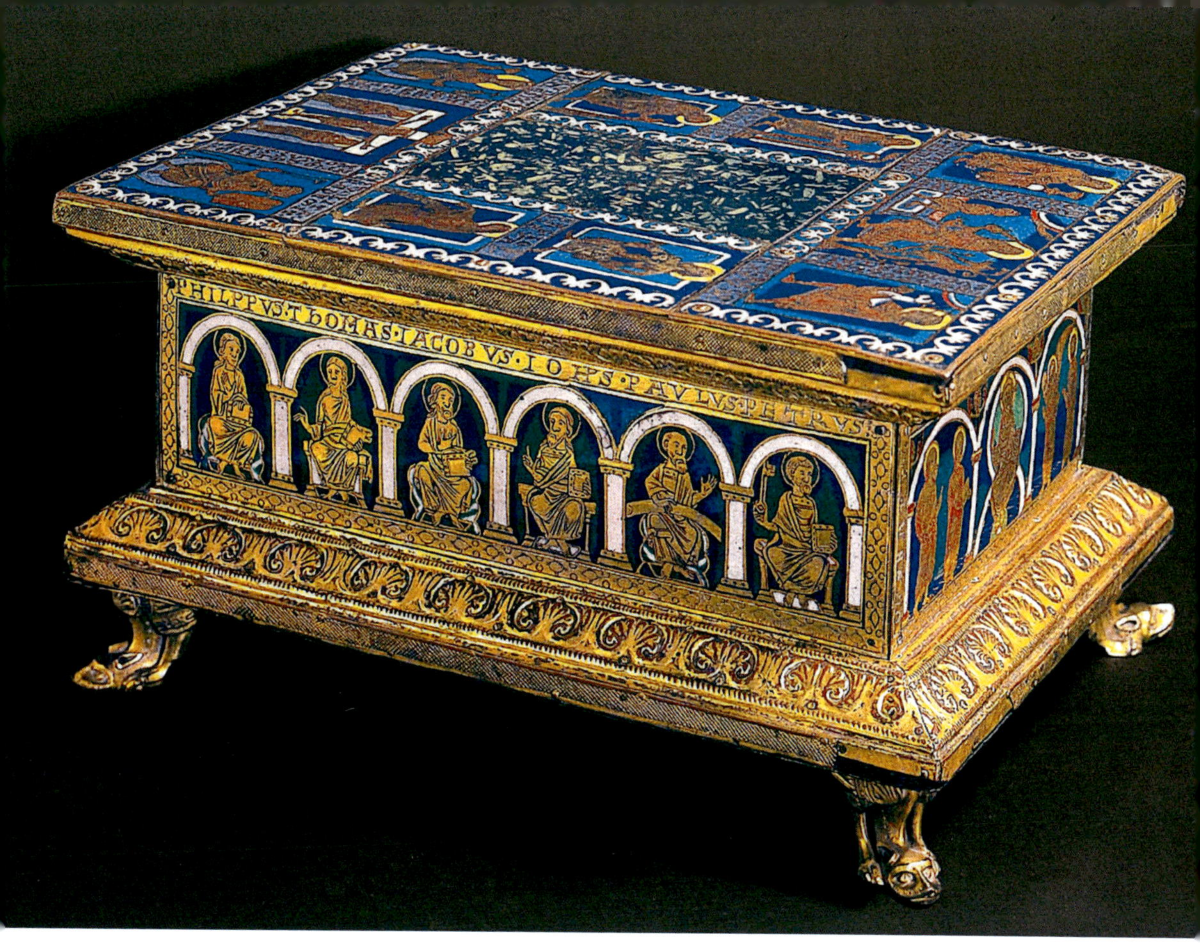

Bild 2: Der Gladbacher Tragaltar, 1160.

# 1. Der Gladbacher Tragaltar

Seit meiner Kindheit kenne ich den Tragaltar im Münsterschatz der alten Abtei St. Vitus in Mönchengladbach. Meine Lehrer von der Schule im Schatten der Münsterkirche haben davon begeistert erzählt. Besonders zwei Geschichten sind mir in Erinnerung geblieben.

1795 besetzten die Französischen Revolutionstruppen Gladbach. Sie brauchten Geld, um ihre Kriegsschulden zu bezahlen. Deshalb kamen sie auf die Idee, die goldenen und silbernen Reliquienschreine der Abtei einzuschmelzen. Der damalige Prior der Benediktinermönche Cornelius Kirchrath ahnte, was passieren würde.

Deshalb versteckte er den Tragaltar unter seinem Bett im Pfarrhaus. Nur deshalb wurde der Altar gerettet. Er hat als einzige mittelalterliche Goldschmiedearbeit des ehemals reichen Kirchenschatzes von St. Vitus die Franzosenzeit überstanden.

Jahrzehnte später war der Kirchenvorstand der Pfarre in Geldnot. Er musste das Münster grundlegend sanieren. Aus diesem Grund überlegte er, seinen wertvollsten Schatz im Kunsthandel zu verkaufen. Die Kaufverträge waren schon unterschrieben, da erhob der zuständige Bischof von Köln Einspruch. Kardinal Johann von Geissel verbot den Verkauf. So rettete er 1853 unseren Schatz zum zweiten Mal. (Helmut Jansen, S. 110)

Später als Theologe habe ich mich mit der Idee und der Geschichte des Tragaltars auseinandergesetzt.

200 Jahre nach Gründung der Abtei Gladbach wurde der Tragaltar angeschafft, der heute als das älteste Kunstwerk (1160) der ehemaligen Abteikirche und heutigen Pfarrkirche St. Vitus gilt.

In seiner umfangreichen Arbeit beschreibt Michael Budde den »altare portatile«. Er kopiert die äußere Form des ortsfesten Altares und erhält somit das Aussehen eines Miniaturaltares. Seine Blütezeit erlebt diese Altarform in der zweiten Hälfte des 12. Jahrhunderts mit den Altären in Emailausstattung. Das ist auch die Entstehungszeit unseres Tragaltares. In der Vielfalt der Bilder zeigt sich das lebhafte Interesse der Zeit an erklärenden und deutenden Auslegungen der Heiligen Schrift. Personen und Ereignisse aus dem Alten und Neuen Testament werden gegenübergestellt als vorbildhaft und zeichengebend, eine Vorstellung von einer Heilsgeschichte, die aus beiden Testamenten hervorgeht. (Michael Budde, S. 16)

Wir finden Tragaltäre noch heute in den Schatzkammern romanischer Kirchen in Köln und der Kölner Umgebung: St. Maria im Kapitol (Schnütgen Museum Köln), Siegburg St. Servatius (Andreas Reliquiar, Mauritius-Tragealtar, Gregorius-Tragaltar), unter anderem im Trierer Dom und in den Domschätzen zu Hildesheim, Paderborn, Fritzlar und Xanten.

Viele stammen aus dem maas-rheinischen Land. Der Gladbacher Tragaltar gehört zu den Kölner Werken der Eilbertus-Gruppe. Der Eilbertus Tragaltar im Kunstgewerbemuseum Berlin ist der Namensgeber. Er gehört zum Welfenschatz und stammt aus der Stiftskirche St. Blasius, heute Braunschweiger Dom genannt.

Auch der Mauritius-Tragaltar aus Siegburg gehört zur Eilbertus-Gruppe, der Gladbacher Tragaltar gilt als Kernstück dieser Gruppe (Stefan Soltek, S. 403f). Ein ähnlicher Zeichenstil und vergleichbare Motive verbinden sie.

»Nicht immer stand dem Geistlichen im Mittelalter zur täglichen Messfeier ein ›altare fixum‹ zur Verfügung.« (Ebd. S. 403f) Deshalb erfand man tragbare Altäre, die als Reisealtäre benutzt wurden. »Sie ermöglichten auch Messfeiern im Freien, beispielsweise während der Missionierungen, Prozessionen, auf Reisen und bei Heerzügen« (Daniel Cremer, S. 56), auch auf nichtkonsekrierten Altären sowie in anderen Räumen wie Krankenzimmern bei der Spendung der Krankensalbung (Ernst Coester, S. 3).

Joseph Braun meint allerdings: »Freilich waren die Kastenportatilen mehr Prunkstücke als Gegenstände zum gewöhnlichen Gebrauch, wie sie auch infolge ihrer Höhe und ihrer verhältnismäßig geringen Größe für ihren Zweck nicht gerade sonderlich bequem waren« (Joseph Braun, S. 459), »weil sie selbst bei Gebrauch ganz kleiner Kelche nicht eben bequem und praktisch waren.« (Ebd. S. 471)

Zum Welfenschatz gehören auch einfache Tragaltäre, Altarsteine mit Goldschmuck, die sicher leichter unterwegs mitzuführen waren. Sie sind in Berlin zu sehen, aber auch im Augsburger Diözesanmuseum. Dort wird der Oettinger Tragaltar, ein »Spitzenstück«, eher ein Altarstein, aufbewahrt, der überraschenderweise auf seiner Unterseite in Braunfirnis das Bild Jesus am Kreuz und neben ihm Ecclesia und Synagoga zeigt.

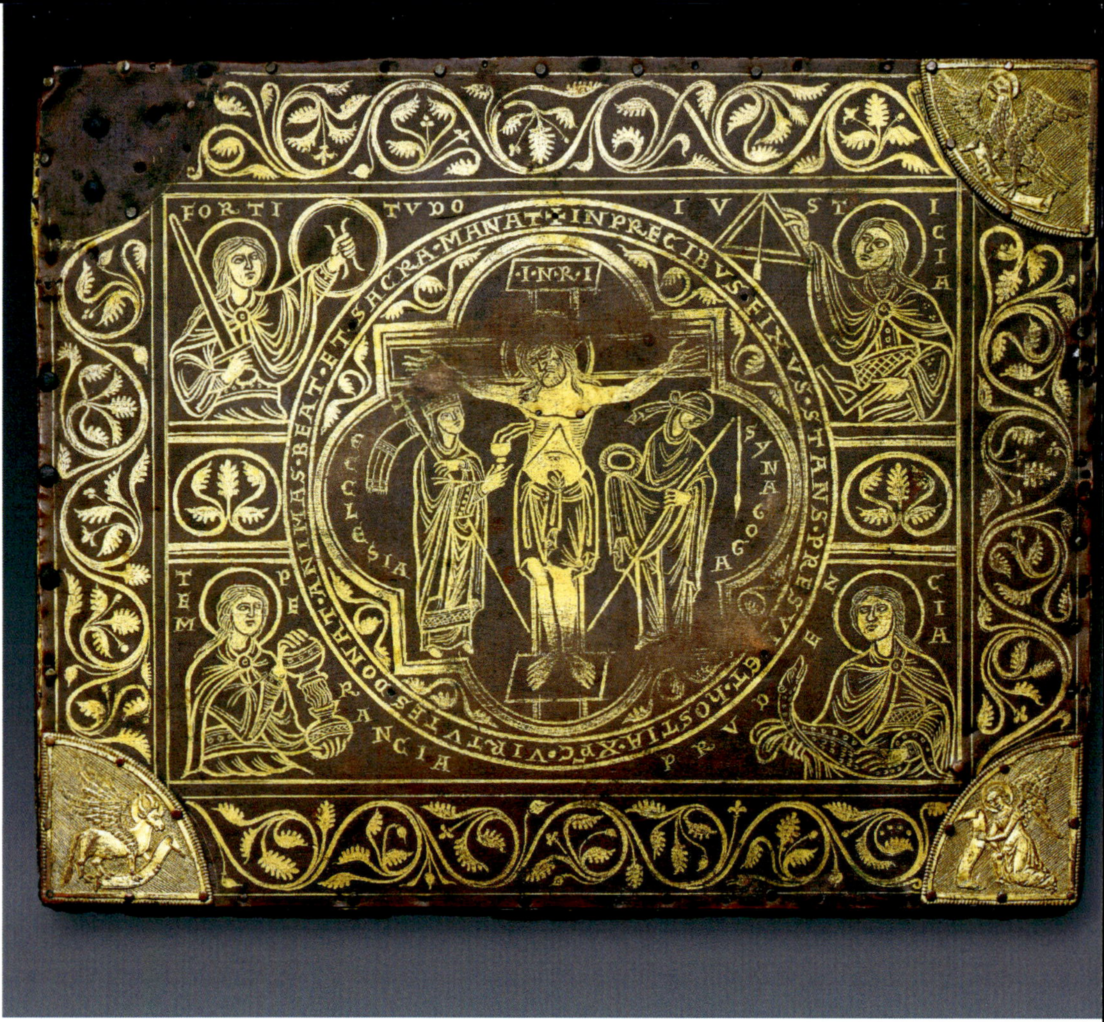


Bild 3 a: Bodenplatte des Oettinger Tragaltars, 1170.

Musste ein Abt der Abtei Gladbach Reisen unternehmen, begleitete ihn dann unser Reisealtar, oder doch eher ein schlichter Altarstein?

Der damalige Abt Robert (1155–1183) könnte den Gladbacher Tragaltar benutzt haben. Er leitete die Abtei dreißig Jahre lang und war auch wirtschaftlich erfolgreich. Nach der Überlieferung bewies er Sinn und Verständnis für die Kunst. So hat er sicher dieses teure Kunstwerk für seine Abtei-Kirche gekauft, ein Meisterwerk der Goldschmiede- und Schmelzkunst, ein Symbol von Macht und Stand, das auch der Repräsentation seines Besitzers diente. (D. Cremer, S. 56)

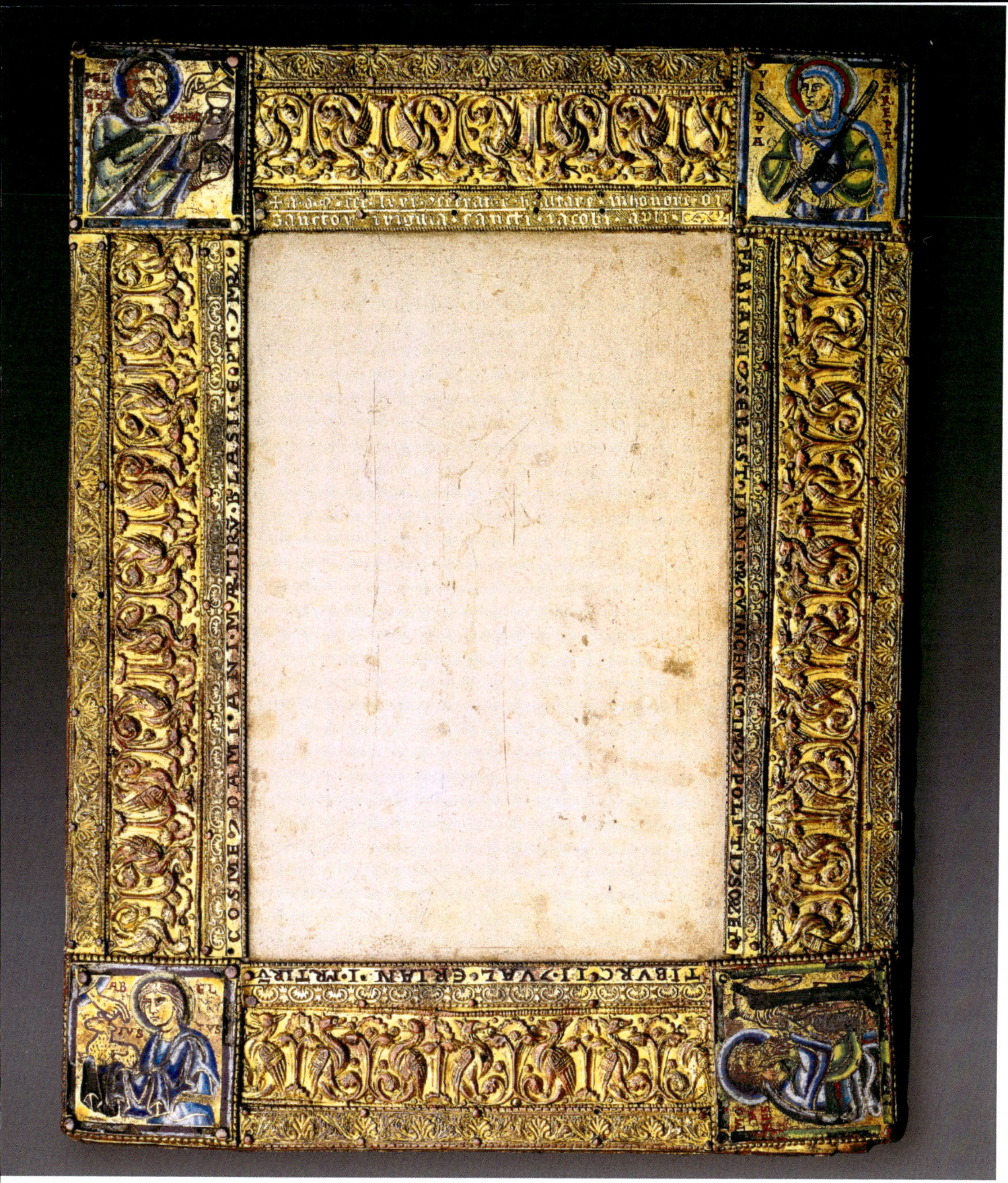

Bild 3 b: Altarplatte des Oettinger Tragaltars, 1170.

Der Gladbacher Tragaltar zählt zum altarförmigen Typ. Er ist 15,7 cm hoch, 21 cm breit und 29,5 cm tief. Er ruht auf vier Füßen aus vergoldetem Kupfer, welche Drachenköpfe mit daneben gelagerten Klauen darstellen. Als demütig buckelnde Trägersklaven im Sinne der Apokalypse sind sie gestaltet und bezeichnen das ausgelöschte Böse. »Es wurde gestürzt der große Drache, die alte Schlange« (Offb 12,9).

Das Grundgerüst des Tragaltares besteht aus einem Holzkern, an dem mit Nägeln Grubenschmelzplatten und vergoldete Kupferstreifen befestigt sind, so dass sein Äußeres golden und edelsteinfarben leuchtet.

Joseph Braun schreibt 1924 in seinem Buch »Der christliche Altar«: »Allen gemeinsam ist, dass die Schräge des Vorsprungs des Deckels und Sockels mit Silberblech bekleidet ist, welches mit einem gestanzten romanischen Blattfries, namentlich mit einem Palmettenfries, verziert erscheint.« (J. Braun, S. 478)

»28 Alt- und Neutestamentliche Gestalten oder Szenen, in flacher Metallzeichnung aus Gold gearbeitet und durch Gravuren in den Einzelheiten verdeutlicht, füllen in sogenannter Grubenschmelztechnik die blau und grün emaillierten Arkadenflächen der Kastenwände und der Tischfläche des Altares.« (E. Coester, S. 3)

Stege zwischen den Darstellungen beinhalten die erläuternden Texte und Namensbeischriften, in die Emailtafeln sind Palmettenfriesstreifen eingearbeitet.

Er ist der einzige Tragaltar aus dem Kölner Bereich, dessen Bildschmuck der Längsachse nach ausgerichtet ist (S. Soltek, S. 403f).

»Ausgestattet mit einer konsekrierten Steinplatte, groß genug, um wenigstens Kelch und Hostie Platz zu bieten, sowie einem Reliquienpositorium, besitzt er die liturgisch geforderten Eigenschaften.« (Ebd. S. 403f) Der Gladbacher Tragaltar enthält die Reliquien des Heiligen Gereon und der Märtyrer der thebäischen Legion.

Die Altarplatte ist aus wertvollem grünen Porphyr. Porphyr finden wir zum Nutzen römischer Kaiser als Sarkophage und als besondere Fußböden. Auf einer Porphyrscheibe im Petersdom soll Kaiser Karl gekrönt worden sein.

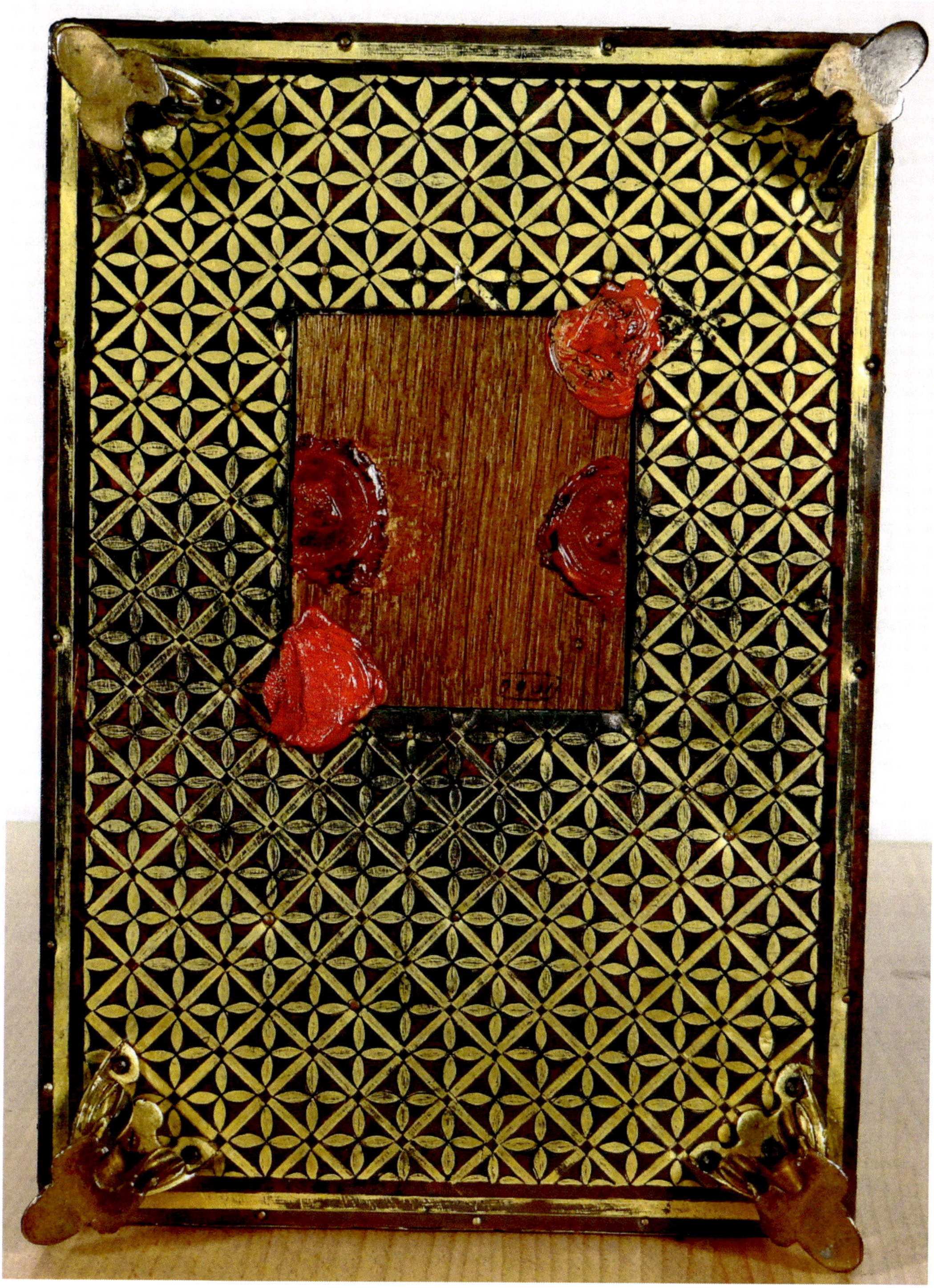

Bild 4: Bodenplatte des Gladbacher Tragalters, 1160.

Über den Wert von Porphyr schreibt Ursula Bracker-Wester: »Die Tragaltäre ... bezeugen einen bisher unbekannten, spätantike Tradition fortführenden Porphyrprunk im mittelalterlichen Köln. Es war möglich und hatte seine besondere Ausprägung erhalten durch das aus römischer Zeit hier vorhandene Material.« (Ursula Bracker-Wester, S. 126)

Auf der Unterseite des Portatiles befindet sich ein versiegelter Holzdeckel vor dem Sepulcrum. Eine Kupfertafel, die in Braunfirnistechnik ein schräggestelltes Quadratmuster mit eingestellten Vierblattrosetten aufweist, bedeckt die übrige Bodenfläche. (M. Budde, S. 15)

## a) »Deinen Tod, o Herr, verkünden wir«

Alle bildlichen Darstellungen verdeutlichen das Bekenntnis jeder Messe, das mit der Liturgiereform des II. Vatikanischen Konzils eingeführt wurde.

»Deinen Tod, o Herr, verkünden wir und deine Auferstehung preisen wir, bis du kommst in Herrlichkeit«. (nach 1 Kor 11,26)

So erschließt die Altarplatte die Worte »Deinen Tod, o Herr, verkünden wir« an der unteren Kante mit der *Kreuzigung Jesu*, Jesus ans Kreuz genagelt, begleitet – rechts und links vom Kreuz aus gesehen – von Maria und Johannes, dem Apostel und Evangelisten.

Zu dieser Bildgruppe gehören in einem je eigenen Bildfeld rechts außen die Darstellung der Ecclesia und links außen die Darstellung der Synagoga, ein häufiges Motiv zur Ergänzung des Gekreuzigten in der Zeit der Herstellung des Tragaltars.

Jesu Tod wird in typologischer Weise, die theologisch in jener Zeit üblich war, gedeutet mit Szenen des Alten Testamentes. Das heißt: Ereignisse und Personen aus dem Alten Testament werden mit Ereignissen und Personen aus dem Neuen Testament verbunden. Der Kölner Theologe Wilhelm Nyssen hat einen passenden Begriff für diese Typologie geprägt: »Heilige Übereinstimmung«. (Wilhelm Nyssen, S. 107)

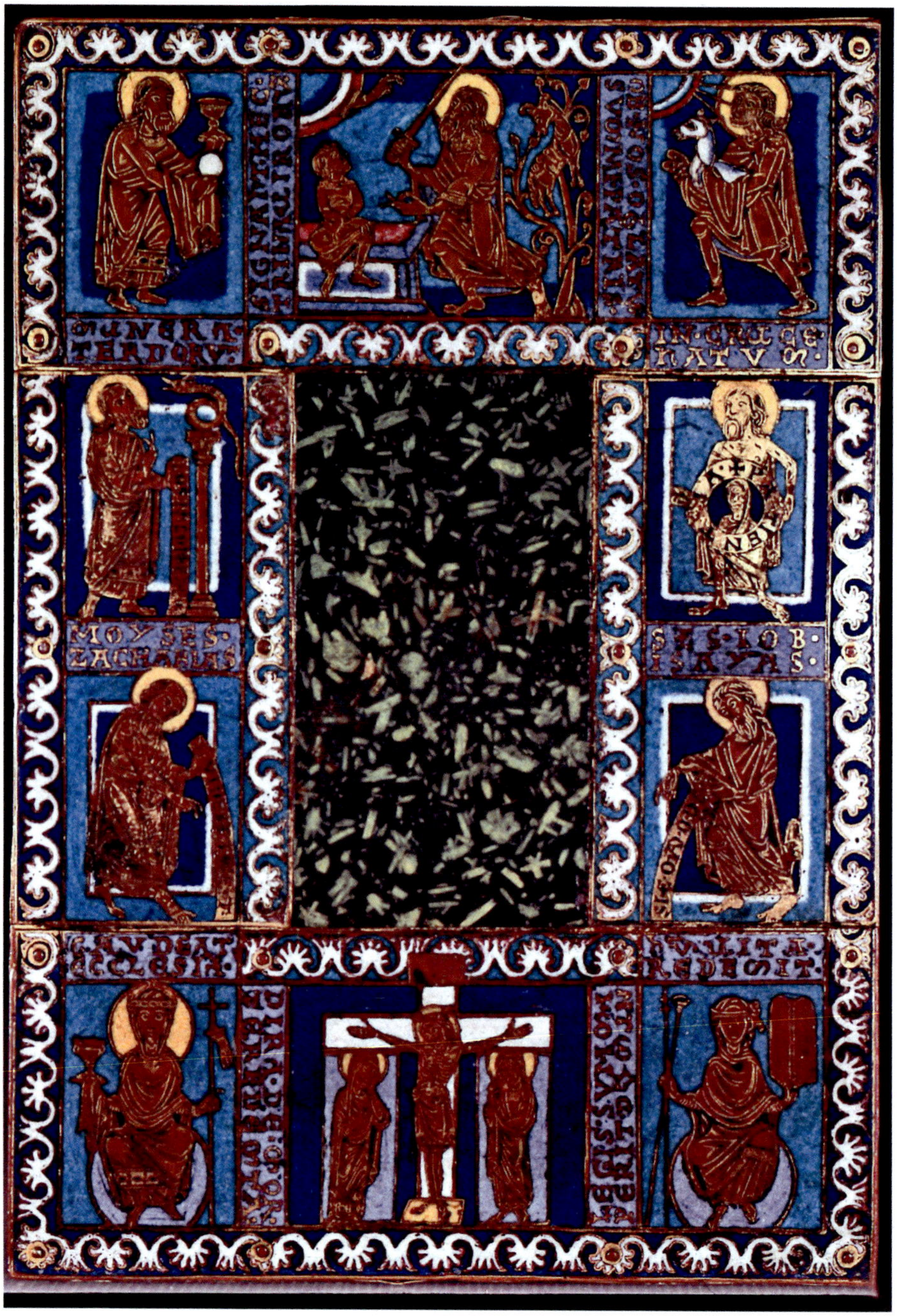


Bild 5: Altarplatte des Gladbacher Tragalters, 1160.

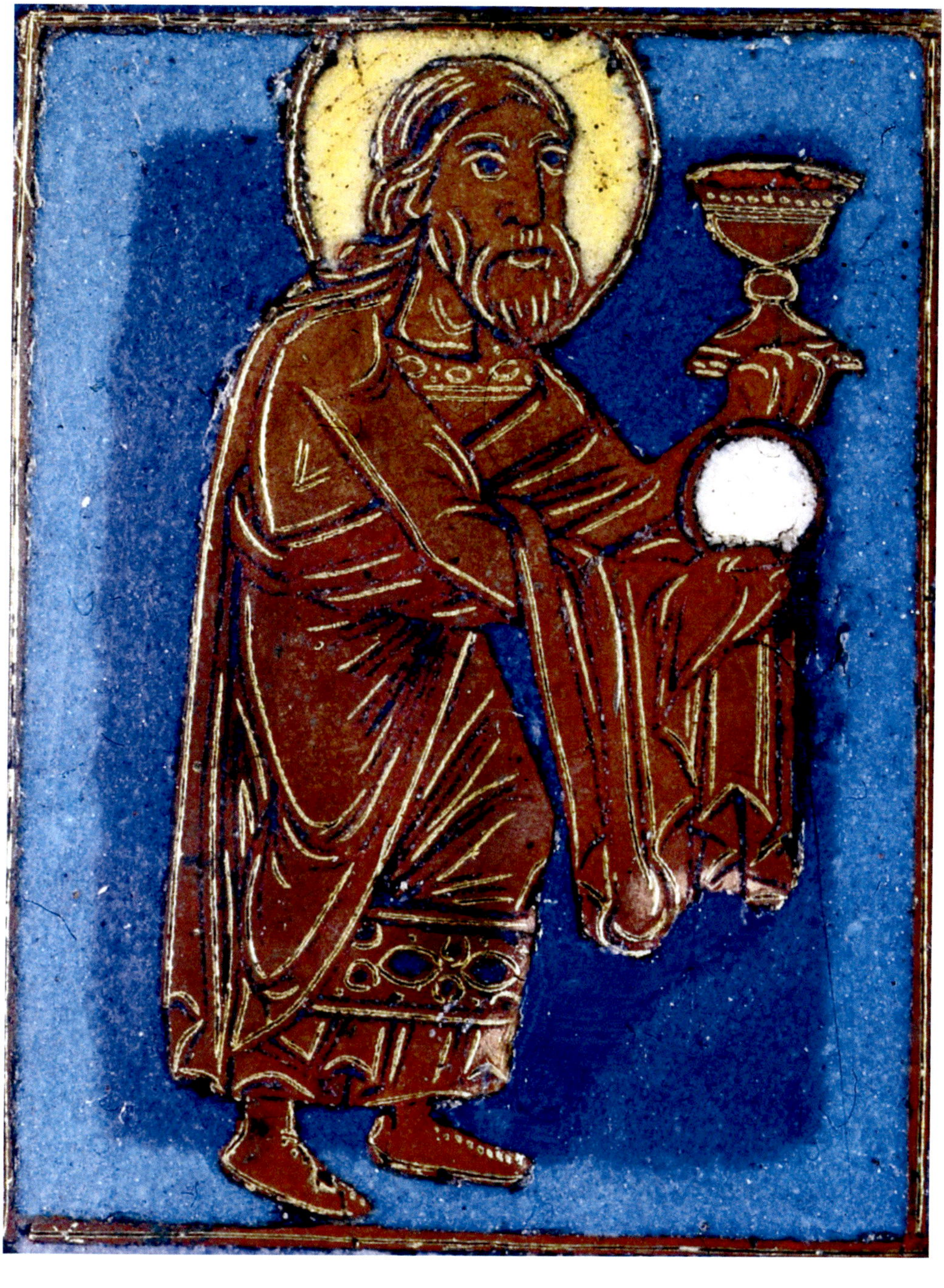

Bild 6: *Melchisedek mit den zwei Gaben Brot und Wein,*
Gladbacher Tragalter, 1160.

An der Kopfseite bringt links *Melchisedek* seine Gaben Brot und Kelch mit Wein, die er in seinen verhüllten Händen hält. Er ist der König von Salem und der Priester des höchsten Gottes (Gen 14,18–20). Mit diesen Gaben tritt er Abraham entgegen, mit dem er ein Bündnis schließen will. Den Gaben des Melchisedek entsprechen auf diesem Altar die Hostie und der Kelch mit Wein und damit dem in der Eucharistie gegenwärtigen Jesus Christus.

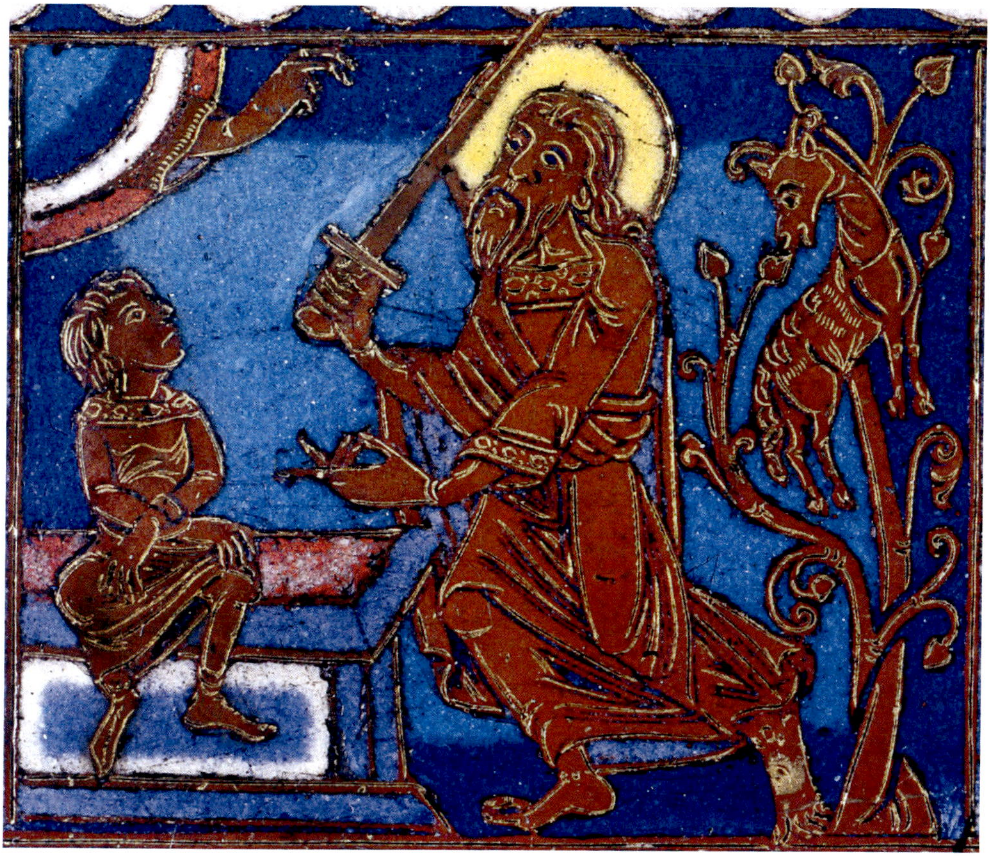

Bild 7: *Abraham opfert seinen Sohn Isaak*, Gladbacher Tragalter, 1160.

In der Mitte will *Abraham* auf Gottes Geheiß seinen Sohn Isaak opfern (Gen 22,1–19). Der Sohn sitzt an den Händen gebunden auf dem Opferaltar, blickt staunend seinen Vater an, der mit erhobenem Schwert verschreckt einhält, weil die Hand Gottes ihn zurückhält. Das Ersatzopfer, der Widder, hat sich schon im Strauchbaum verfangen. Dieser dann geopferte Widder entspricht dem »Lamm Gottes«, Jesus Christus.

Der Holz-Strauch entspricht dem Holz des Kreuzes Jesu (D. Cremer, S. 56).

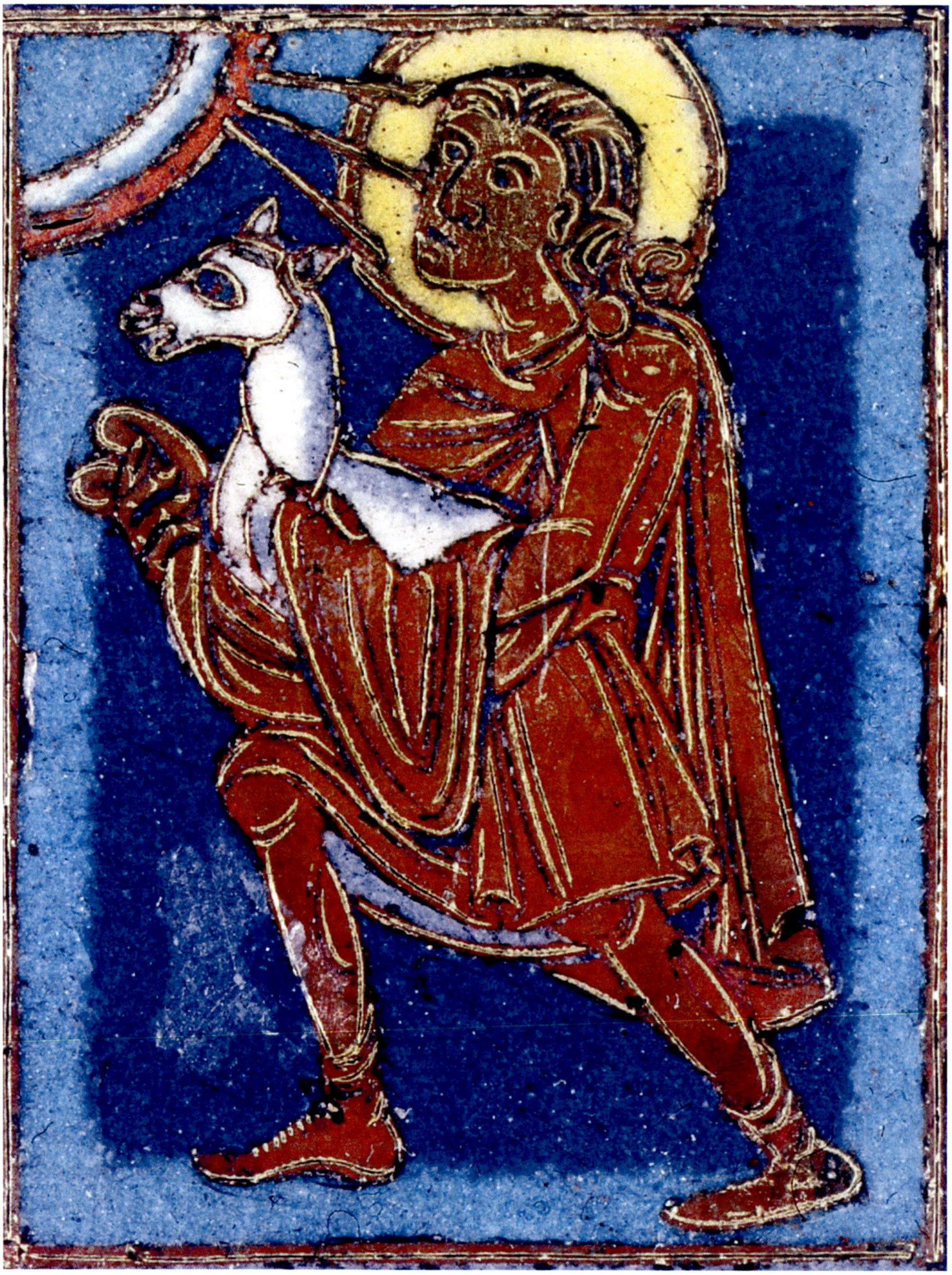

Bild 8: *Abel trägt sein Opferlamm,* Gladbacher Tragalter, 1160.

In der rechten Szene trägt *Abel* mit verhüllten Händen sein Opfer, ein Lamm, und hält es Gott entgegen (Gen 4,4). Die drei Strahlen aus dem Himmel zeigen, dass Gott sein Opfer annimmt. Das Lamm erinnert an das Lamm, das die Israeliten vor dem Auszug aus Ägypten schlachteten und das auch für jedes Paschafest geschlachtet wird. Es entspricht dem Lamm Gottes. Aber auch Abel, der von seinem Bruder Kain erschlagen wird, ist ein Opfer, wie Jesus am Kreuz Opfer ist.

Mit weißer Farbe abgebildet sind das Lamm des Abel, das Brot des Melchisedek, das Podest, auf dem Isaak steht, und das Kreuz Jesu. Weiß ist hier die Farbe der Übereinstimmung.

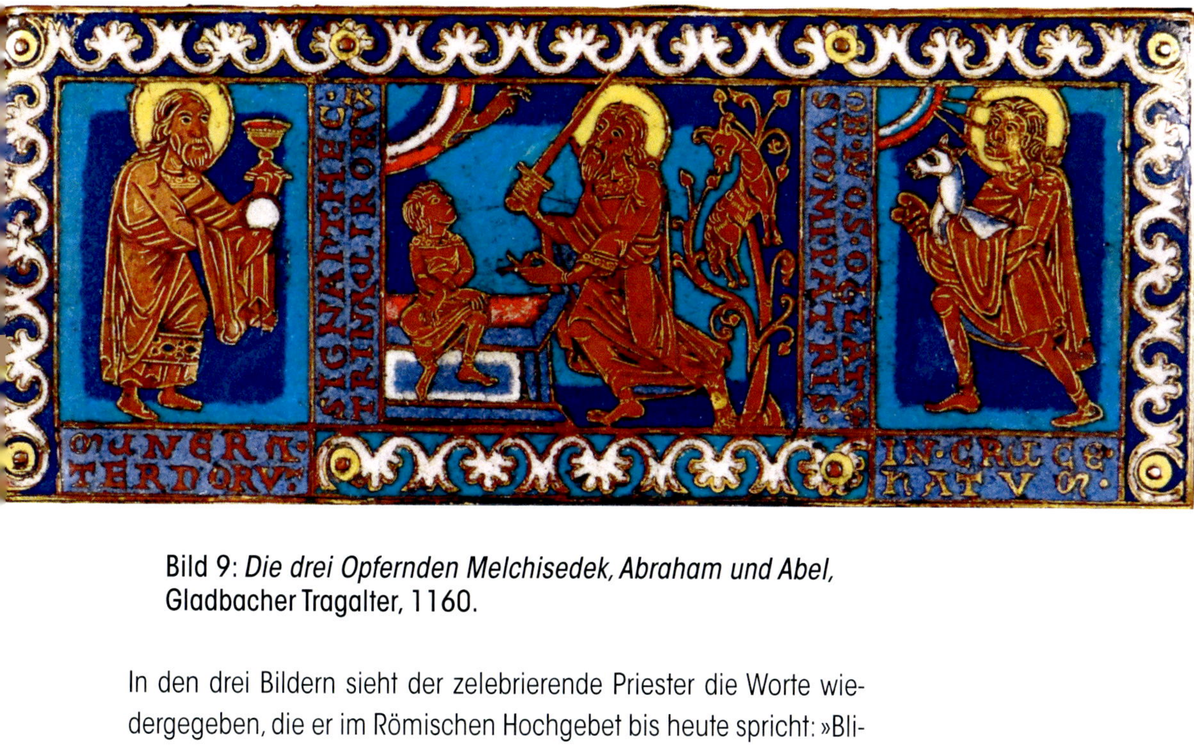

Bild 9: *Die drei Opfernden Melchisedek, Abraham und Abel,* Gladbacher Tragalter, 1160.

In den drei Bildern sieht der zelebrierende Priester die Worte wiedergegeben, die er im Römischen Hochgebet bis heute spricht: »Blicke versöhnt und gütig darauf nieder und nimm sie (das Brot des Lebens und den Kelch des ewigen Heiles) an wie einst die Gaben deines gerechten Dieners Abel, wie das Opfer unseres Vaters Abraham, wie die heilige Gabe, das reine Opfer deines Hohenpriesters Melchisedek.«

In diesem Satz ist die Abrahamitische Ökumene enthalten, sichtbar auf dem Tragaltar, die Judentum, Christentum und Islam verbindet. Melchisedek und Abraham stehen am Anfang der drei Religionen. Beide waren weder Jude noch Christ noch Muslim (Karl-Josef Kuschel, S. 284f).

In »Nostra Aetate« bezieht das II. Vatikanische Konzil sich auf Abraham bei der Würdigung des Islams: »Sie (Muslime) mühen sich, auch seinen verborgenen Ratschlüssen sich mit ganzer Seele zu unterwerfen, so wie Abraham sich Gott unterworfen hat, auf den der islamische Glaube sich gerne beruft.« (Abschnitt 3), und des Judentums: »Bei ihrer Besinnung auf das Geheimnis der Kirche gedenkt die Heilige Synode des Bandes, wodurch das Volk des Neuen Bundes mit dem Stamme Abrahams geistlich verbunden ist.« (Abschnitt 4)

Die lateinische Unterschrift sagt:

MUNERA TERNORU(M)SIGNANT H(A)EC / TRINA UIRORV(M) OB NOS OBLATV(M) / SVMMI PATRIS IN CRUCE / NATUM

»Die drei Gaben der drei Männer bezeichnen den für uns am Kreuz geopferten Sohn des höchsten Vaters.« (D. Cremer, S. 55)

Längs der Altarplatte links und rechts sind vier Alttestamentliche Personen dargestellt in eigens weiß gerahmten Bildern.

Bild 10 (rechts): *Mose mit Schlange*, Gladbacher Tragalter, 1160.

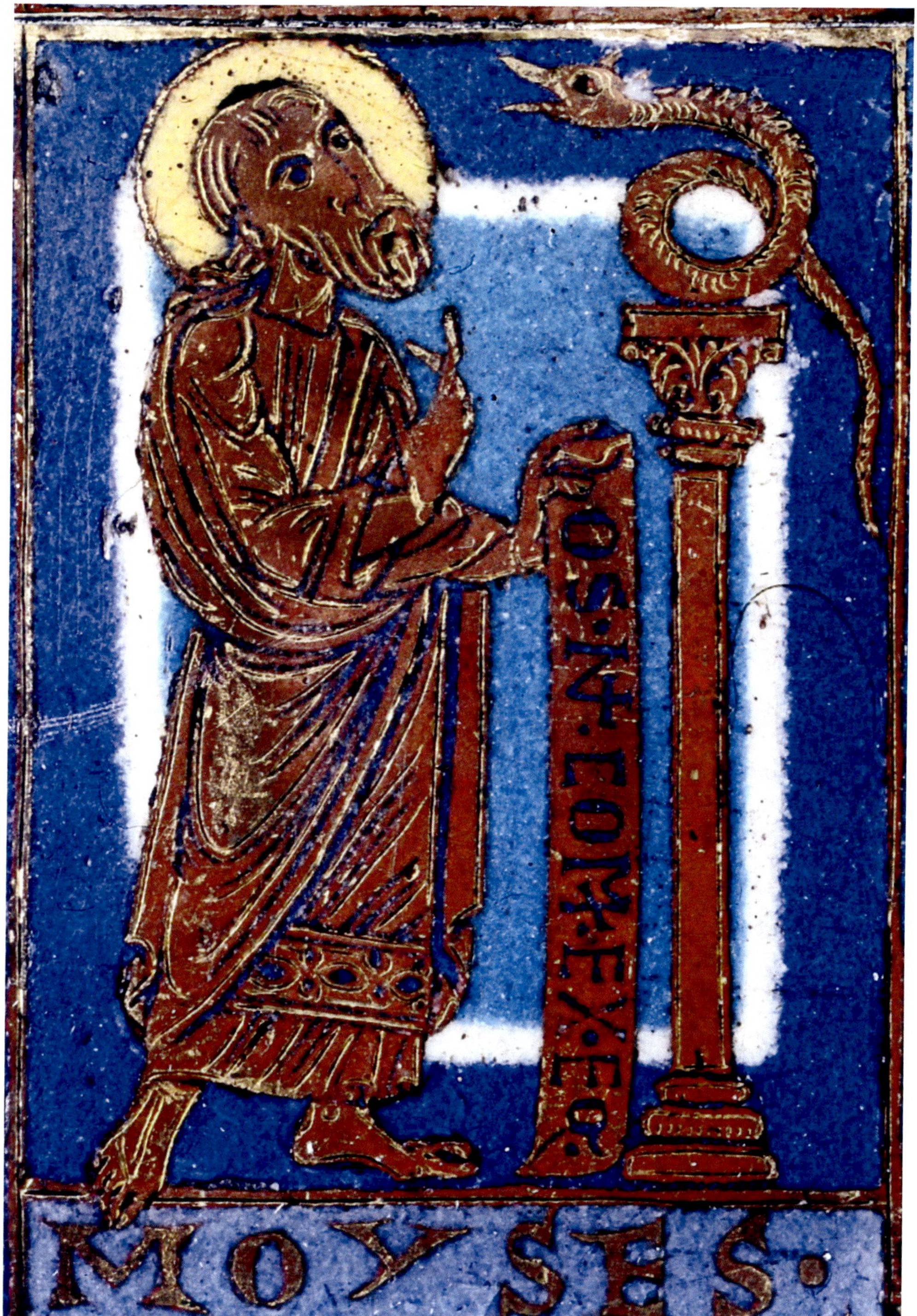
MOYSES.

An der linken Seite sehen wir *Mose* mit der erhöhten kupfernen Schlange (Num 21,8–9), ein Hinweis auf den am Kreuz erhöhten Jesus Christus (Johannes 3,14). Die Schriftrolle, die Mose hält, schreibt:

MOYSES: OS N(ON) COM(MINUETIS) EX EO

»Kein Knochen soll ihm zerbrochen werden.« (Ex 12,46; Joh 19,36) (D. Cremer, S. 55)

**Bild 11 (rechts): *Der leidende Ijob*, Gladbacher Tragalter, 1160.**

Dem Bild gegenüber wird der leidende *Ijob* – S(AN)C(TU)S IOB – »Heiliger Ijob« – gezeigt, vor seinem nur teilweise mit einem zerrissenen Gewand bekleideten Leib und von Wunden übersät, die durch rote Emailpartien wiedergegeben werden, eine Rundscheibe haltend mit dem Bild einer Frau und der Umschrift »Patientia« – das Erdulden. Er ist das Vorbild für den duldenden Christus.

Aber der Verlassenheitsschrei Jesu am Kreuz: »Mein Gott, mein Gott, warum hast du mich verlassen« (Mk 15,35; Ps 22,2), findet sich auch in den vielen Fragen Ijobs wieder. Er nimmt sein Leiden nicht klaglos an (Ijob 3,11–13). Er, Ijob, hat dennoch nicht Gott abgesagt, wie seine Frau ihm das rät (Ijob 2, 9–10). Auch Jesus sagt am Kreuz nicht Gott ab, sondern vertraut sich ihm an (Lk 23,46; Ps 31,6): »Vater, in deine Hände lege ich meinen Geist.«

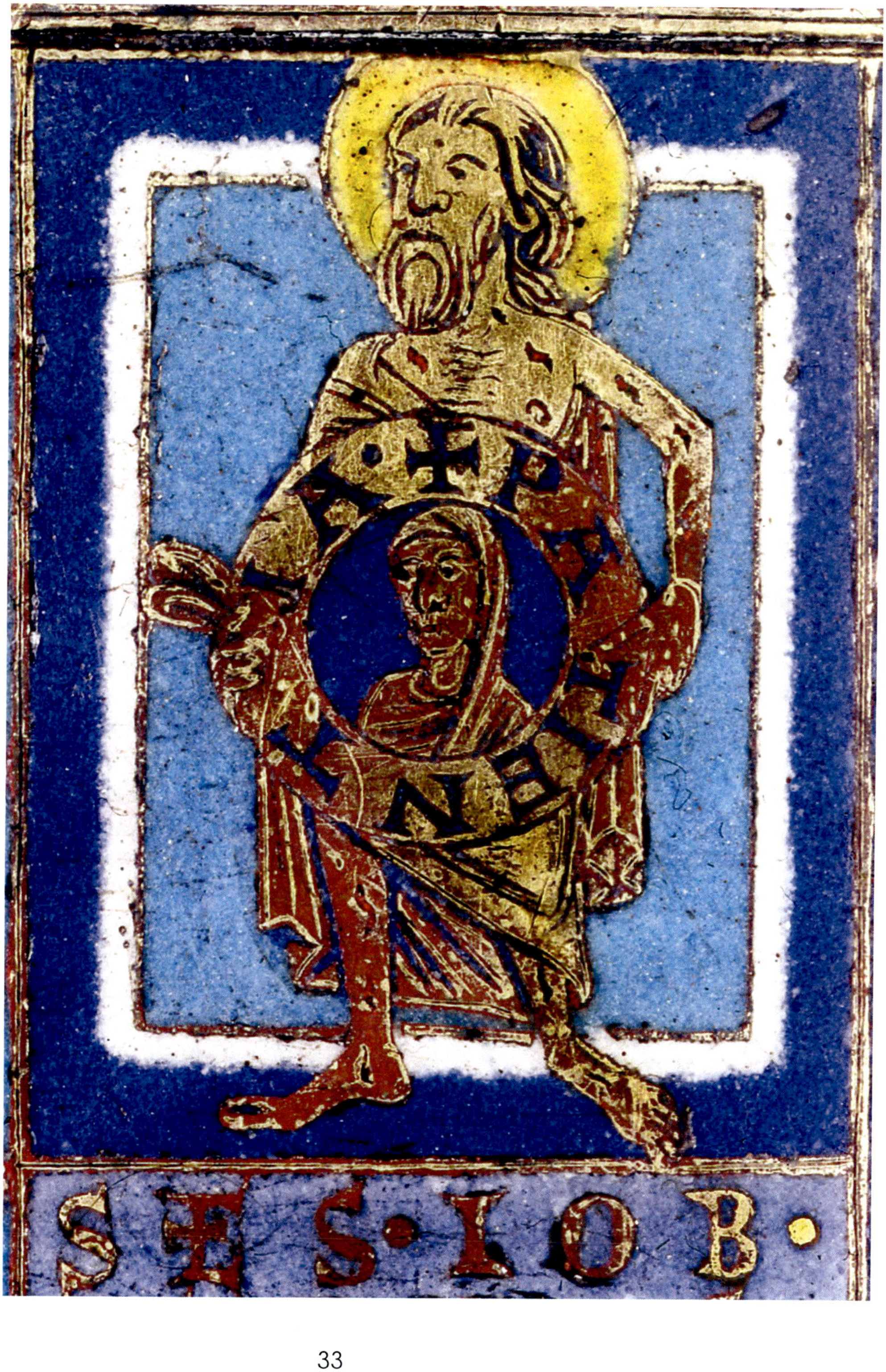

Bild 12: *Sacharja mit Schriftband,* Gladbacher Tragalter, 1160.

Unter dem Mose-Bild erscheint der Prophet ***Sacharja*** mit dem Schriftband:

ZACHARIAS: VIDEB(UN)T I(N) QVE(M) T(RANSFIXERUNT)

»Sie werden den sehen, den sie durchbohrt haben.« (Sach 12,10; Joh 19,37) (D. Cremer, S. 55)

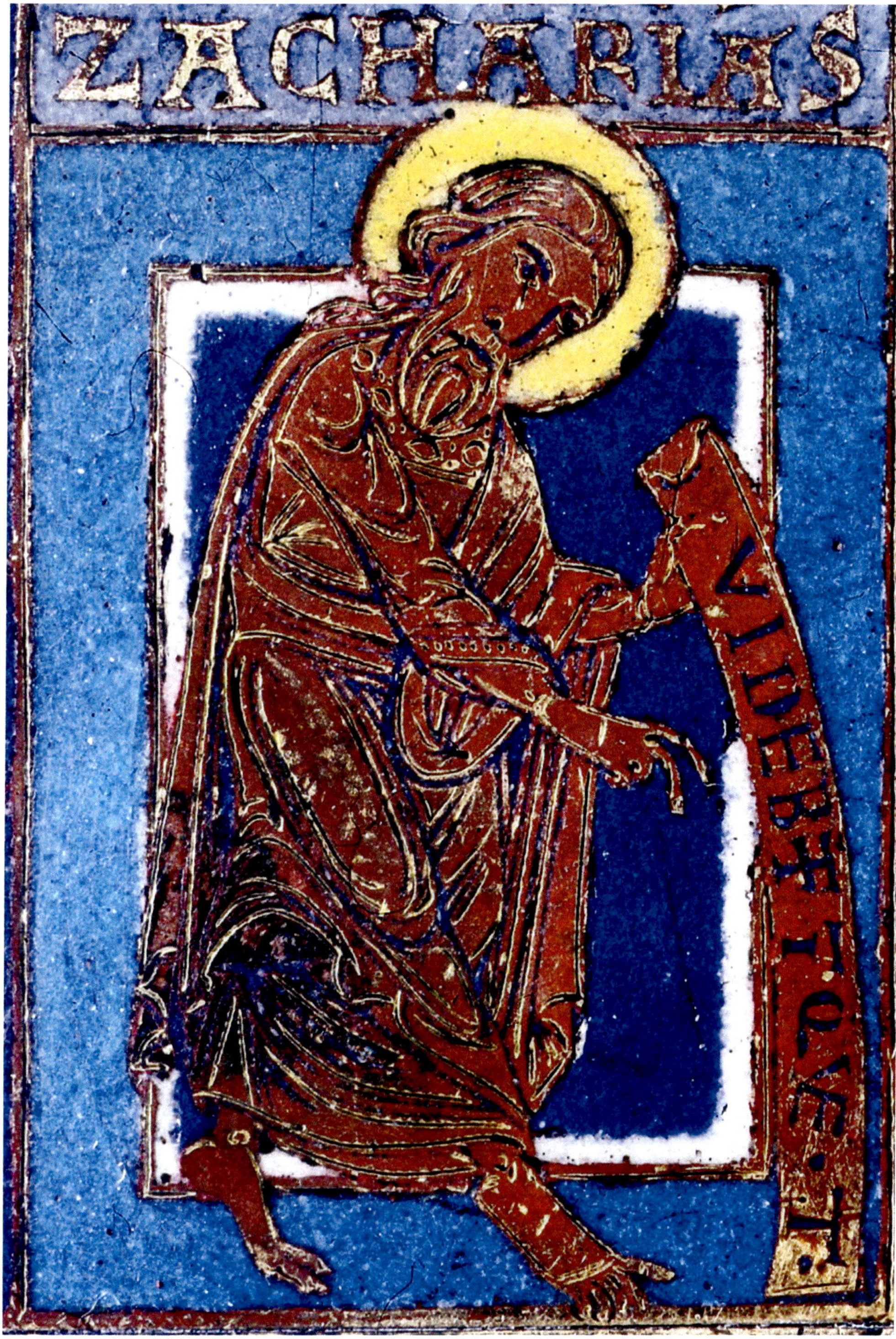
ZACHARIAS

Bild 13 (rechts): *Jesaia mit Schriftband*, Gladbacher Tragaltar, 1160.

Ihm entspricht gegenüber der Prophet *Jesaia* mit dem Schriftband

ISAYAS : SIC(UT) O(VIS) AD O(CCISIONEM) D(UCETUR) E(T):

»Wie ein Lamm, das zur Schlachtbank geführt wird.« (Jes 53,7)

Die Worte dieser beiden Propheten werden auf Jesus Christus gedeutet. So erleidet Jesus Christus seinen Tod.

Alle Bilder beziehen sich auf den gekreuzigten Jesus Christus und auf die Messe, die mit den Gaben von Brot und Wein das Lebensopfer Christi vergegenwärtigt. Damit entsprechen diese Bilder der »Heiligen Übereinstimmung« von Altem und Neuem Testament, und nicht einer Ablösung des Alten Bundes durch den Neuen Bund (Karl Löning, S. 79).

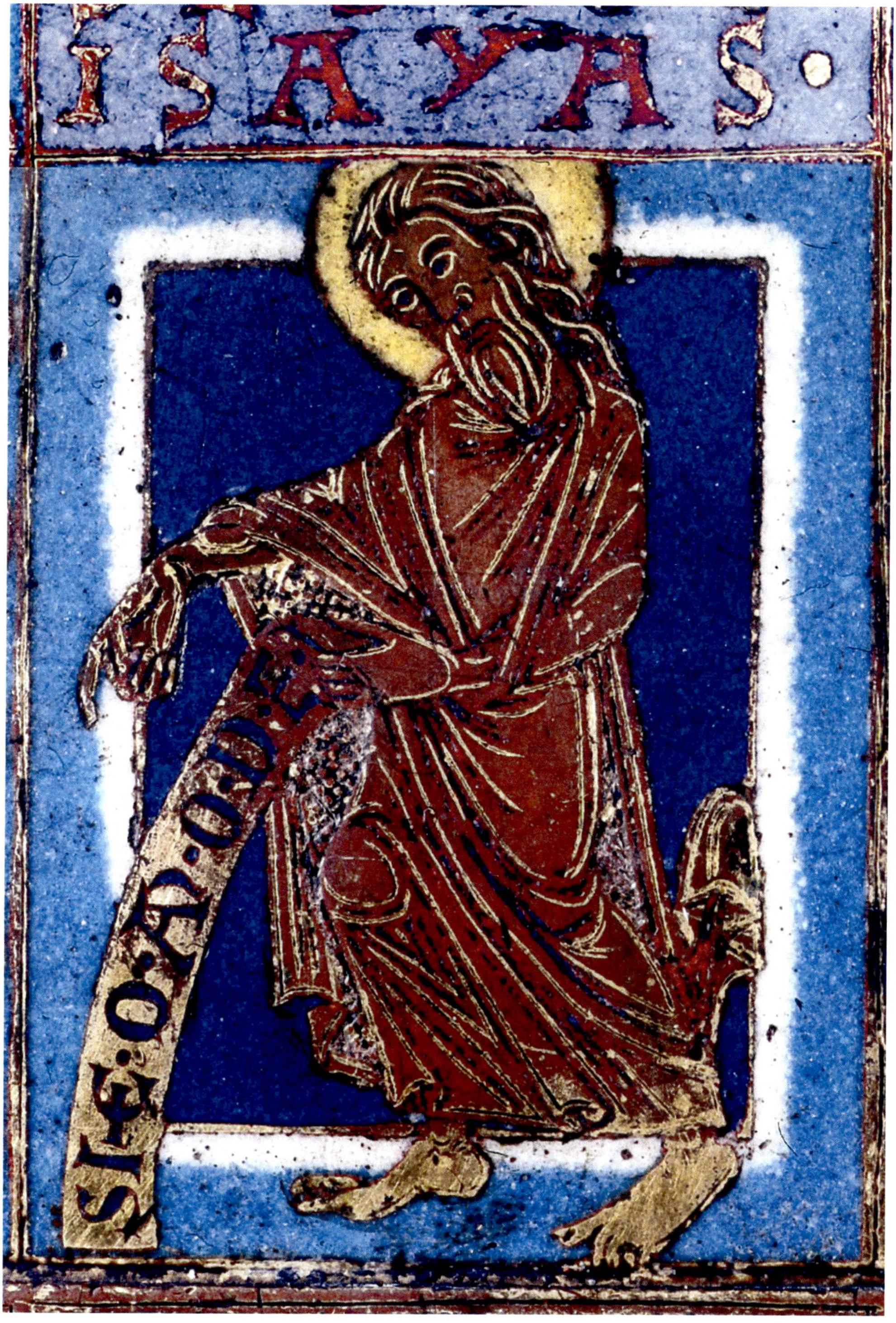
ISAYAS
SI·E·O·A·O·D·E

## b) »... und deine Auferstehung preisen wir.«

Verdeutlicht die Deckplatte »Deinen Tod, o Herr, verkünden wir«, so zeigt die Kopfseite unterhalb der Kreuzigung »und deine Auferstehung preisen wir ...«

Das Osterbild zeigt in drei Arkaden: die drei Frauen, die zum Grab gehen mit ihren Ölgefäßen, um den Leichnam Jesu zu salben – eine trägt ein Weihrauchfass, das auch heute noch zur katholischen Begräbnisliturgie gehört; den Engel, der auf der Grabplatte sitzt und auf die Stelle weist, »wohin man ihn (Jesus von Nazareth) gelegt hat« (Mk 16,6); die drei Wächter des Grabes mit ihren Lanzen und Schilden, die wie tot zu Boden fallen (Matthäus 28,4).

MULIERES SEPULCHRU(M) CUSTODES

»Frauen, Grab, Wächter«.

In den Arkadenzwickeln sind turmartige Architekturen eingestellt.

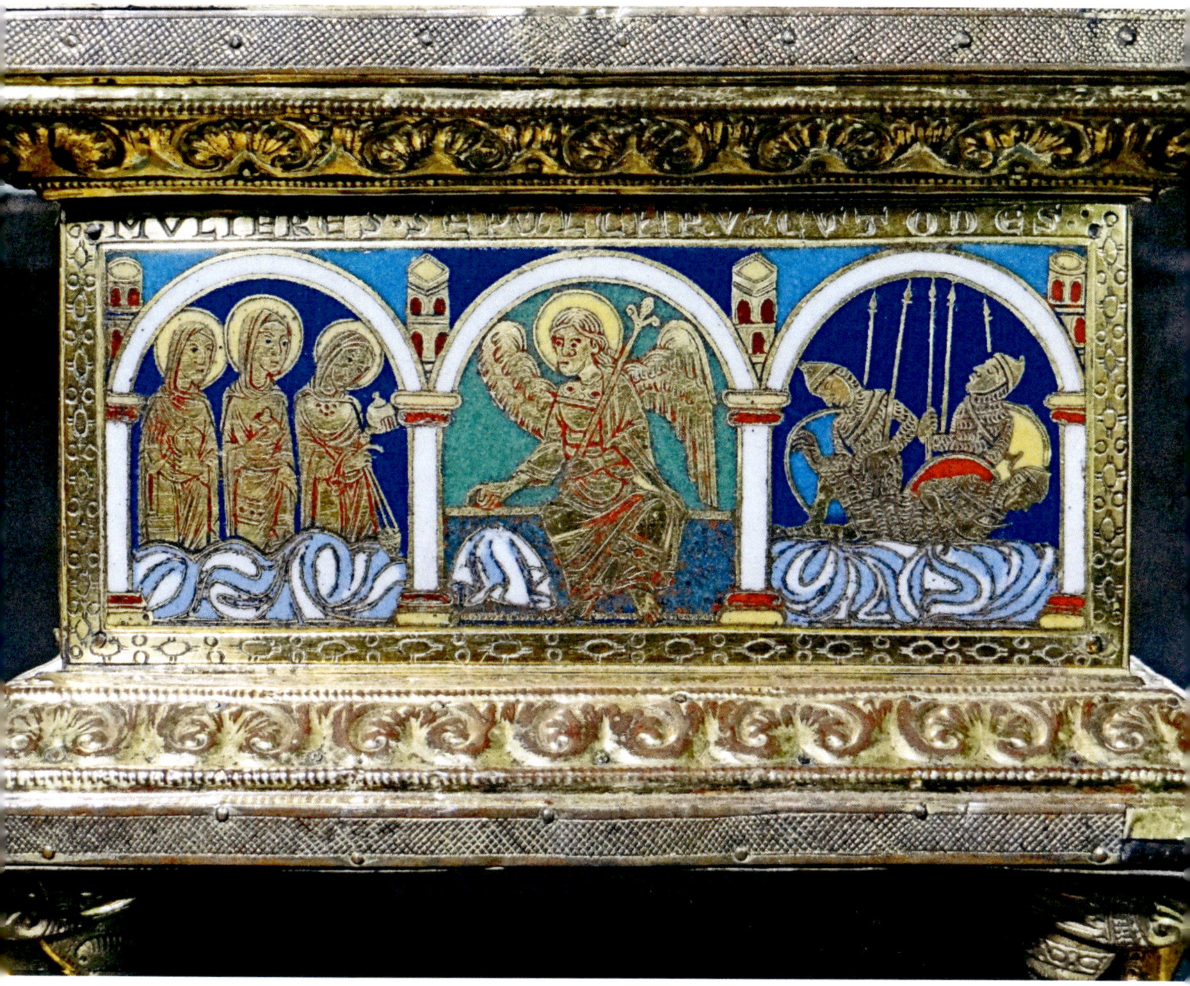

Bild 14: Gladbacher Tragaltar, 1160, kurze Seite. a. Das Osterbild.
Links: *Drei Frauen auf dem Weg zur Salbung Jesu.*
Mitte: *Engel im Grab.*
Rechts: *Drei Wächter des Grabes.*

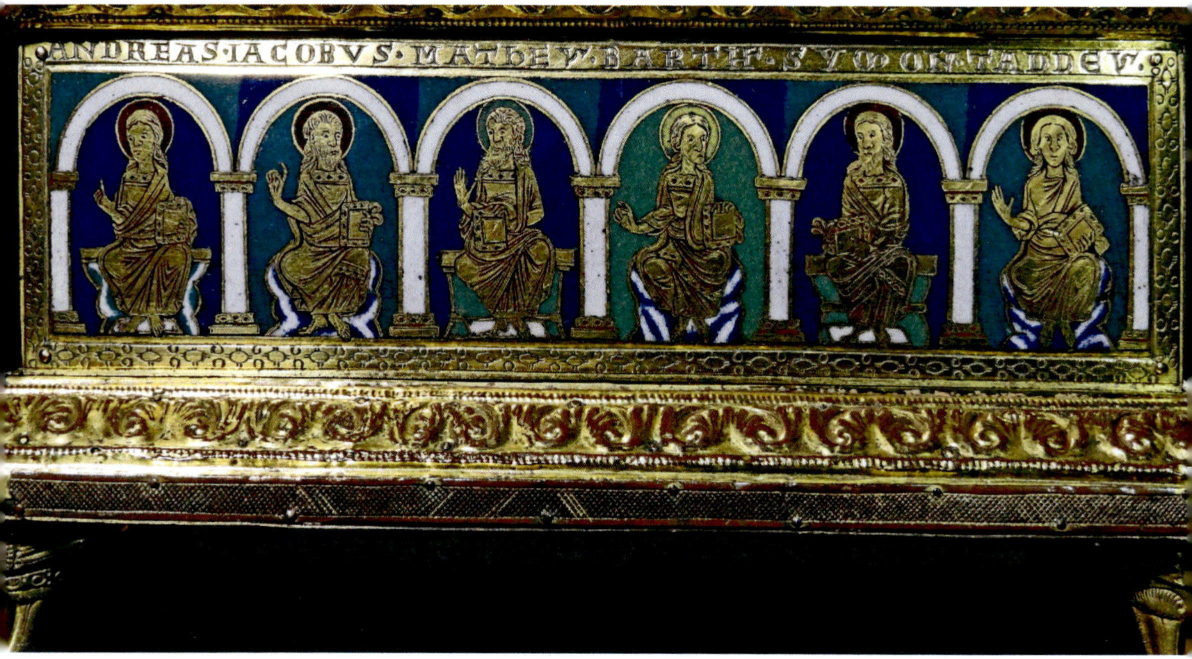


Bild 15: Gladbacher Tragaltar, 1160. Längsseite a, sechs Apostel.

Die Auferstehung Jesu preisen die drei Frauen, die zum Grab gehen, und die zwölf Apostel, die an den beiden Längsseiten des Tragaltares abgebildet sind. Sie sitzen auf Kastenthronen oder Wolkenbergen zu je sechs in weiß emaillierten Arkadenreihen, Rundbögen auf weißen Säulen in blau- und grüngrundierte Felder eingeteilt, und halten in der Hand ein Buch, die Bibel, die sie verkünden, zueinander gewandt wie im Gespräch.

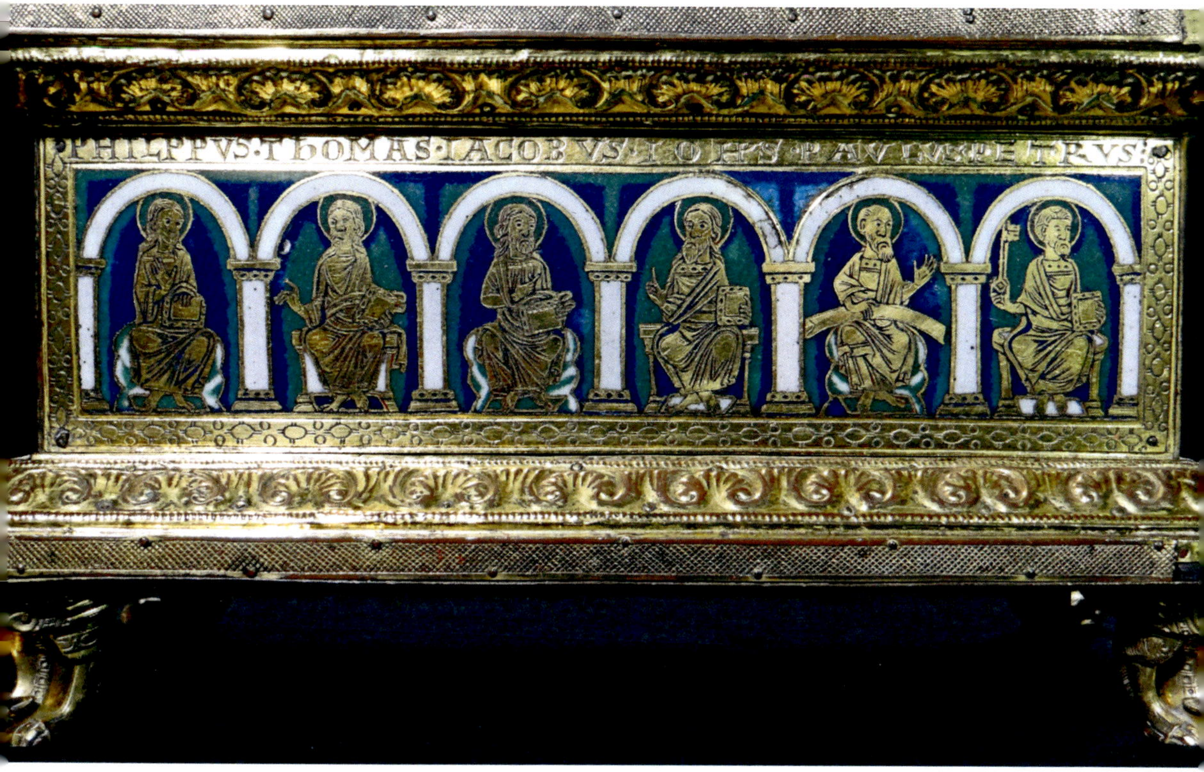

Bild 16: Gladbacher Tragaltar, 1160. Längsseite b, sechs Apostel.

Petrus hält neben seinem Buch den Schlüssel in der Hand, das Zeichen seines Ranges unter den Zwölfen. Paulus hält als einziger ein Schriftband, sicher der Hinweis auf seine zahlreichen Briefe, die er verfasst hat.

ANDREAS IACOBUS MATHEVS BARTH(OLOMEUS) SYMON TADDEVS PHIL(I)PPUS THOMAS IACOBUS IOH(ANNE)S PAVLVS PETRVS

»Philippus, Thomas, Iacobus, Iohannes, Paulus, Petrus, Andreas, Iacobus, Matheus, Bartholomeus, Symon, Taddeus«.

Die Frauen und Männer stellen die Kirche dar, die den Tod und die Auferstehung Christi in der Eucharistie verkündet, »bis er kommt in Herrlichkeit.«

## c) »... bis du kommst in Herrlichkeit.«

Auf der zweiten Kopfseite ist in drei Arkaden mit eingefügten Fruchtständen dargestellt: die Wiederkunft Christi: der wiederkommende Herr – Majestas Domini –, eingerahmt zu seiner Rechten von Johannes dem Täufer und Maria, der Mutter Jesu, zu seiner Linken vom Erzengel Michael und dem Hl. Stephanus:

IOH(ANNE)S BAPT(ISTA) S(ANCTA) MARIA MAIESTAS S(ANCTUS) MICAEL S(ANCTUS) STEPHANVS

Dem Hl. Stephanus und dem Erzengel Michael sind in der Abteikirche Kapellen mit Altären geweiht.

Die *communio sanctorum*, die Gemeinschaft der Heiligen, bilden die Dargestellten auf dem Tragaltar durch Patriarchen und Propheten, durch Heilige und Engel und die mit dem Priester feiernde Gemeinde.

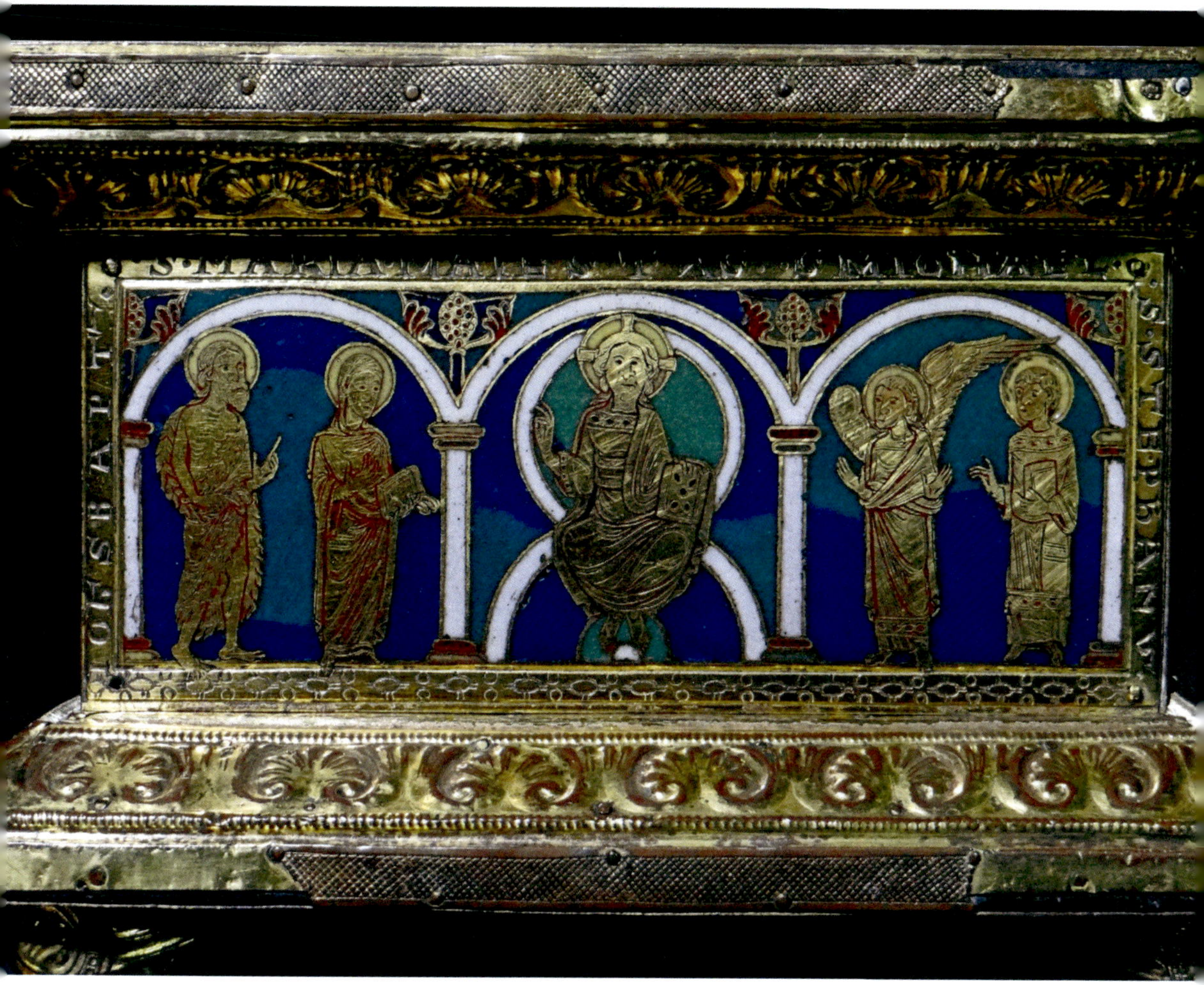

Bild 17: Gladbacher Tragaltar, 1160, kurze Seite b.
Die Wiederkunft Christi.
Links: *Johannes der Täufer und Maria.*
Mitte: *Der wiederkommende Jesus.*
Rechts: *Erzengel Michael und der Hl. Stephanus.*

# 2. Das Motiv Ecclesia und Synagoga – frühe Phase

Ein Motiv des Tragaltares beschäftigt mich seit Jahren. Neben der Kreuzigungsgruppe Jesu zeigen zwei viereckige Flächen rechts und links zwei Frauen, die in der Kunstgeschichte als Ecclesia und Synagoga bezeichnet werden. Sie bilden, wie oft, den Rahmen des Kreuzigungsbildes.

Schon die Festlegung der rechten Seite für die Ecclesia und die linke Seite für die Synagoga vom Kreuz aus gesehen gibt eine Wertung an. Ausgehend von Matthäus 25,31–46, dem Gericht der Völker durch den Menschensohn, erhalten rechts und links die Festlegung von »Gerechten« und »Verfluchten«. »Die linke Seite wird geeignet gefunden für einigermaßen negativ eingeschätzte Figuren« (Michael Bachmann, Juden, S. 338).

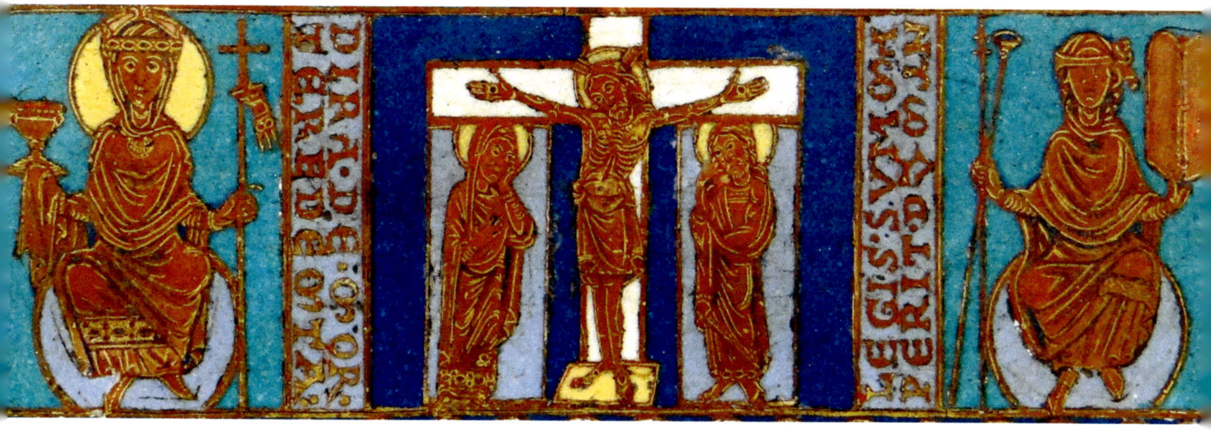

Bild 18: *Kreuzigung Jesu mit Ecclesia und Synagoga,* Gladbacher Tragaltar, 1160.

Dieses Motiv spielt im christlich-jüdischen Dialog eine entscheidende Rolle. Es beschreibt die Beziehung von Christentum und Judentum. Im Laufe der Geschichte wurde sie jeweils anders interpretiert.

Wie hat sich dieses Verhältnis entwickelt? Vor allem interessiert mich die Zeit nach dem Holocaust. Der Gladbacher Tragaltar gibt mir eine Hilfe, zu verstehen und nachzuvollziehen. Er liegt in der Linie der damaligen Tradition und kennt doch eine eigene Interpretation, die für die Gegenwart hilfreich ist.

# Entstehung und frühe Phase

Das Motiv entstand durch die Darstellung des Zusammenhangs zwischen der »Kirche aus dem Judentum« und der »Kirche aus dem Heidentum«. Wir finden sie in ältesten erhaltenen Mosaiken aus dem 4. zum 5. Jahrhundert in Santa Pudenziana und Santa Sabina in Rom. Es zeigt vor der Kulisse einer prächtigen Stadt, dem Himmlische Jerusalem, die Stadt des Tempels, den in majestätischer Haltung thronenden Christus mit dem Gestus des lehrenden Philosophen zwischen den Aposteln.

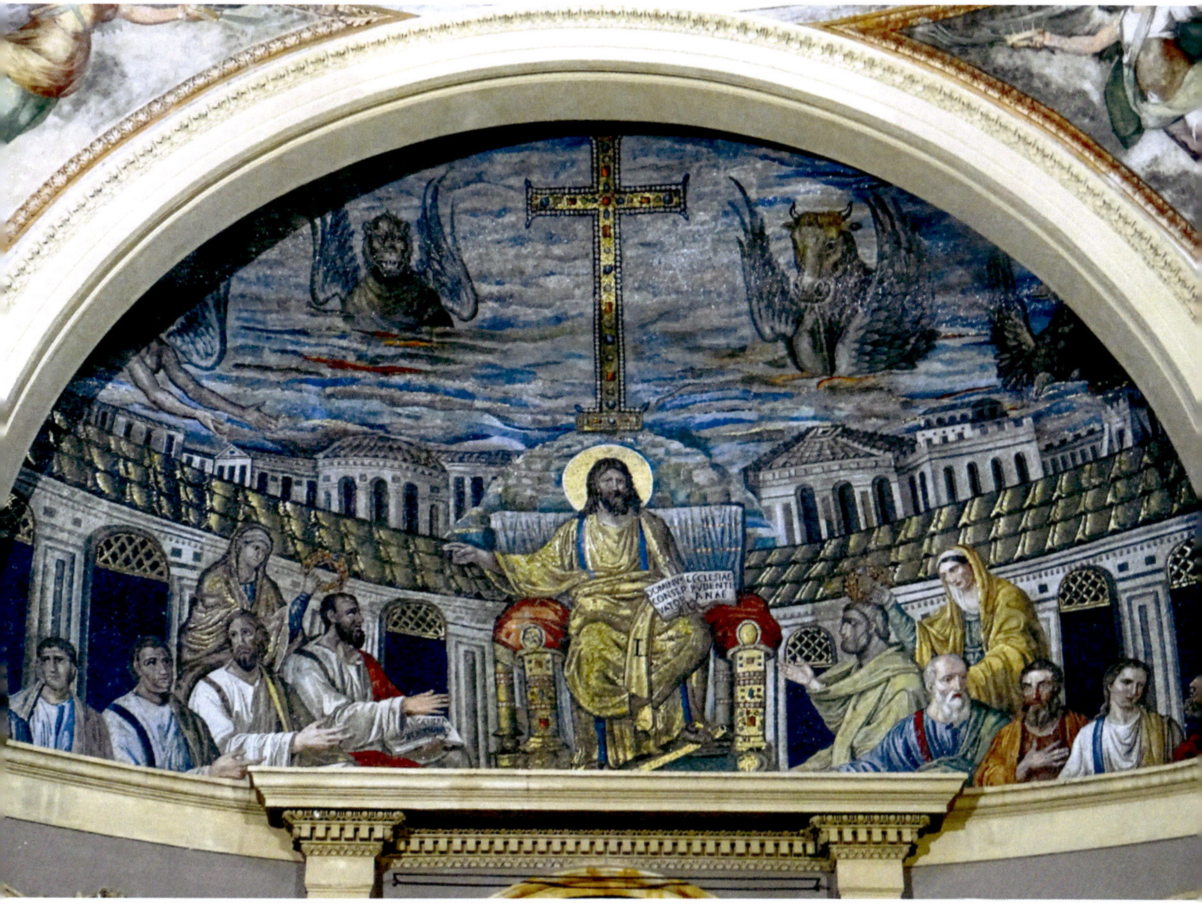

Bild 19: Mosaik Santa Pudenziana, 5. Jahrhundert.

Im Hintergrund versinnbildlichen zwei Frauenfiguren die Heidenkirche und die Judenkirche, auf der rechten Seite hält die Heidenkirche den Lorbeerkranz über Paulus, auf der linken Seite die Judenkirche über Petrus.

In Santa Sabina lautet die Umschrift: »Ecclesia ex circumcisione«, »Ecclesia ex gentibus«, »Kirche aus der Beschneidung«, » Kirche aus den Völkern« (Erwin Gatz, S. 343).

Schauen wir zurück in die Geschichte. Seit dem endgültigen Fall von Jerusalem (135 n. Chr.) geht die Bedeutung der Judenchristen zurück. Die Heidenchristen gewinnen die Oberhand und der verbleibende Rest der Judenchristen gerät unter Häresieverdacht und wurde verketzert (Hans Küng, Das Christentum, S. 134) und ist am Ende »völlig verdampft« (Hubert Frankemölle, Der ungekündigte Bund, S. 27).

So entstand der Gegensatz zwischen Kirche und Judentum, der das Motiv »Ecclesia und Synagoga« prägt. Es taucht in der Kunst im 9. Jahrhundert auf und ist meist abgebildet neben der Kreuzigung. In den frühen Darstellungen spürt man noch die Concordia, die Übereinstimmung. Diese Zeit der Karolinger ist nach Herbert Jochum das »Goldene Zeitalter für die Juden« (Herbert Jochum, S. 253–256, in: H. Frankemölle, Der ungekündigte Bund).

Rabanus Maurus (780–856), Erzbischof von Mainz, nennt die Kirche die Schwiegertochter der Synagoge: »deine Schwiegertochter, die dich lieb hat« (nach Rut 4,15). Sie hat sich mit Christus, dem Sohn Gottes, vermählt, der aus dem Volk der Juden geboren wurde. (Stephanie Haarländer, S. 142)

»Der Grundsatz der Concordia Veteris et Novi Testamenti – der Eintracht, der Glieder einer höheren Einheit, der Übereinstimmung des Alten und Neuen Testamentes und die daraus sich entwickelte typologische Schriftauslegung – beherrschen Lehre und Kunst der Patristik und des Mittelalters« (H. Jochum, S. 10).

Das Motiv finden wir als Elfenbeinarbeit, Buchmalerei, Goldschmiedearbeit, Malerei und als Plastik in Holz und Stein.

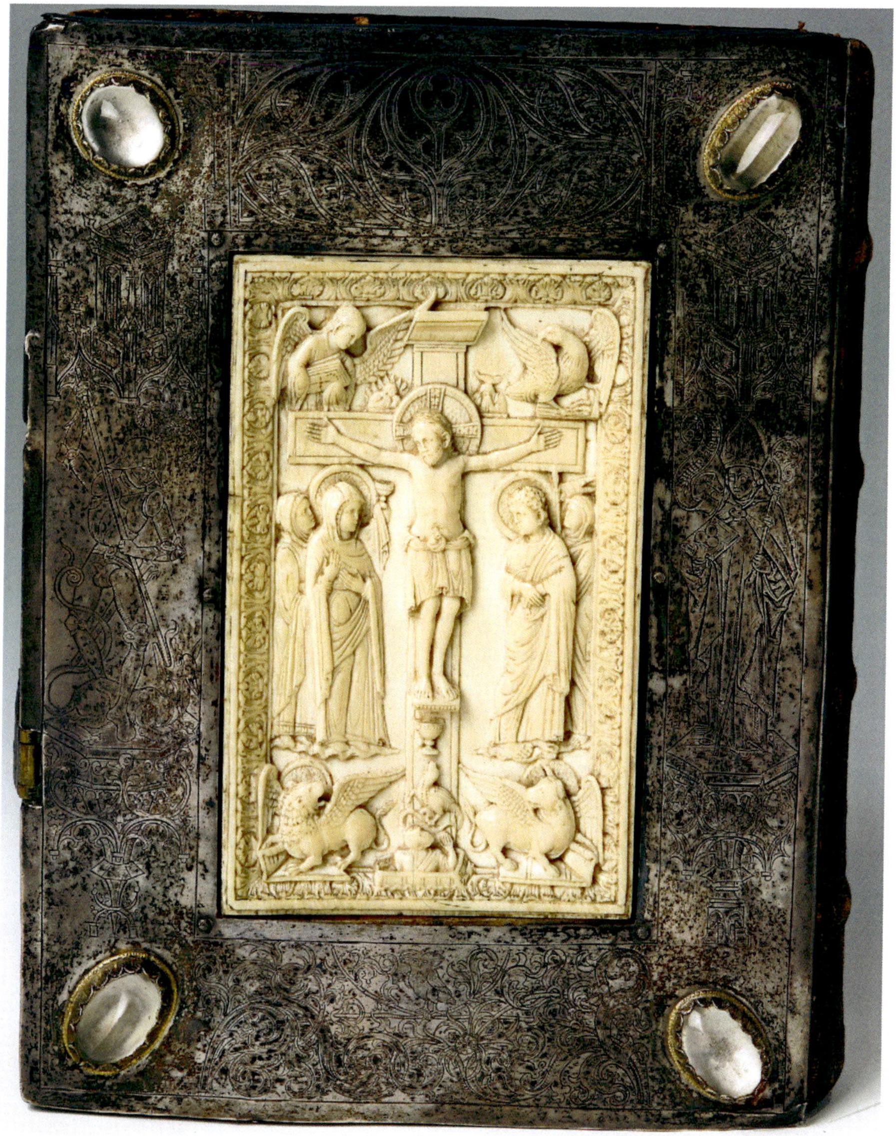

**Bild 20 Evangeliar St. Georg Köln, um 1060, Buchdeckel Elfenbein, Landesmuseum Darmstadt.**

Die Synagoga wird zunächst mit unverhüllten Augen dargestellt, zugewandt dem Gekreuzigten, in der karolingischen Tradition mit einem Ysop-Zweig in der Hand, dem Symbol der Erlösung, sich schon umwendend mit Blick auf Jesus am Kreuz (Wolfgang Seifert, S. 27) beim Buchdeckel der Äbtissin Theophanu.

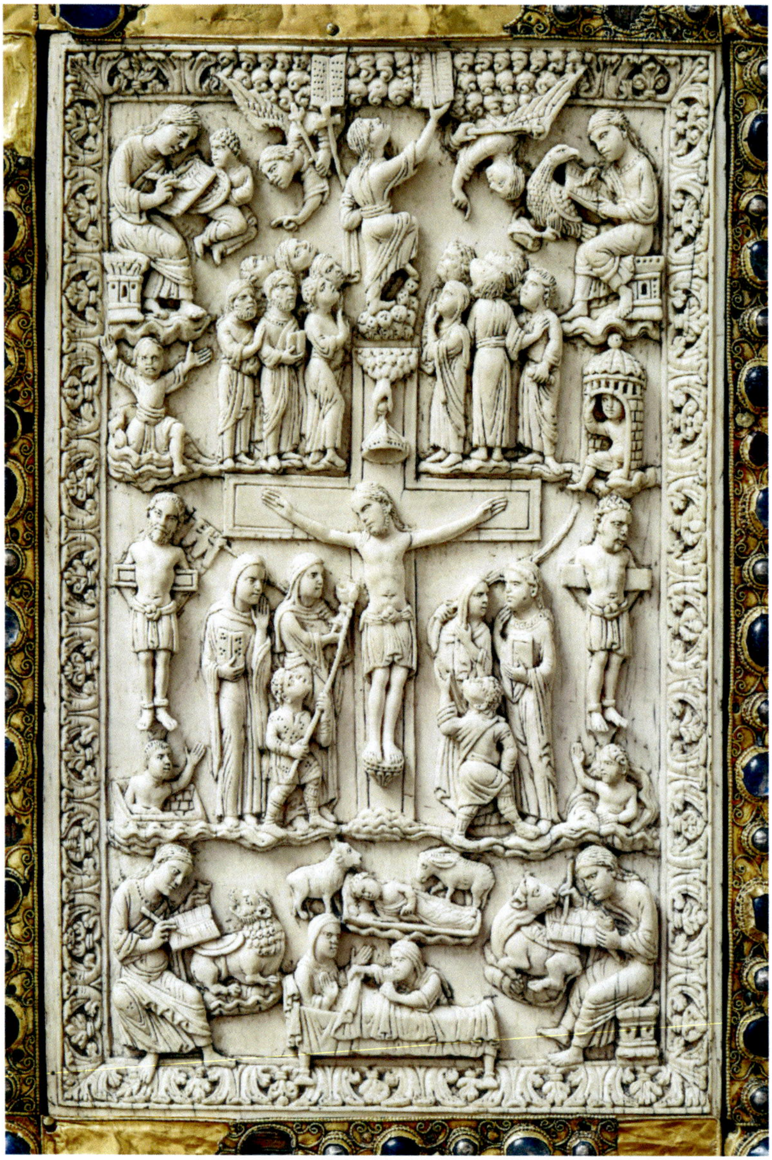

Bild 21 Elfenbein vom Buchdeckel der Äbtissin Theophanu, um 1040, Essen Münsterschatz.

Die »Altercatio«, das Streitgespräch, die verbale theologische Auseinandersetzung zwischen Ecclesia und Synagoga, ist ein beliebtes Motiv und erscheint im 9. und 10. Jahrhundert. Beide sind dargestellt als gleichwertige Diskussionspartner.

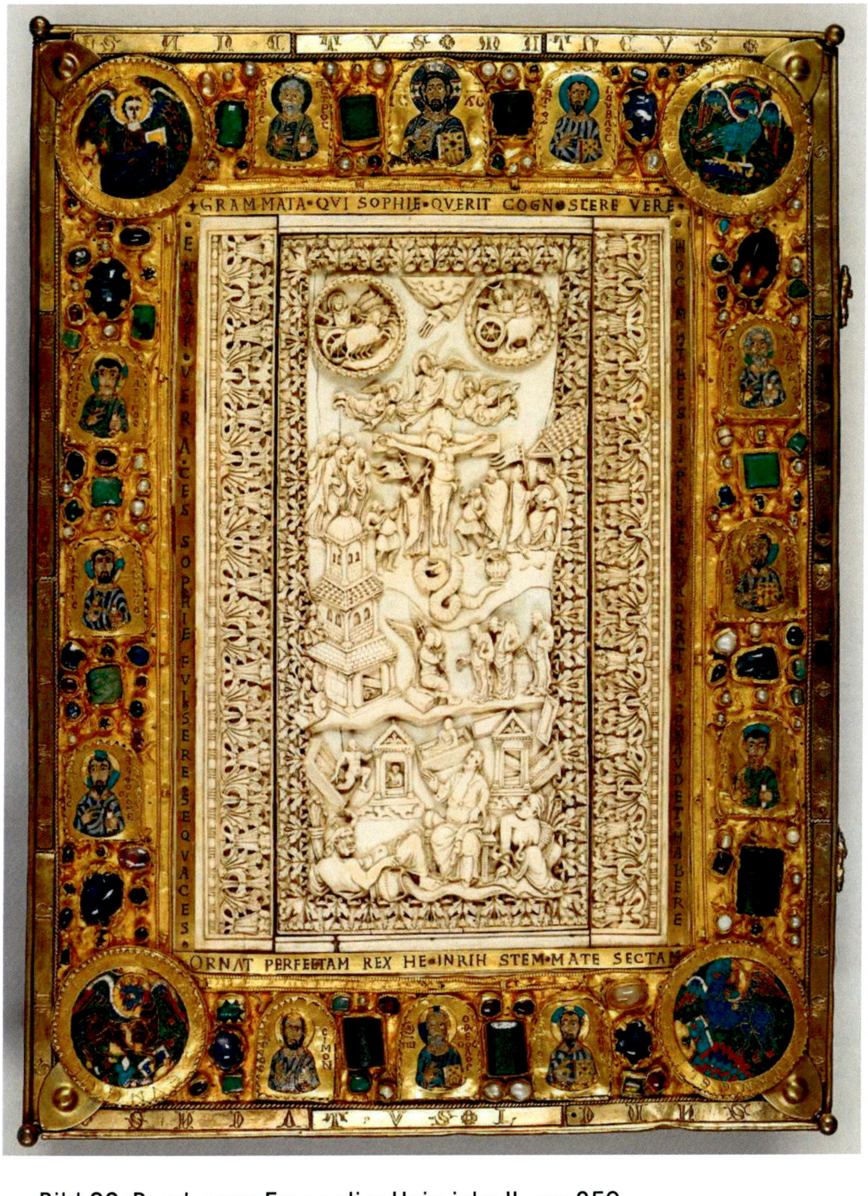

Bild 22: Bamberger Evangeliar Heinrichs II, um 850, Staatsbibliothek München.

Nach und nach bahnt sich eine Entfremdung an. Die Synagoga wendet sich vom Kreuz ab, bleibt aber auf Bildern mit der Ecclesia im Streitgespräch, Altercatio. Aber schon bald tritt die Streitszene, die Auseinandersetzung, in der Kunst zurück. (Alfred Raddatz, S. 111)

Im Emailbild des Buchdeckels aus dem Trierer Domschatz um 1170 weist die sich abwendende Synagoga – sie verlässt die Szene mit einer Gebärde des Protestes (W.Seiferth, S.146) –, ihre Krone verlierend, mit der linken Hand auf den Gekreuzigten hin. Hier taucht die Krone bei beiden Personen auf.

**Bild 23 a: Emailbild auf dem Buchdeckel, um 1170, Trier, Dom Schatzkammer.**

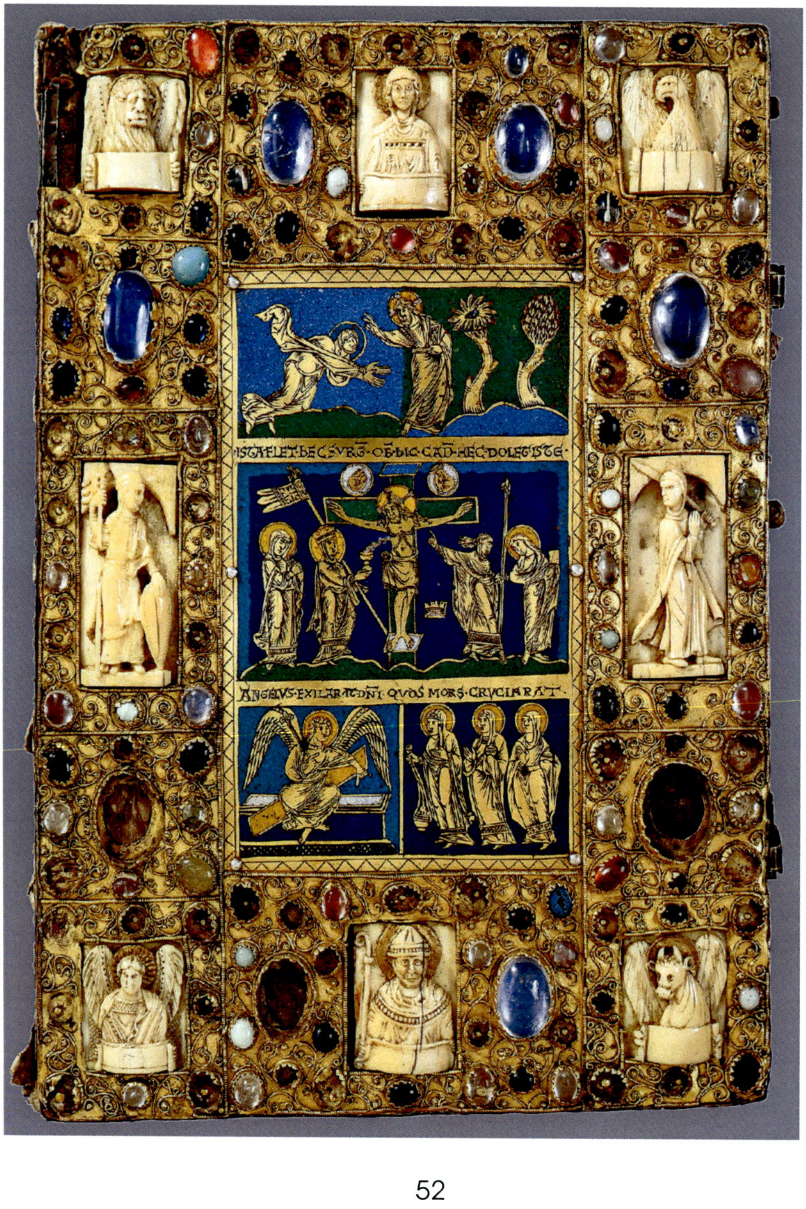

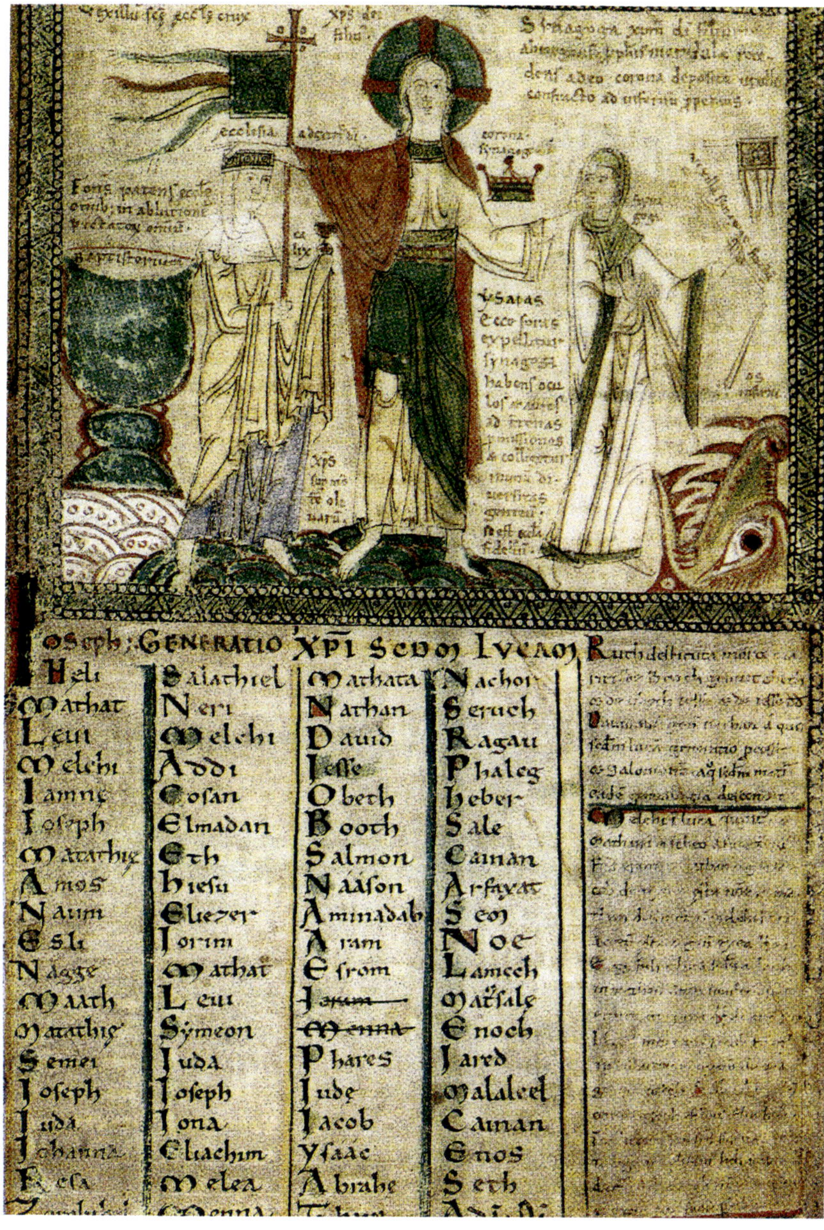

Bild 23 b: Buchmalerei, Liber Floridus, 1120, Universitätsbibliothek Gent.

Christus selbst stößt die Synagoga weg mit seiner Linken, mit seiner Rechten krönt er die Ecclesia.

Bild 24: Elfenbeintafel aus Unteritalien, Berlin, 11. Jahrhundert.

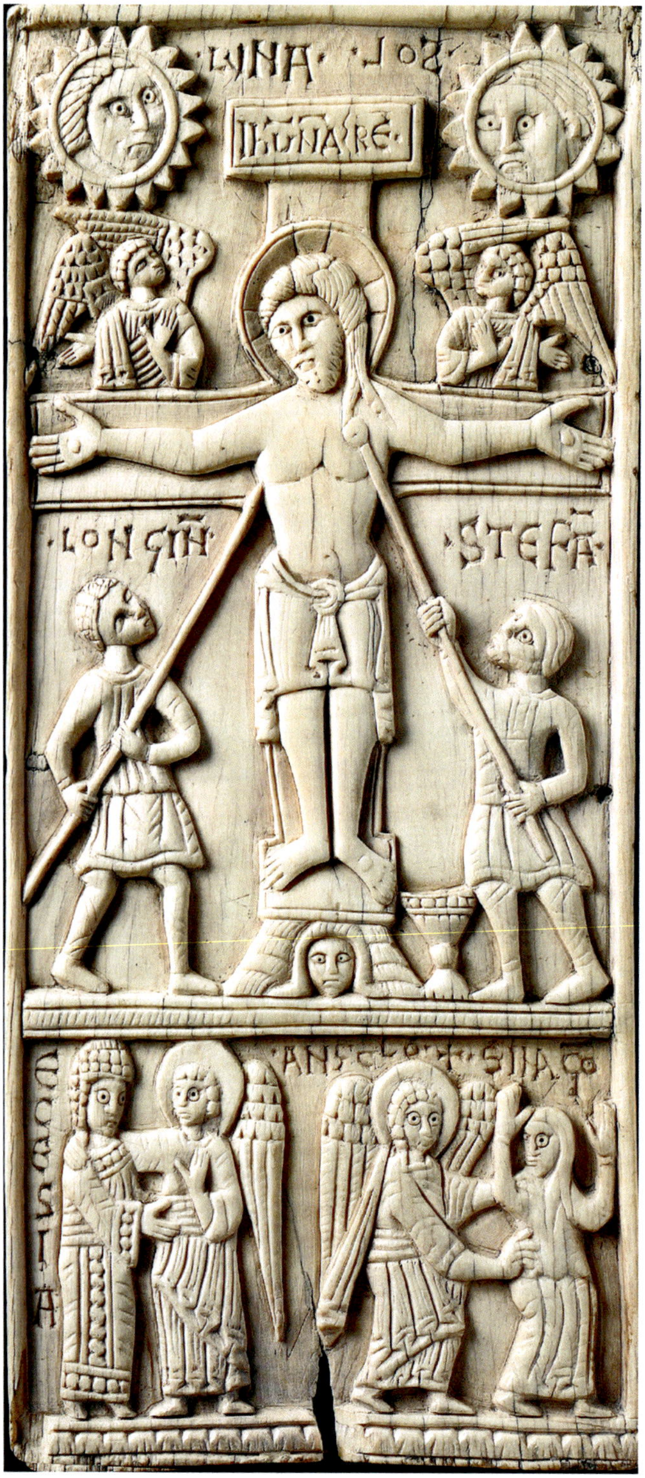

Auf einer Elfenbeintafel wird die Synagoge sich zurückwendend schon von einem Engel mit den Händen weggestoßen, besonders abstoßend auf dem Altarbild aus der Kirche St. Maria zur Wiese in Soest, weil die Synagoga, jetzt mit verhüllten Augen, von einem Engel mit der Lanze heftig vom Kreuz weggestoßen wird. Ihre Krone wird vom Kopf gefegt, fest in den Händen hält sie die Gesetzestafeln.

Bild 25: Altarbild aus Maria zur Wiese, Soest, um 1225, Staatliche Museen Berlin.

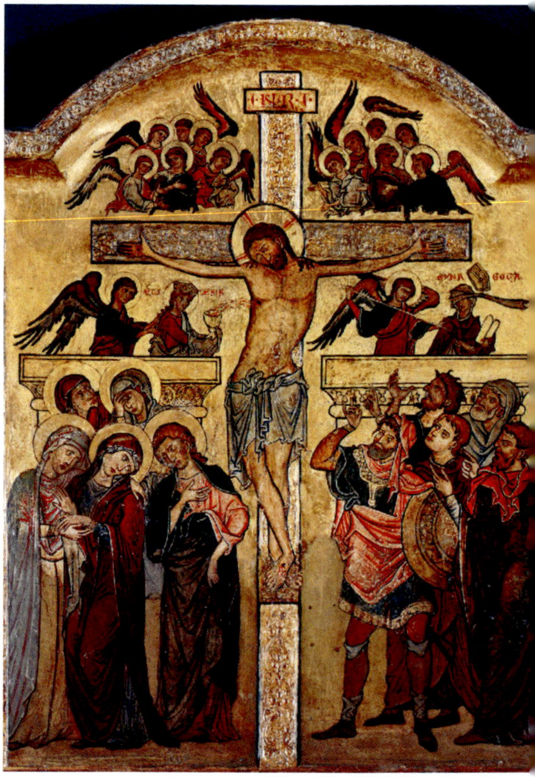

**Bild 26: Synagoga-Malerei der Hl. Hildegard, 1160-1180.**

Die Synagoga anders zu malen inspiriert die Hl. Hildegard (1098–1179) in ihrem Buch LIBER SCIVIAS: Eine traurige Frauengestalt begegnet uns in dieser Miniatur, aber in einer ehrenvollen und würdigen Haltung, traurig, ihre Augen sind blind, aber nicht verbunden. Sie trägt die Propheten in ihrem Schoß: Moses mit den Gesetzestafeln an ihrer Brust, Abraham an ihrem Herzen und die anderen Propheten, »Mutter der Gnaden des Alten Bundes« (Gisbert Kranz, S. 349). Hildegard pflegt zu den Juden durchaus positive Beziehungen und redete mit Juden auf dem Rupertsberg über die Auslegung der Heiligen Schrift. In ihren Schriften finden sich kaum die zu ihrer Zeit üblichen abwertenden Urteile über die Juden. Sie sagt über die Synagoge: »die Mutter der Menschwerdung des Gottessohnes« (Hiltrud Gutjahr/Maura Zatonyi, S. 50).

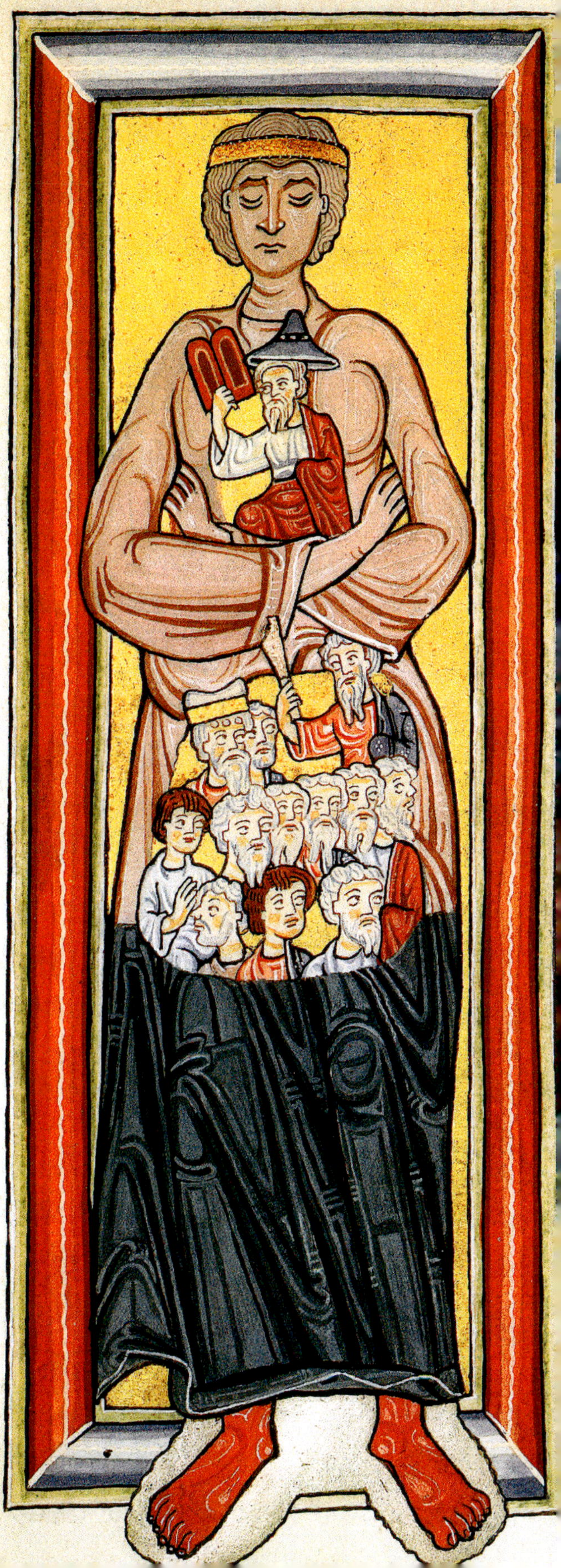

# 3. Ecclesia und Synagoga – diskriminierende Phase

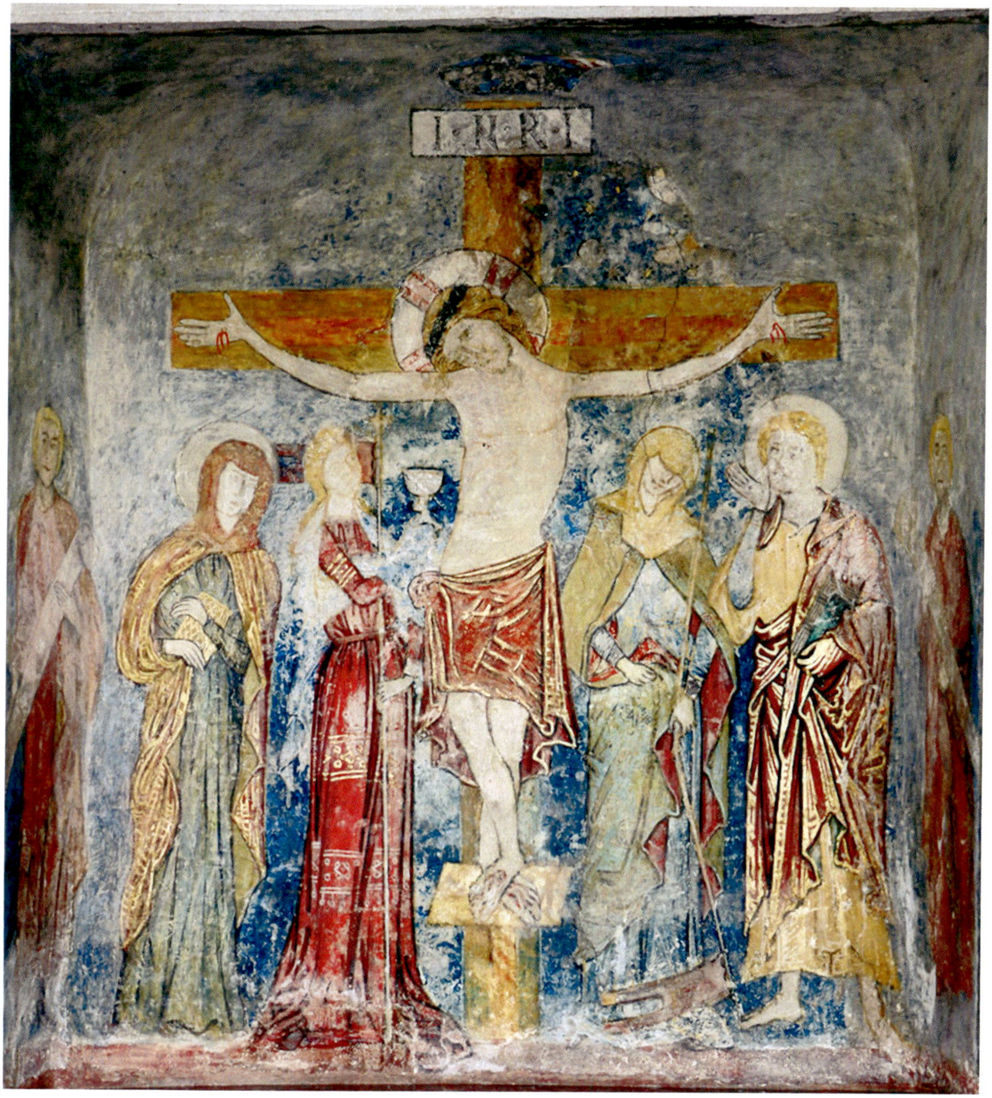


Bild 27: Wandmalerei, St. Kunibert Köln, 1210.

So verändert sich in den Jahrhunderten nach 1000 das Bild der Synagoga. Ein Beispiel für diesen Typus ist in der Nähe von Mönchengladbach zu sehen: die Wandmalerei in St. Kunibert in Köln. Sie zeigt Jesus am Kreuze, unter dem Kreuzesbalken zur Rechten außen Maria, neben ihr als nächste beim Gekreuzigten die bekrönte Ecclesia mit Fahne in der einen und Kelch in der anderen Hand, der das Blut aus Jesu Seitenwunde auffängt. Diese Hand, die den Kelch hält, ist mit einem Tuch verhüllt aus Ehrfurcht, eine häufige Darstellung. – Auf der linken Seite außen steht der Apostel Johannes und neben dem Kreuz die Synagoga, deren Augen durch das Kopftuch verhüllt sind. Sie hat den Kopf vom Kreuz abgewandt und hält die zu Boden fallende Fahne, deren Schaft gebrochen ist.

Oft wird sie mit der Krone herabfallend dargestellt. Die Buchmalerei im Missale des Dom zu Fritzlar, das Kanonbild, zeigt dieses Motiv deutlich.

**Bild 28 (rechts): Buchmalerei Fritzlar, Domschatz, 14. Jahrhundert.**

Der Kirchenvater Justin schreibt im 2. Jahrhundert: »Das wahre, geistige Israel nämlich und die Nachkommen Jakobs, Isaaks und Abrahams, das sind wir, die wir durch den gekreuzigten Christus zu Gott geführt wurden.« (Walter Homolka, S. 212) In Stein gemeißelt, so schreibt Walter Homolka, war diese Überzeugung spätestens im Mittelalter, wie die aufkommenden Synagoga-Skulpturen heute noch bezeugen.

In Tel-Aviv stehen im »Museum der Diaspora« die beiden Straßburger Frauen als ein stummer Kommentar zu den Zeugnissen der Judenvernichtung in unserem Land. (Norbert Lohfink, S. 110)

Die bekannteste Darstellung sind die genannten Skulpturen am *Straßburger Münster*, um 1230: eine stolze, selbstbewusste Ecclesia, eine gebeugte Synagoga mit abgewandtem Gesicht und verbundenen Augen als Zeichen ihrer geistigen Blindheit. Die Tafel mit den Zehn Geboten entgleitet ihren Händen, das Alte Testament zerbricht, ihr Herrschaftsstab ist geknickt, ohne den Mantel, der Herrschaft bedeutet und den allein die Ecclesia trägt.

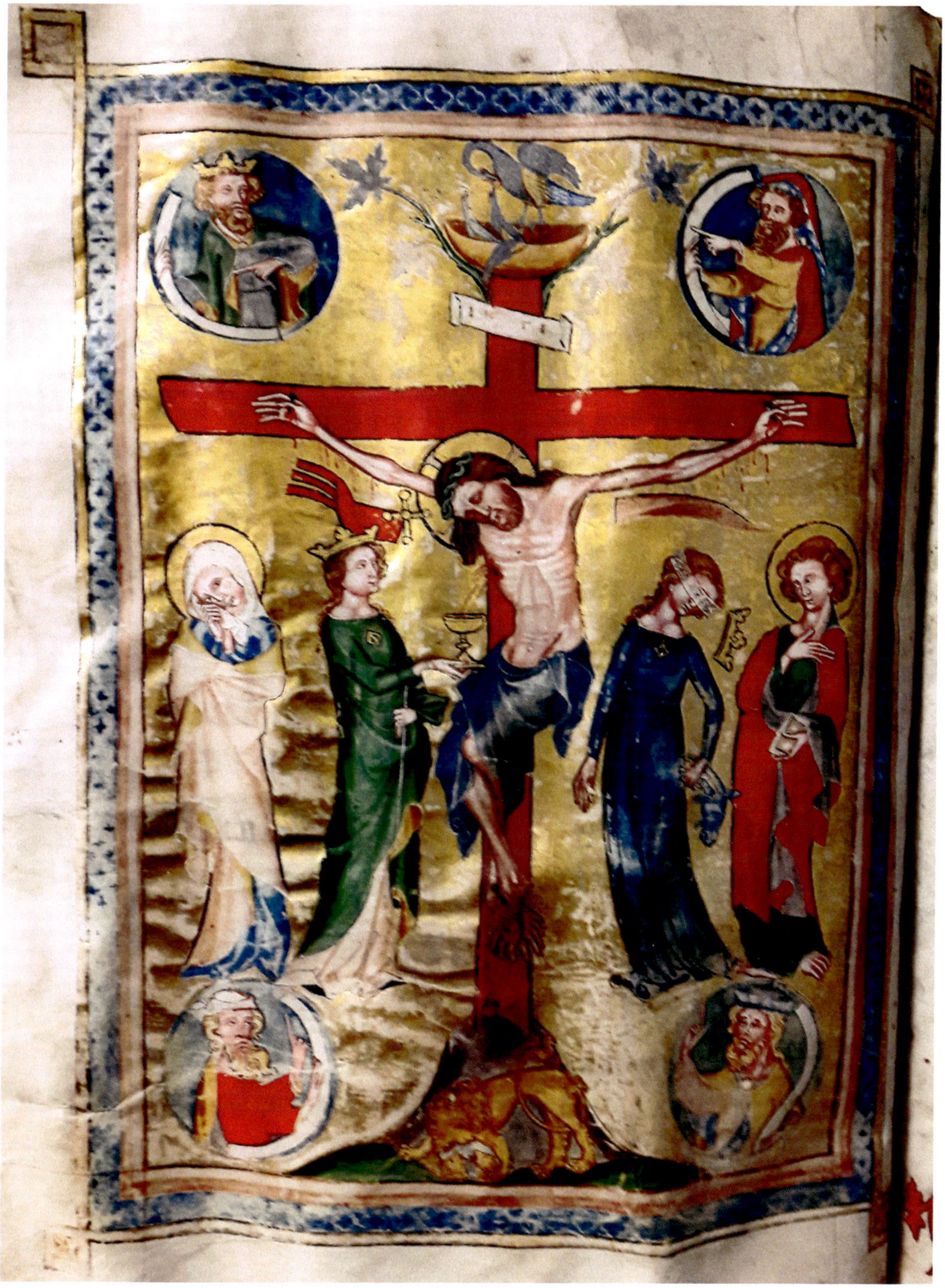

Bild 29 (folgende Seite 60): Skulptur der *Ecclesia* am Straßburger Münster, um 1230.

Bild 30 (nächstfolgende Seite 61): Skulptur der *Synagoga* am Straßburger Münster, um 1230.

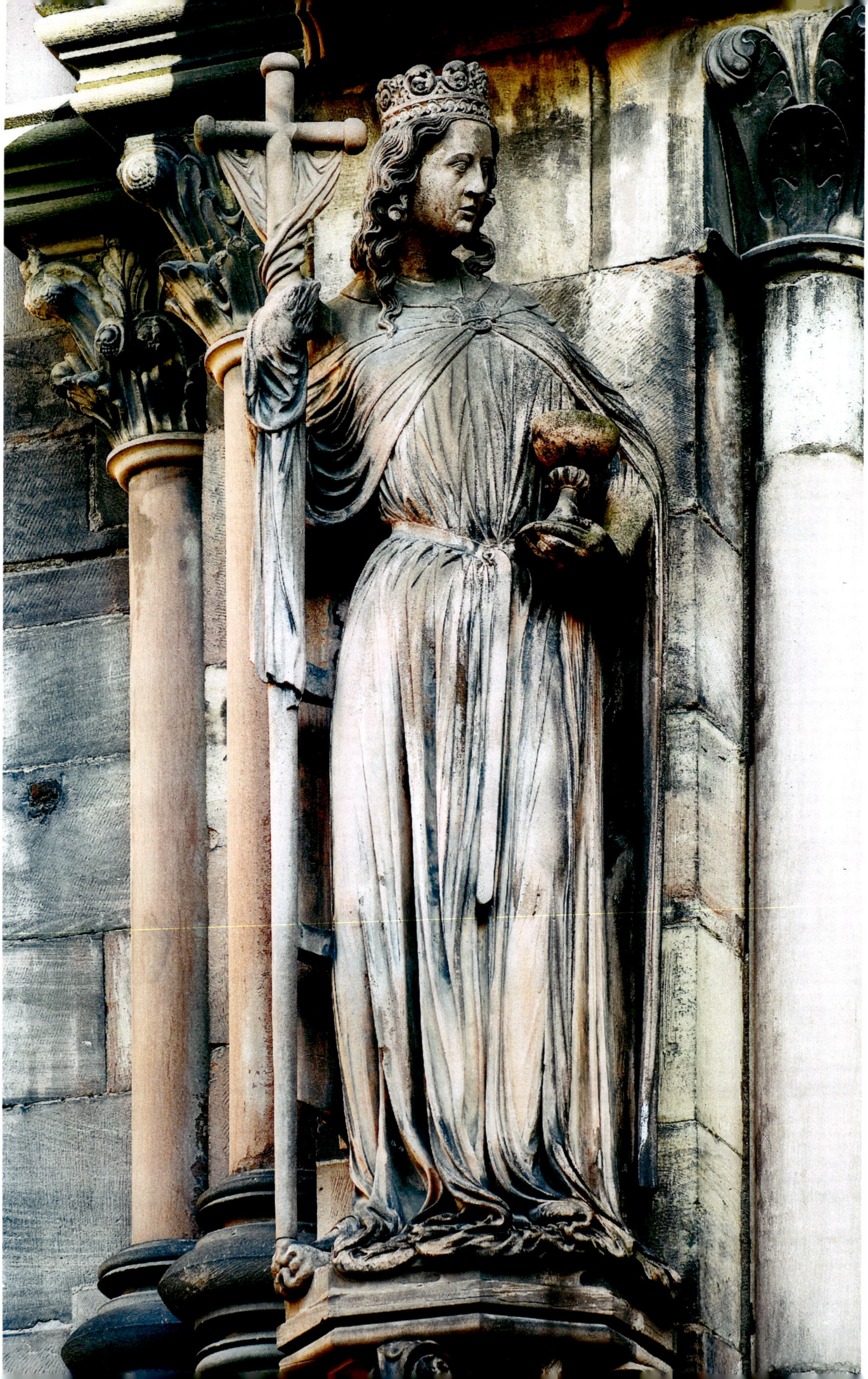

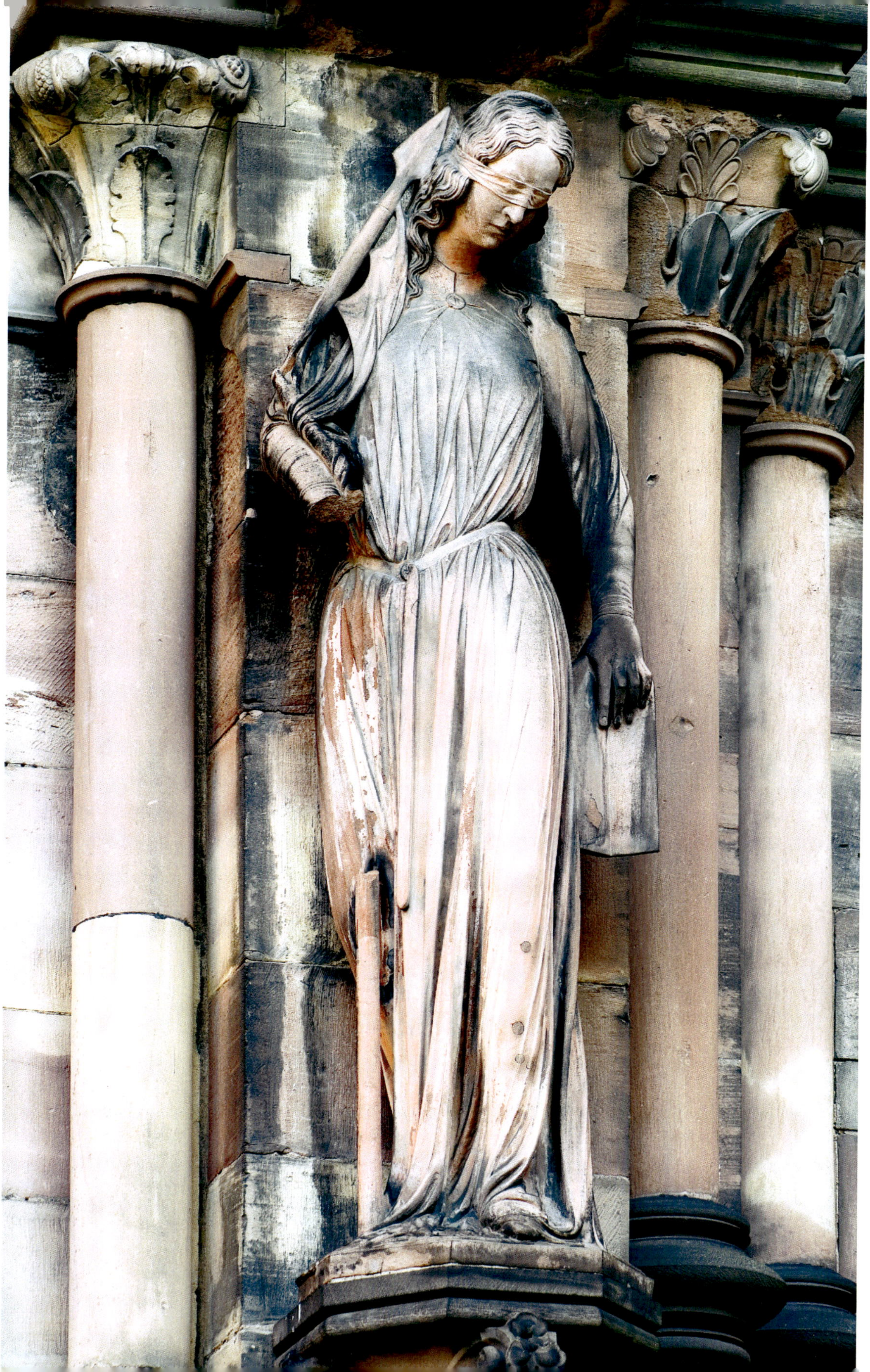

Gisbert Kranz schreibt: »Der Sinn der Allegorie ist klar: Triumph der Kirche über das Judentum, Ablösung des Alten Bundes durch den Neuen Bund. Man denke an die Streitreden zwischen Ecclesia und Synagoga in der mittelalterlichen Literatur, die stets mit der Niederlage der Synagoga enden« (G. Kranz, S. 349).

»Doch auch dies ist bedauernswert, dass die Synagoge immer mit der von der Kirche abgewandtem Gesicht verharrt, das heißt mit dauerndem Hass.« Diese Worte von Martin Luther lassen sich auf die Straßburger Plastiken beziehen. (Walther Bienerth, S. 46)

Karl Frank-Oberaspach zitiert eine alte Inschrift zur Ecclesia: »Mit Christi Blut überwind ich dich. Das selbige Blut erblindet mich.« Er beschreibt 1902: »Aber bald wird man gewahr, dass ein scharfer Konflikt zwischen den Frauen herrscht. Die scharfe Wendung der Ecclesia, ihr forscher Blick wird nicht erwidert von der Gegnerin: sie hat den Oberkörper, trotzdem die Füße noch im Vorwärtsschreiten sind, jäh zurückgewendet, das Haupt gesenkt. Jene stützt sich auf ihren starken Kreuzesstab, das Symbol ihres Glaubens, und dieser ist die Lanze zerbrochen. Jene hält fest den Kelch mit der göttlichen Gnadenspende und dieser entgleiten die mosaischen Satzungen, wertlos durch das neue Gesetz.

Das Gewand: Bald deckt es wie ein Hauch so dünn die Gliedmaßen nur zum Schein, bald dient es ihm im schroffen Fall zur Charakterisierung der Unerschütterlichkeit einer Ecclesia, bald scheint es über den Sockel die Bewegung der Figuren in welligem Wohlklang auszuklingen und schließlich gleitet der feine Stoff über die bewegten Finger der Ecclesia, um des Meisters technisches Geschick in selbstgefälligen Spiel zu künden. Um die Füße der Ecclesia schlägt das Gewand in kräftigem, starken Strudel; müde und weich, ein Abglanz der gebrochenen Stimmung, liegt es über den Füßen der Synagoga.« (Karl Frank-Oberaspach, S. 33)

In diesem Sinne schreibt Paul Claudel 1913. Er ist der Einzige, der die Ecclesia triumphierend und die Synagoge abfällig deutet.

**Straßburg**

»Die hohe Frau, die tolle, vage, mit ihrem Feen-Gesicht,/
Nichtiger als das flüchtige Wasser, gewundener als der Rhein,
lässt sie ihre verwinkelte Waffe nicht aus der Hand,/

Sie zeigt, mit verbunden Augen, das Schriftband, auf dem sich nichts fand./
Auf der anderen Seite der Tür aber steht, aufrecht, mit Verachtung,/
Und beobachtet sie unablässig mit kalten Augen, geschaffen für die Betrachtung,/
Die Kirche, bar jeder Träumerei, bedacht nur auf ihre Pflicht,/
Die Kirche, die auf das Kreuz sich stützt und nicht auf ein Rohr, das bricht./
Erbin der verflossenen Tage, meistert sie das Jetzt und das Hie:/
Et antiquum documentum novo cedat ritui.«
*(übersetzt von H. U. v. Balthasar, in: G. Kranz, S. 349)*

Es gibt zahlreiche andere Betrachtungen. Die Abwertung der Synagoga am Straßburger Münster hebt der Künstler durch die ästhetische Gestaltung auf. Die Synagoga ist eine schöne Frau im Vergleich zur starren Ecclesia.

In einem Gedicht drückt Arthur Mettler (1901) diese Meinung aus.

»Der du beide schufst – in einem Zuge,
Welcher von den zwein gehört dein Herz?
Hier die falsche Hoheit, Herr, der Welt,
Dort die echte – und der Demut Kind –
Hier die: die triumphiert, und dort: die fällt.
Sag mir einer, daß dies Schwestern sind?
Beide – war dein Auftrag –, stell uns hin.
Welche war für dich die Königin?«
*(Arthur Mettler, in: G. Kranz, S. 349)*

Horst Schwebel sieht in beiden Figuren das Ideal antiker Schönheit, sie entfalten darüber hinaus ein zusätzliches emotionales Potential (Horst Schwebel, S. 45).

Die Synagoga hat an »Schönheit und Würde teil« (Katalog Monumenta Judaica, Nr. 46), »Gestalten von adligster Haltung und Schönheit« (Franz Prinz zu Sayn-Wittgenstein, S. 222).

Nach Herbert Jochum ist hier noch die Idee der Concordia zu ahnen (Jochum, Ecclesia und Synagoga, S. 14).

Georg Dehio beschreibt die Ecclesia »den Kopf vorgebeugt, die Lippen noch in Bewegung, der Blick mit Siegerbewußtsein die Wirkung der Worte verfolgend.« Bei der Synagoga dagegen »eine viel kompliziertere Haltung: das Gleichgewicht ist gestört.« (zu Sayn-Wittgenstein, S. 223)

Für ihn ist 1941 wichtig zu verneinen, dass »Künstler französischer Nation unter ihnen waren.« (Georg Dehio, S. 35)

Kurt Bauch beschreibt im gleichen Jahr: »... als Plastik sind sie voll entfaltet. Das hoch aufgerichtete Kreuz wird breit gezeigt, dazu Kelch und Krone, alles verbunden in der stolzen, fürstlichen Form des Mantels. Gegenüber erscheint alles Edle schamvoll abgewendet, wehr- und willenlos sinkend, gebrochen und geknickt. Aller Ausdruck ist erhoben in die reine Geste, alle Geste nochmals geläutert in die reine Form« (Kurt Bauch, S. 18).

Genau und zugewandt betrachtet Gerold Lehner:

»Einziger Unterschied in der ›symmetrischen‹ Darstellung der beiden Figuren ist der Mantel, den die Kirche trägt. Er lässt sie dadurch im Vergleich zur Synagoge mächtiger und voller erscheinen, wohingegen die Synagoge beinahe entblößt erscheint.

Faszinierend ist die in ihrer Traurigkeit und Tragik doch unwahrscheinlich berührende und schöne Darstellung der Synagoge. Ihre Haltung ist aufrecht und doch gebeugt; sie muss Kraft aufwenden, um die Gesetzestafeln zu halten, was ihrer Gestalt bei aller Traurigkeit durchaus eine Spannung verleiht. Traurig und geschlagen, aber nicht ohne Würde und Anmut.

Ein Blick in die Gesichter lässt noch einmal die ganze Schönheit der Darstellung erkennen. Das offene Antlitz der Kirche mit dem direkten Blick auf die Synagoge. Das Haar fällt füllig um den Kopf. Der Mund ist entspannt, vielleicht sogar eine Spur geöffnet. Demgegenüber der geneigte Kopf der Synagoge, der geschlossene, leicht nach unten weisende Mund, die eng am Kopf anliegenden Haare und die meisterhaft gestaltete Augenbinde, welche die Konturen der Augenpartie erkennen lässt.« (Gerold Lehner, S. 18)

Mit schönen und zarten Worten beschreibt Madeleine Klein-Ehrminger: »Die Kirche identifiziert sich mit Kelch und Kreuzesbanner, die sie mit bedeckter Hand umschließt. Ihr Haupt ziert eine Krone, und nicht ohne Wohlgefallen blickt sie nach links, über die Portale hinaus, zu jener anderen Frau hinüber, ihrer Stammmutter, dem Sinnbild des alten Bundes. Dieser bezaubernden Gestalt (Synagoga) dürfte wohl die ganze Liebe des Meisters gegolten haben, der zu ihrer rührenden Haltung eines der schönsten Antlitze der gesamten mittelalterlichen Baukunst schuf. Die bei aller Demut hohe Würde, die feine Rundung des Gesichtes, die Reinheit der Züge, die edle Stirn, der vollendet gezeichnete Haaransatz, die geniale Leichtigkeit der Meißelführung, die den Stein, so scheint es, nur flüchtig streifte, die zarte Augenbinde, die zerbrochene Lanze, die ihren Händen entgleitenden Gesetzestafeln, schließlich eine (heute zerstörte) umgestürzte Krone zu ihren Füßen, vollenden die ihr vom Meister erteilten Attribute und erheben sie zum Sinnbild der überwundenen Welt.« (Madeleine Klein-Ehrminger, S. 29ff)

In seinem Gedicht lässt Ernst Stadler (1883–1914) die Bildhauerin Sabina, die legendäre Tochter des Baumeisters Erwin von Steinbach, sprechen:

> »Zuletzt, da alles Werk verrichtet, meinen Gott zu loben/
> hat meine Hand die beiden Frauenbilder aus dem Stein gehoben./
> Die eine aufgerichtet, frei und unerschrocken –/
> Ihr Blick ist Sieg, Ihr Schreiten glänzt Frohlocken./
> Zu zeigen, wie sie freudig über allem Erdenmühsal throne,/
> Gab ich ihr Kelch und Kreuzesfahne und die Krone./
> Aber meine Seele, Schönheit ferner Kindertage und mein tief verstecktes Leben/
> Hab ich der Besiegten, der Verstoßenen gegeben./
> Und was ich in mir trug an Stille, sanfter Trauer und demütigem Verlangen Hab ich sehnsüchtig über ihren Kinderleib gehangen:/
> Die schlanken Hüften ausgebuchtet, die der lockere Gürtel hält./

Die Hügel ihrer Brüste zärtlich aus dem Linnen ausgeschwellt./
Ließ ihre Haare über Schultern hin wie einen blonden Regen fließen,/
Liebkoste ihre Hände, die das alte Buch und den zerknickten Schaft umschließen,/
Gab ihren schlaffen Armen die gebeugte Schwermut gelber Weizenfelder, die in Julisonnen schwellen,/
Dem Wandeln ihrer Füße die Musik von Orgeln, die an Sonntagen aus Kirchentüren quellen./
Die süßen Augen mussten eine Binde tragen,/
Daß rührender durch dünne Seide wehe ihrer Wimpern Schlagen./
Und Lieblichkeit der Glieder, die ihr weiches Hemd erfüllt,/
Hab ich mit Demut ganz und gar umhüllt,/
Daß wunderbar in Gottes Brudernähe/
Von Niedrigkeit umglänzt ihr reines Bildnis stehe.«
*(G. Kranz, S. 349)*

Der deutsch-jüdische Schriftsteller Elazar Benyoetz, der sich endgültig von der deutschen Sprache abkehren will, sieht in einem Traum die deutsche Sprache, die ihn nicht los lässt, in der Gestalt der Synagoga am Straßburger Münster; die deutsche Sprache fühlt sich durch seinen Entschluss enteignet, erblindet. (E. Benyoetz, in: Erich Garhammer, S. 249)

Die gleichen Portal-Figurenpaare sehen wir am Bamberger Dom und an der Liebfrauenkirche in Trier.

Die Abwertung entwickelt sich dann zur Diskriminierung: Die sehende Synagoga wird niedergedrückt durch einen Engel. Die Niederlage der jüdischen Religion wird so ausgedrückt in der Darstellung im Dom zu Parma durch Benedetto Antelami um 1200.

Bild 31: *Niederdrückung der Synagoga durch einen Engel,*
Dom zu Parma, um 1200.

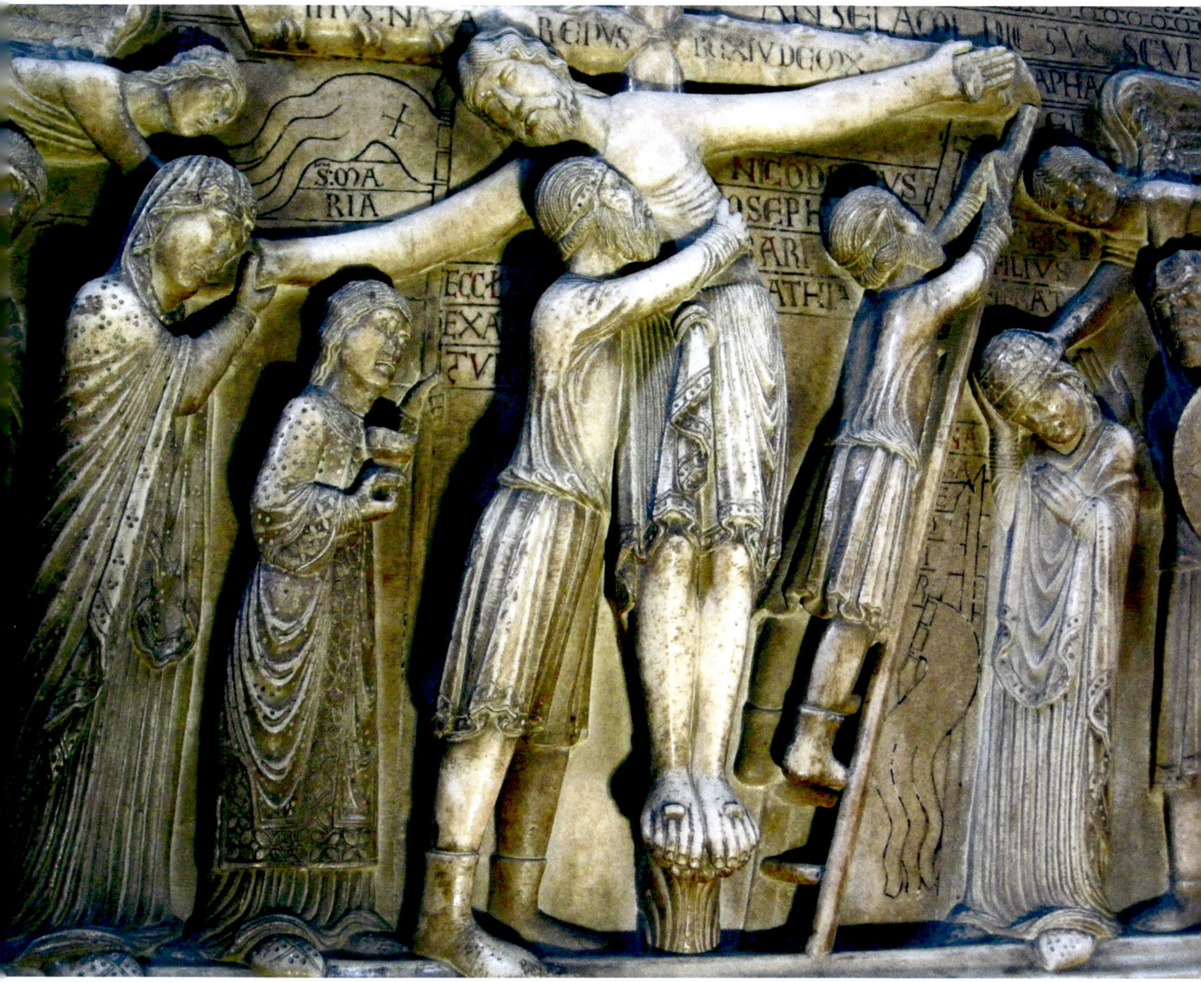

Nicolo Pisano (1210–1278) und Giovanni Pisano (1250–1314), Vater und Sohn, verwenden dieses Motiv häufig, bei der Kreuzigung und beim Jüngsten Gericht. An der Kanzel in Pisa stellt Giovanni Pisano am Sockel die Ecclesia dar, die mit ihrer schlaffen Brust das Alte Testament und mit ihrer prallen Brust das Neue Testament nährt.

Bild 32: Skulptur von Giovanni Pisano (1248–1318), Domkanzel in Pisa, 1302–1312.

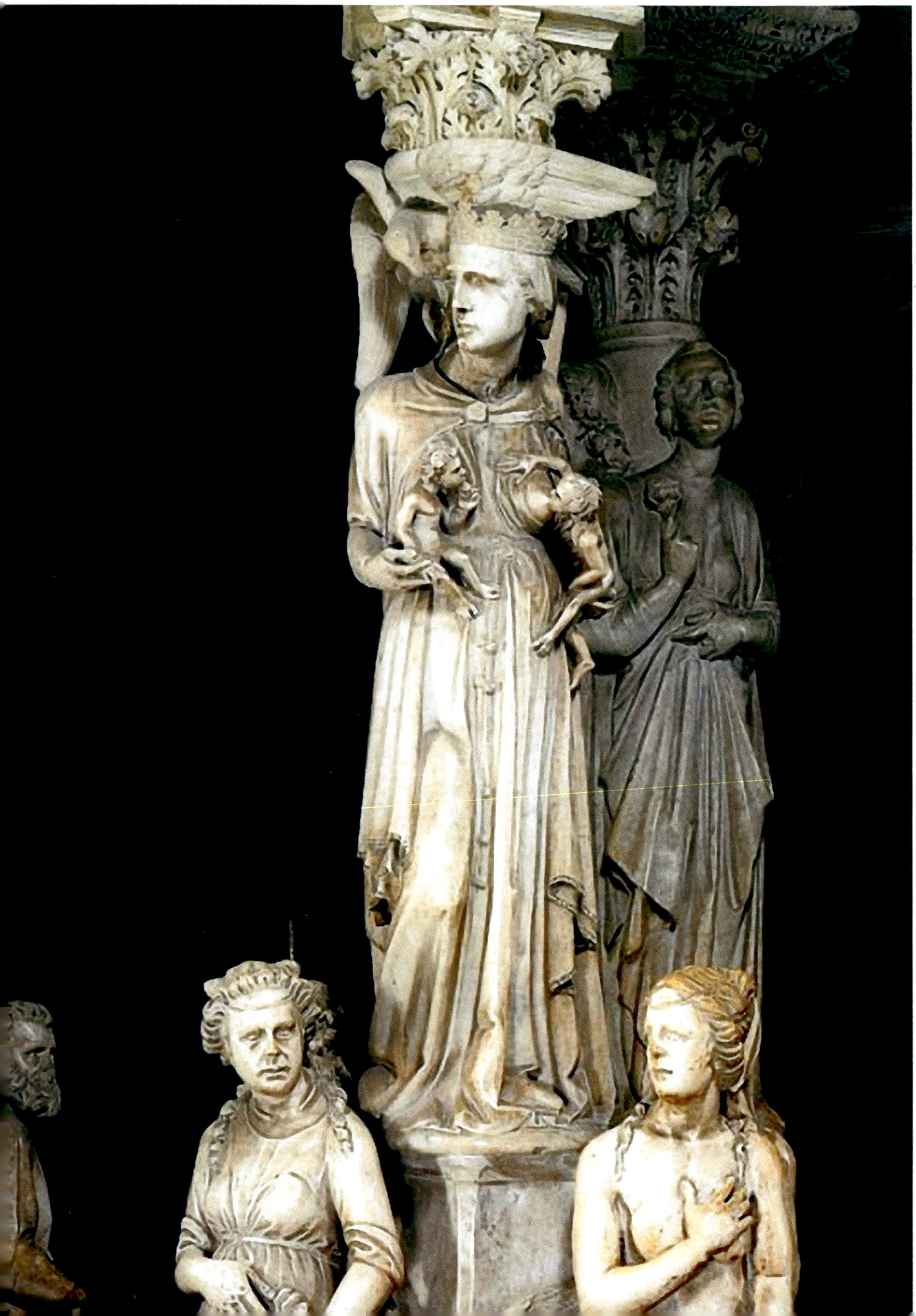

Der Künstler hat sich sicher leiten lassen vom Kommentar des Hl. Bruno, Bischof von Segni (†1123), »der in seinem Kommentar zum Hohenlied die Brüste der Braut (Hld 4,5) auf das Alte und das Neue Testament deutet. Seine Auslegung wird judenfeindlich: ›Die Brüste der Kirche seien schön, und sie ernähre ihre Kinder mit süßer Milch. Die Brüste der Synagoge hingegen seien hässlich, denn sie ernähre ihre Söhne mit schwarzer Milch und schmutzigem Bodensatz, nämlich mit Irrtümern.‹« (Gerhard Lohfink/Ludwig Weimer, S. 47)

Augustinus dagegen sagt: »Eine Mutter ist die Kirche, und ihre Brüste sind die beiden Testamente der Hl. Schrift. Hier in dieser Zeit wird die Milch aller Sakramente gesaugt, die für unser ewiges Heil bereitet ist.« (Flyer. Archiv W. Bußler)

Bei der Kreuzigungsszene vertreibt der Engel die Synagoga, eine alte Frau sehend auf den Gekreuzigten, der mit seinem Haupt sich der Ecclesia zuneigt (w).

**Bild 33: Bildnis von Nicolo Pisano (1210–1278/84). *Jüngstes Gericht*, Kanzel in Siena, 1268.**

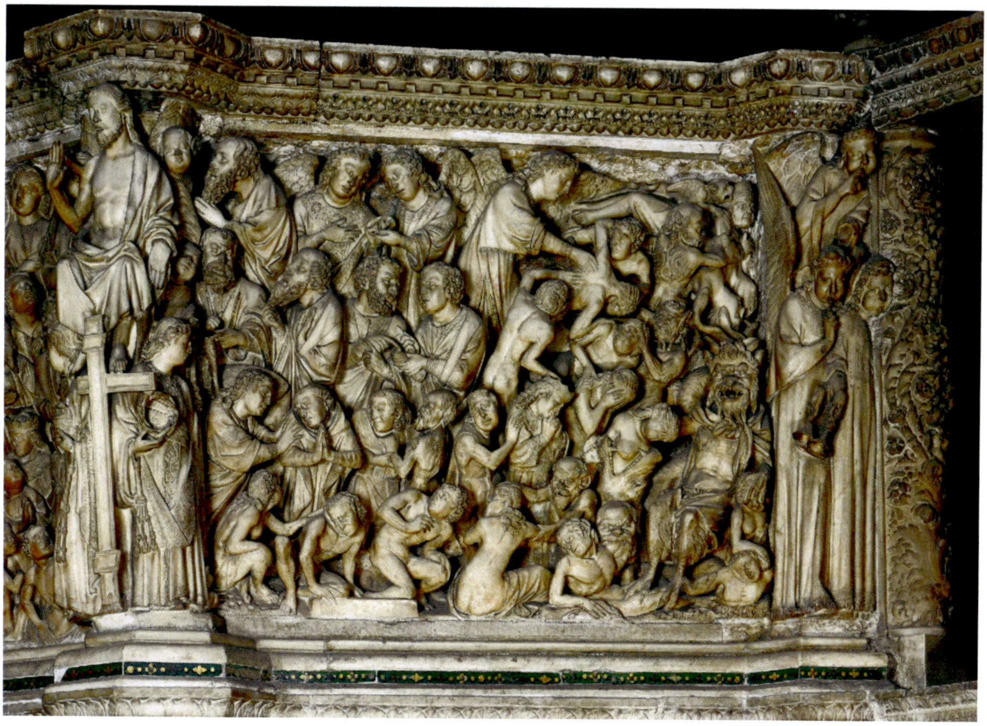

Zu guter Letzt wird bei der Darstellung des Jüngsten Gerichtes die Synagoga mit entblößten Brüsten in das Feld der Verdammten hineingezogen, während die Ecclesia den Zug der Seligen anführt. Auf der Unterseite der Patene aus Stift Wilten in Innsbruck (1160) führt eine Gruppe von Juden den Zug in den Höllenrachen an.

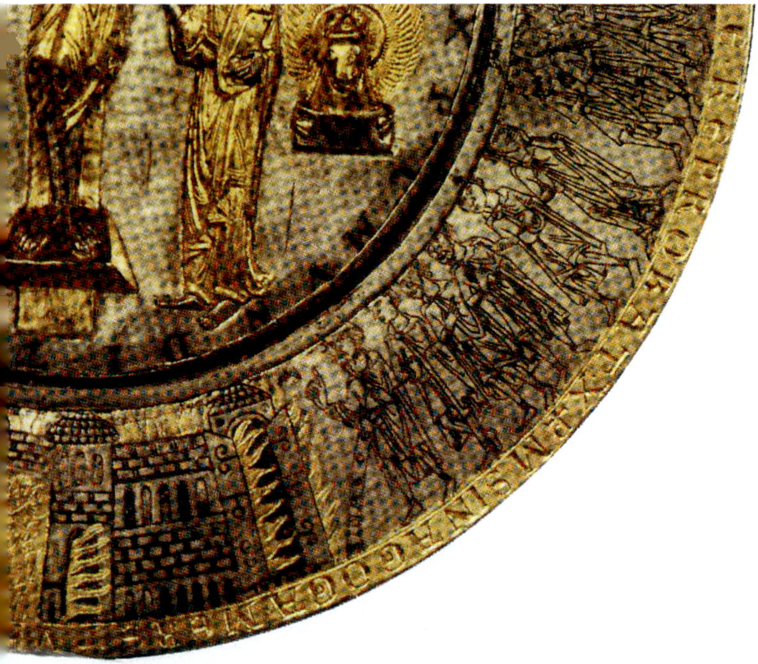

**Bild 33 a: Unterseite der Patene aus Stift Wilten in Innsbruck, 1160.**

Ein abwertendes Motiv findet sich an Portalen wieder, wenn die Ecclesia den Zug der klugen Jungfrauen anführt, die Synagoga den der törichten Jungfrauen. (Mt 25, 1–13)

Zu sehen unter anderem am Erfurter Dom, Freiburger Münster, in Osnabrück St. Marien und an der Paradiespforte des Magdeburger Domes. Die letztgenannten beschreibt Waltraut Zachhuber: »... zwei Frauengestalten stehen im Paradiesportal, die siegreiche, triumphierende Kirche, Ekklesia, stolz und gekrönt, auf der Seite der ›klugen Jungfrauen‹, denen der Himmel offen steht, und Synagoga, das Judentum, eine demütig geneigte Frauengestalt, der die Gesetzestafeln aus den Händen gleiten, und die auf der Seite der ›törichten Jungfrauen‹ zu finden ist, denen der Zugang zum Himmel, zu Gott durch eigene Schuld verwehrt wird.« (W. Zachhuber, Flyer)

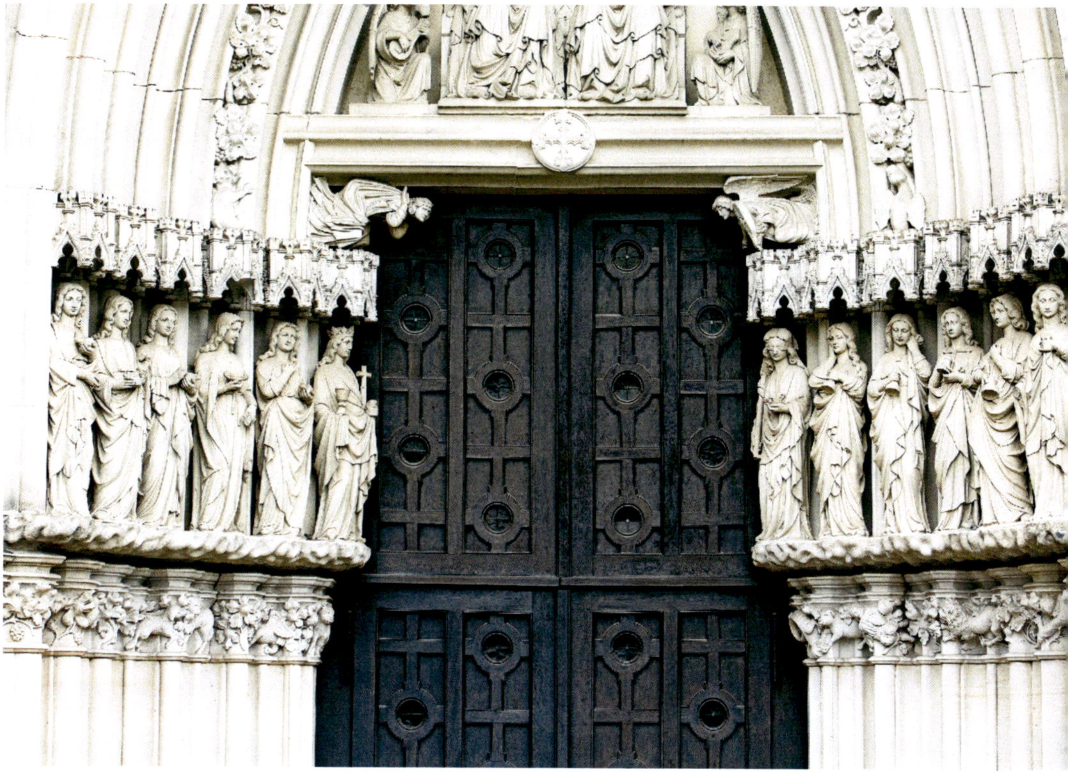

Bild 34: Portal mit Jungfrauen, Osnabrück St. Marien, 14. Jahrhundert.

Zur weiteren Abwertung gehört der Bockskopf, den die Synagoga in ihrer Hand hält, Zeichen des Tieropfers und Zeichen für ein ausschweifendes Leben, zu sehen bei der Synagoga in der Glasmalerei der Marburger St. Elisabeth-Kirche und bei der Synagoga am Erfurter Dom, die aber überraschend keine Binde vor ihren Augen trägt, aber sie weint.

Auch ist das Joch zu sehen als Symbol der Knechtschaft unter dem Gesetz (G. Lehner, S. 16).

Bild 35 (auf folgender Seite 72): Synagoga, Erfurter Dom, 1330.

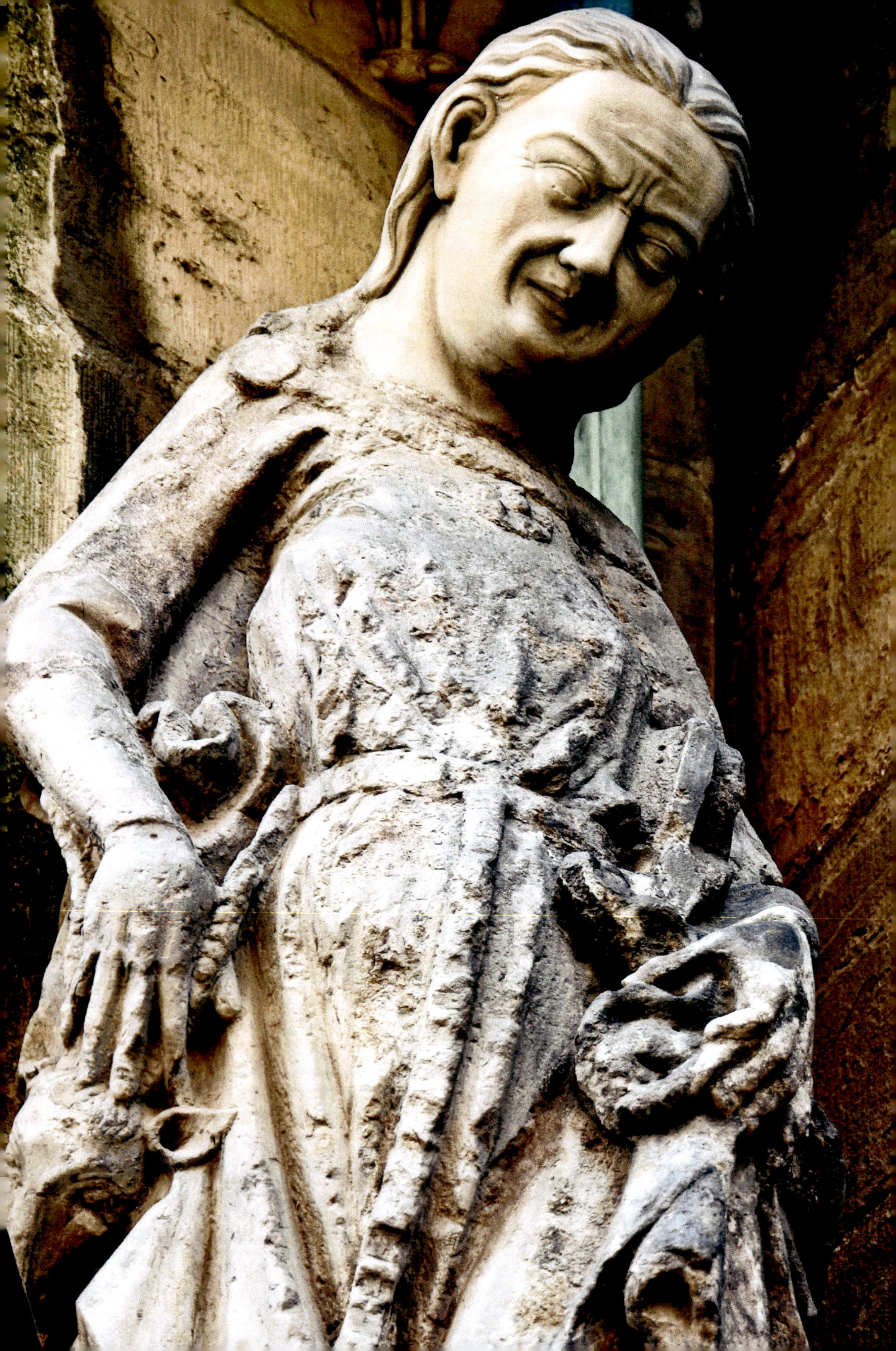

In einer Buchmalerei von 1180 steht die Ecclesia mit ihren Füßen triumphierend auf der am Boden liegenden Synagoga. Hier wird Psalm 110,1 dargestellt: »Setze dich mir zur Rechten und ich lege dir deine Feinde als Schemel unter die Füße«, der auch im Hebräerbrief zitiert wird (Hebräer 10,13).

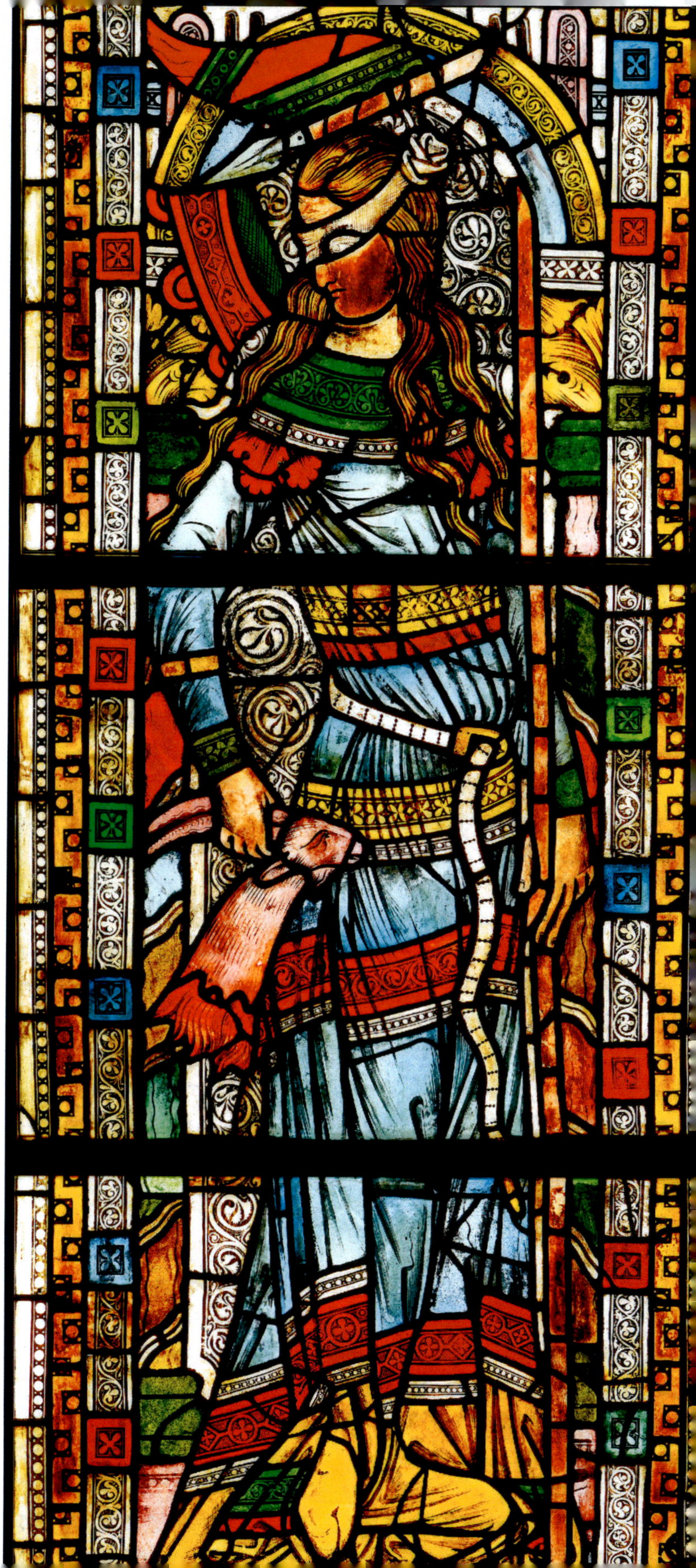

Bild 36: *Synagoga,* Marburg St. Elisabeth, 13. Jahrhundert.

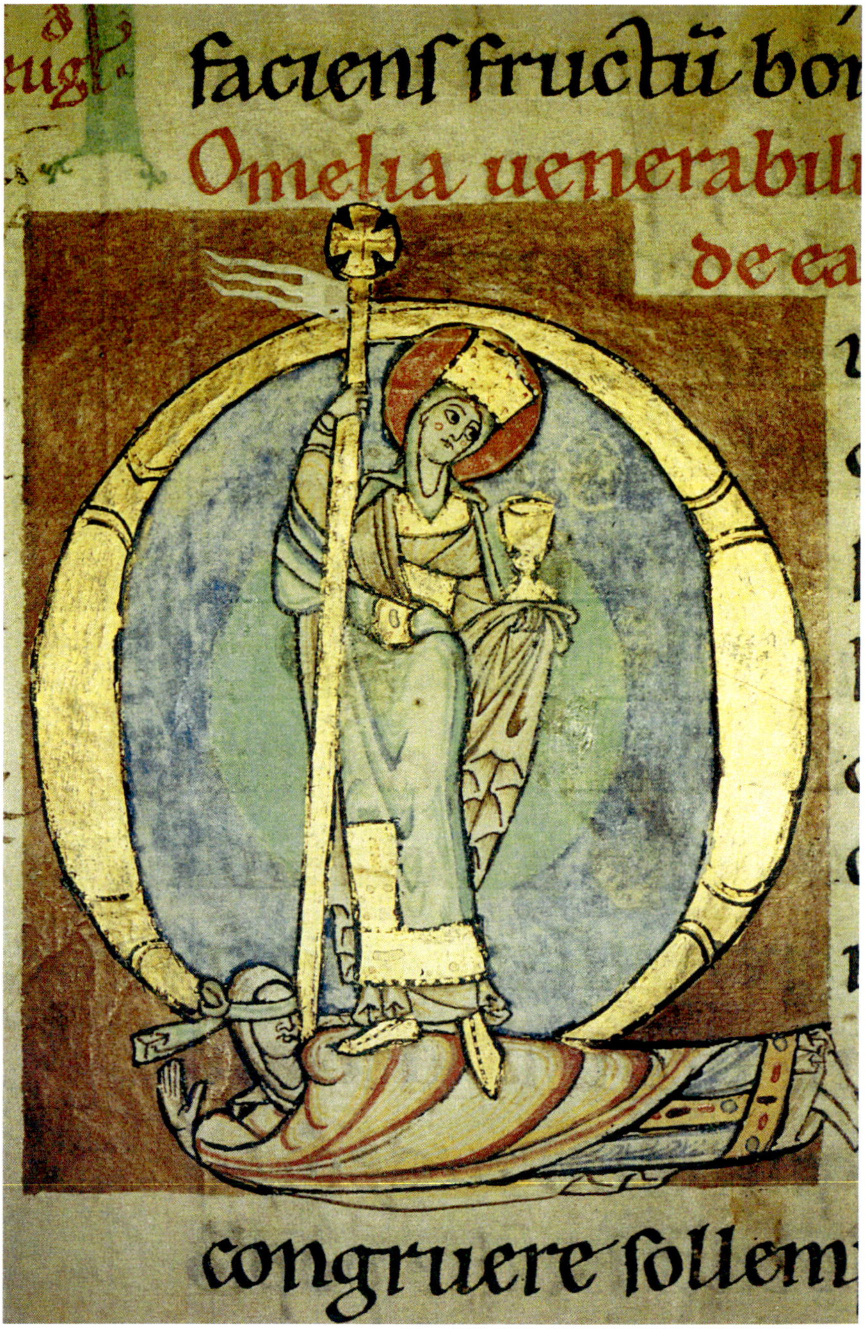

Bild 37: Buchmalerei, Homilar des Beda von Verdun, 1180, Bibliothek Verdun.

Die Entwicklung geht weiter bis zum Turnierkampf zwischen Ecclesia und Synagoga.

Bild 38: Chorgestühl, Erfurt Dom, 1400.

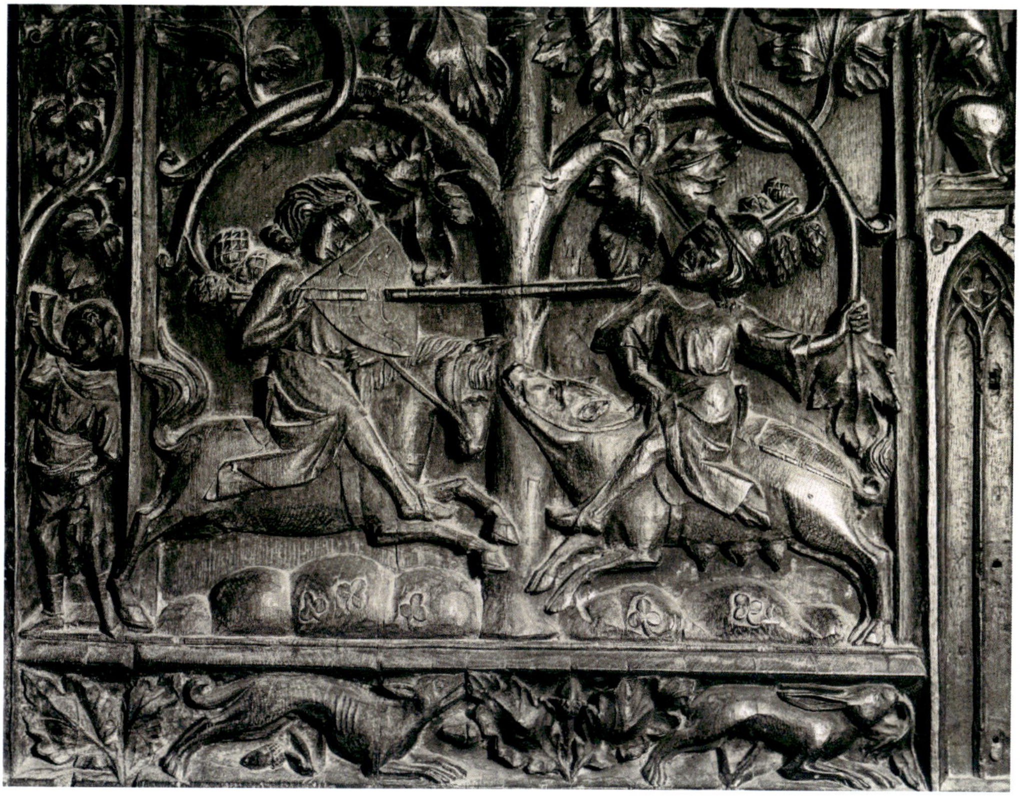

Im Erfurter Chorgestühl reitet die Kirche auf einem Pferd, während das Judentum – hier ein Mann mit Judenhut – auf einem Schwein sitzt, dem unreinen Tier. Es ist ein Kampf um Leben und Tod.

Bild 39 (folgende Seite): Glasmalerei, Freiburger Münster, 1330.

Im Freiburger Münster zeigen zwei Rundfenster den Kampf der Ecclesia, reitend auf dem Tetramorph – ein pferdeähnliches Tier mit dem Kopf der vier Evangelisten-Symbole Adler (Johannes), Löwe (Markus), Mensch (Matthäus) und Stier (Lukas), mit vier unterschiedlichen Beinen passend zu den vier Symbolen –, gehen die Synagoga im gelben Gewand, die auf einem Esel reitet, ihr Gleich-

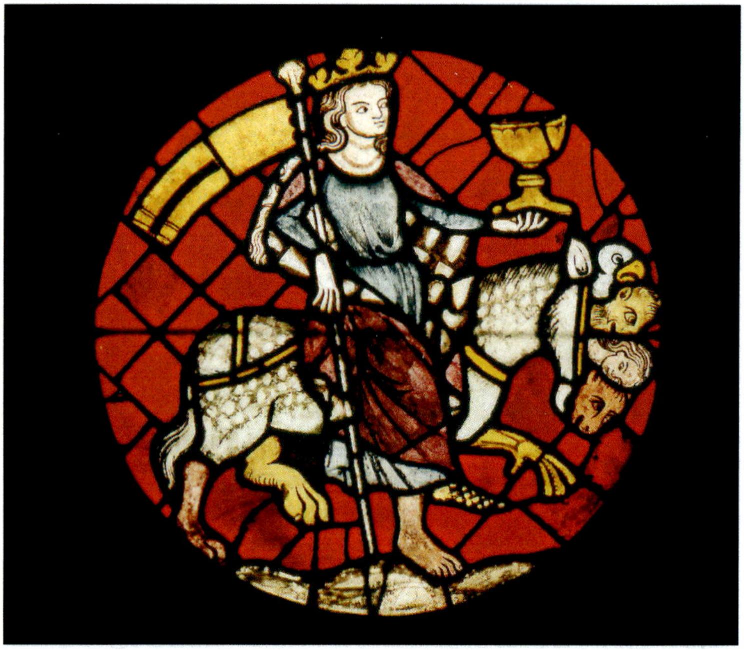

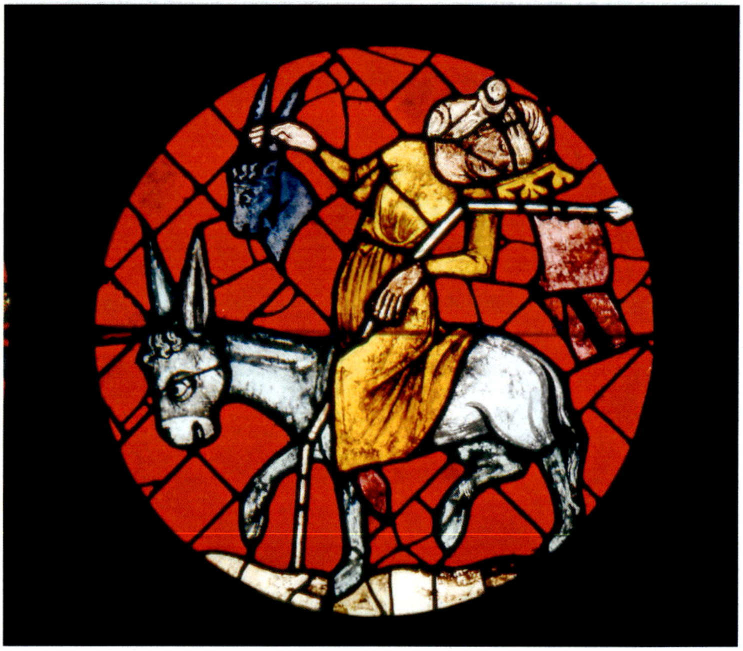

gewicht verliert und mit zerbrochener Lanze besiegt ist. In der rechten Hand hält sie einen Bockskopf. Der Esel, die gelbe Farbe und der Bockskopf sind beleidigende Attribute.

Bild 40 (rechts): Dom zu Worms, Südportal, 13./14. Jahrhundert.

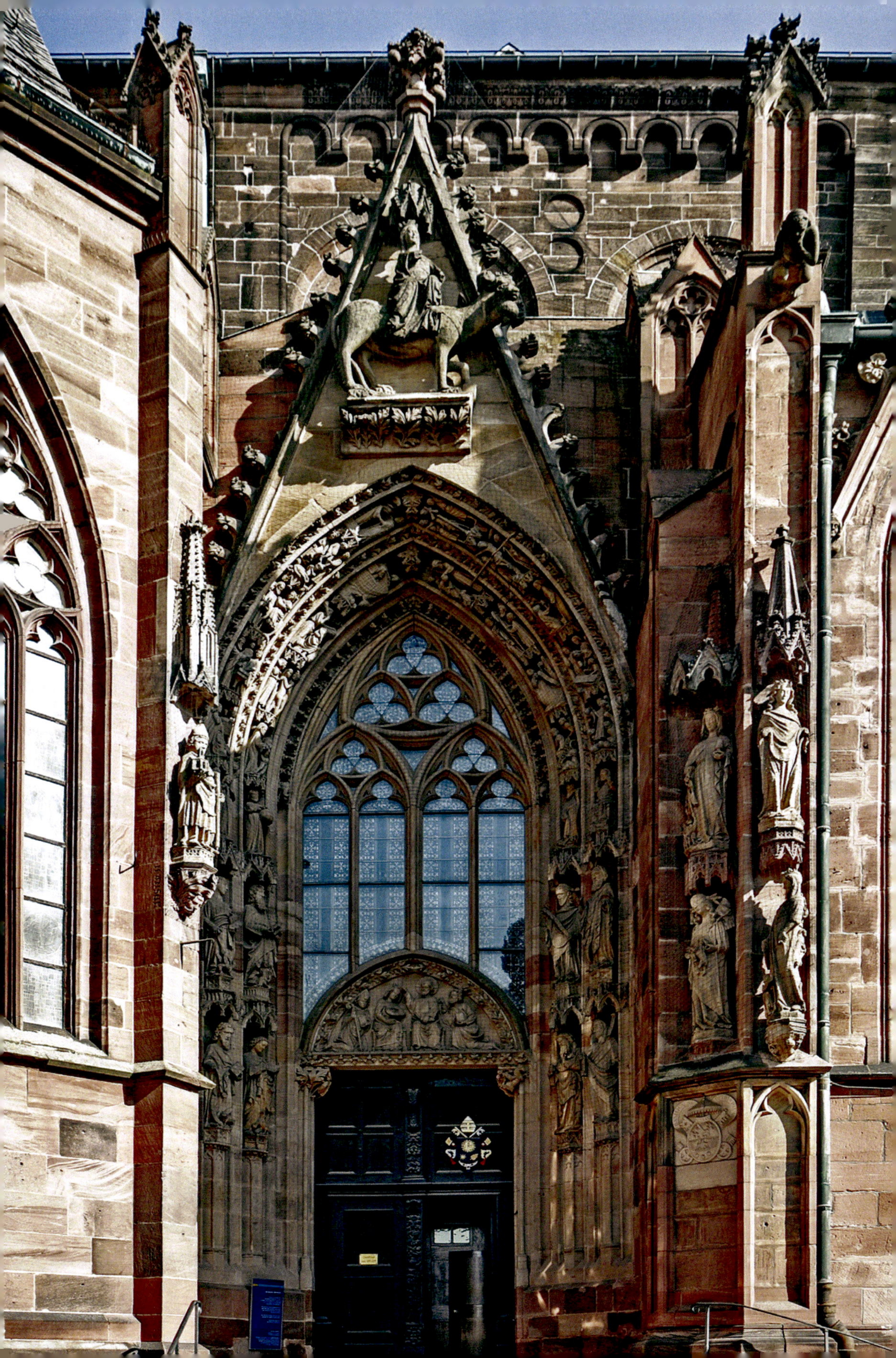

Ein nicht zu übersehender Tetramorph, auf dem im Damensitz die Ecclesia reitet, begrüßt am Südportal des Wormser Domes die Besucher, während eine kleine Synagoga sich als eine unter vielen Skulpturen versteckt. Wir sehen ihr Gesicht mit herabgezogenen Mundwinkeln, über ihre linken Schultern fallen die Gesetzestafeln zu Boden.

Bild 41: *Synagoga (links) und Frau Welt (rechts),*
Dom zu Worms, 13./14. Jhd.

Aber sie steht neben einer schönen gekrönten lächelnden Dame. Es ist die eitle und verführerische »Frau Welt«. Ihr wahres Gesicht zeigt der offene Rücken, hässlich und stinkend voller Schlangen und Kröten.

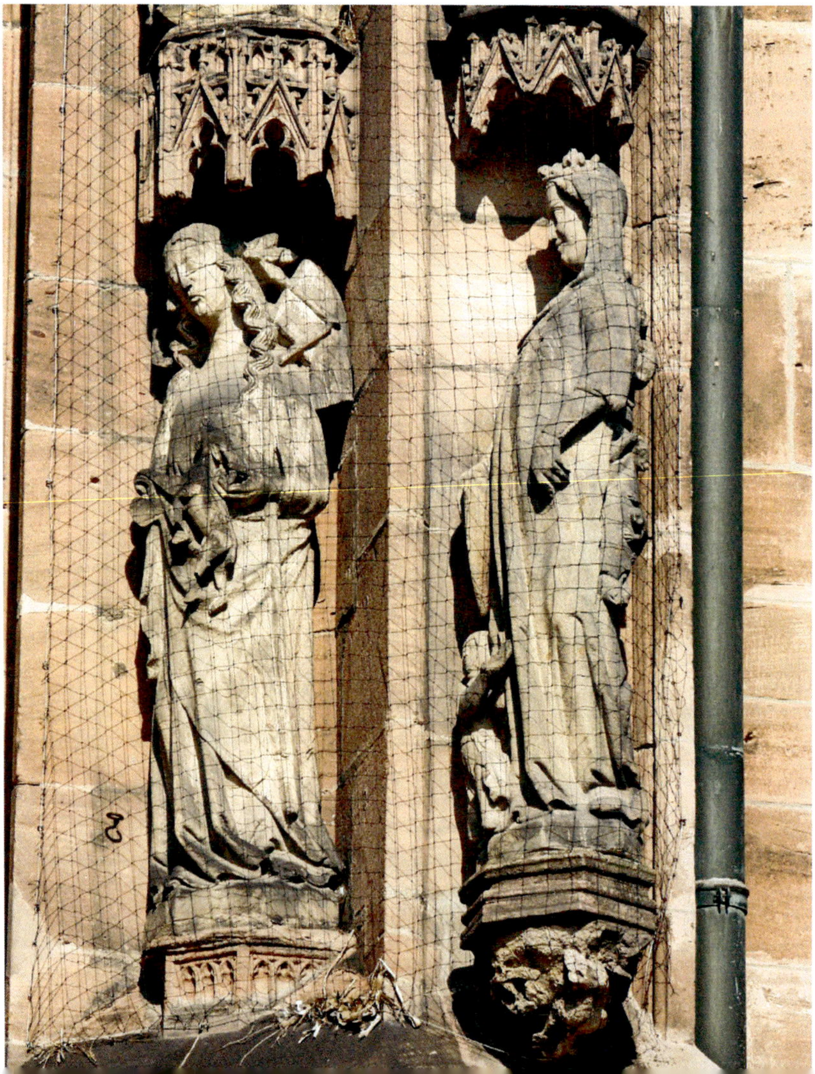

Sie entspricht dem »Fürst der Welt«, der auch als schöner Herr mit offenem Rücken voller Schlangen und Kröten den Zug der Törichten Jungfrauen begleitet (Straßburger Münster).

Ecclesia und Synagoga sind herausgelöst dargestellt, aber in den Archivolten sind sie als Paar neben dem Gekreuzigten zu sehen (Eduard Sebald, in: Der Dom zu Worms, S. 61ff).

**Bild 42:** ***Synagoga (links)*****, Paris, Notre Dame, Westfassade, 1200.**

Die Synagoga an der Westfassade von Notre Dame ist blind durch eine Schlange, die sich um ihren Kopf windet und ihre Augen bedeckt. Der Kopf der Schlange ist auf uns gerichtet und zischt uns

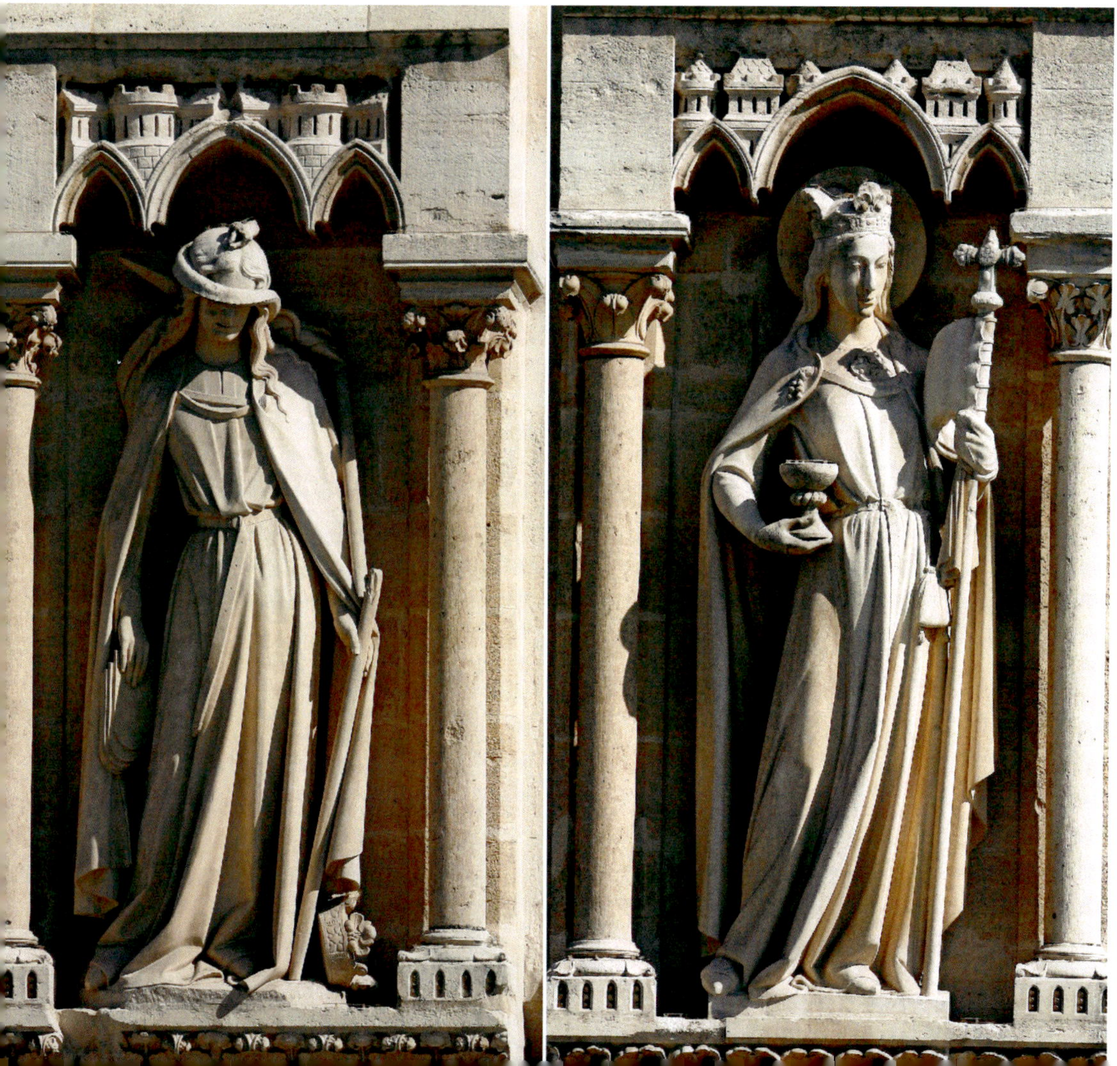

an. Es ist die Schlange vom Baum der Versuchung. Die Synagoga ist Eva, die sich versuchen lässt.

Den Höhepunkt der Verachtung bilden die »Lebenden Kreuze«. In Wasserburg am Inn finden wir eine Darstellung an der Außenwand des Chores der St. Jakob Kirche, damit sie täglich von den vielen gesehen wird, die an der Kirche vorbeigehen. Hier wird der Synagoga alles Schmähende mitgegeben:

Mit verbundenen Augen, blind für Jesus Christus, »triefäugig wie ihre alttestamentliche Präfiguration Lea«, sitzt sie auf einem Esel. Sie ist bekleidet mit einem gelben Gewand, der Farbe der Hurerei, des Neides, der Farbe der Juden. In der einen Hand hält sie die gebrochene Stange mit der Fahne, die einen Skorpion zeigt. Er ist das Symbol für Finsternis und Laster. In der anderen Hand hält sie den Kopf eines Bockes, der für das Blutopfer des Alten Testamenten steht, »andererseits ein Emblem für Unkeuschheit und Luxuria.« Eine Hand aus dem Kreuzesbalken – daher »Lebendes Kreuz« – schlägt mit einem Schwert die Krone von ihrem Haupt und tötet sie mit dem Schwert. (Theodor Feulner, S. 27)

Bild 43: Lebendes Kreuz, Wasserburg am Inn, St. Jakob Kirche, Außenwand des Chores, um 1460.

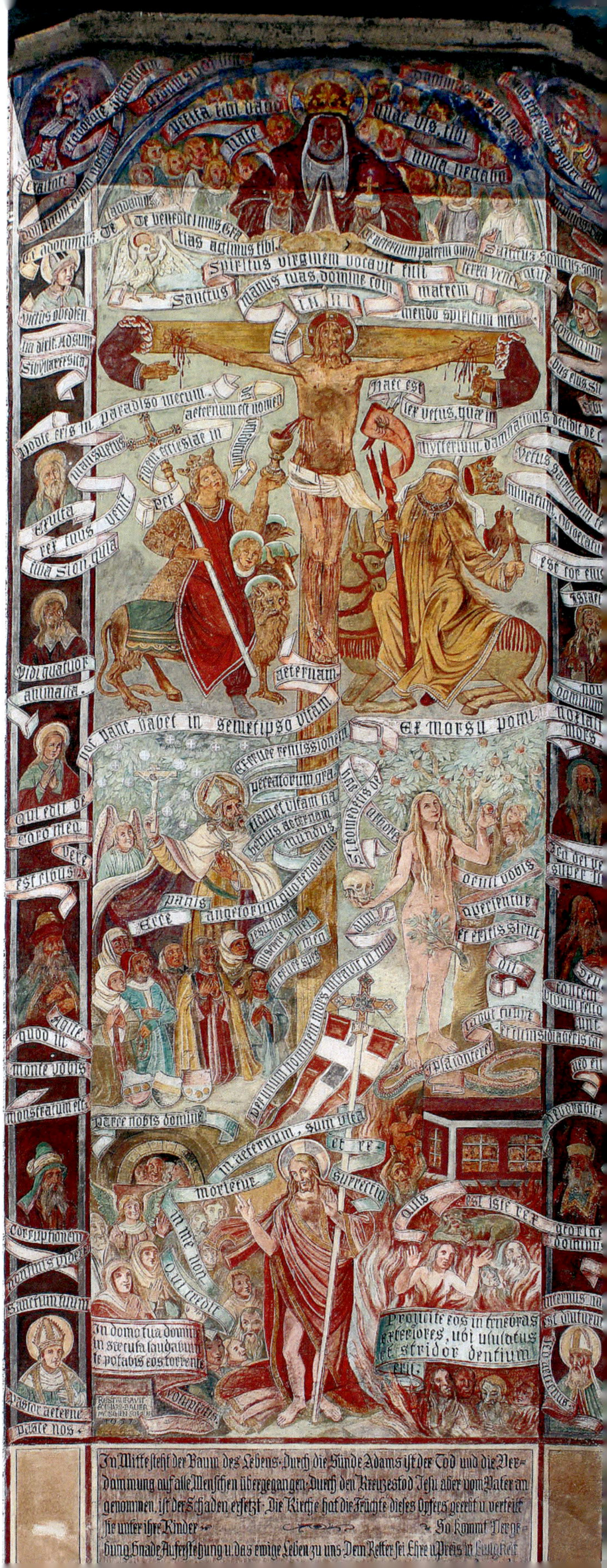


In Kärnten, in der Kirche St. Andrä Thörl-Maglern, sticht dieses Schwert die Synagoga durch Kopf und Hals.

# 4. Ecclesia und Synagoga in Renaissance und Barock

Es ist die Zeit, in der eine neue Person mit Augenbinde dargestellt wird: die Justitia, die ohne Ansehen der Person urteilt.

Bild 44: Michelangelo (1475–1564), *Mose im Grabmal.* Rom St. Pietro in Vinculi, 1516.

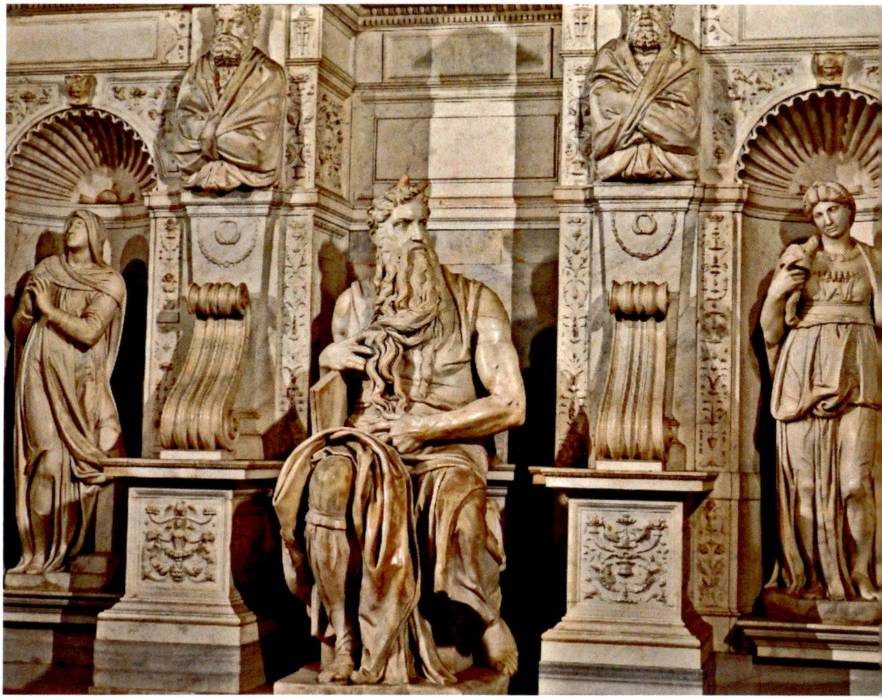

Es ist die Zeit, dass das Motiv abgewandelt wird: Michelangelo stellt in der römischen Kirche San Pietro in Vinculi im Julius-Grabmal neben dem sitzenden Mose rechts von ihm Rahel mit erhobenem Gesicht und zur Linken Lea mit gesenkten Augen (Gen 29,17). Isidor von Sevilla schreibt: »Lea schließt die Gestalt der Synagoga ein, die mit den schwachen Augen ihres Herzens die Geheimnisse Gottes nicht erforschen konnte. Rahel dagegen mit ihrem klaren Blick vertritt den Typus Ecclesia: mit scharfem Auge begriff sie die Geheimnisse Gottes.«

Selbst diese Statuen scheinen diesen Charaktergegensatz noch auszudrücken, obwohl er von der traditionellen Bezeichnung als tätiges und beschauliches Leben überdeckt wird (W. Seiferth, S. 35f).

Das große Tuch, das Michelangelo über dem rechten Knie des Mose drapiert hat, wird auf jene Decke bezogen, mit der er sein Gesicht verhüllte und die er nur abnahm, wenn er mit Gott oder dem Volk sprach (Christoph Dohmen, S. 191).

Die Gesetzesstafeln werden betont hervorgehoben. Es ist die Zeit der Reformation und Gegenreformation, eine Zeit, in der die Moralpredigten in Blüte stehen.

**Bild 45: Tizian (1488–1576), *Pieta*, Frari Kirche, Venedig, 1575.**

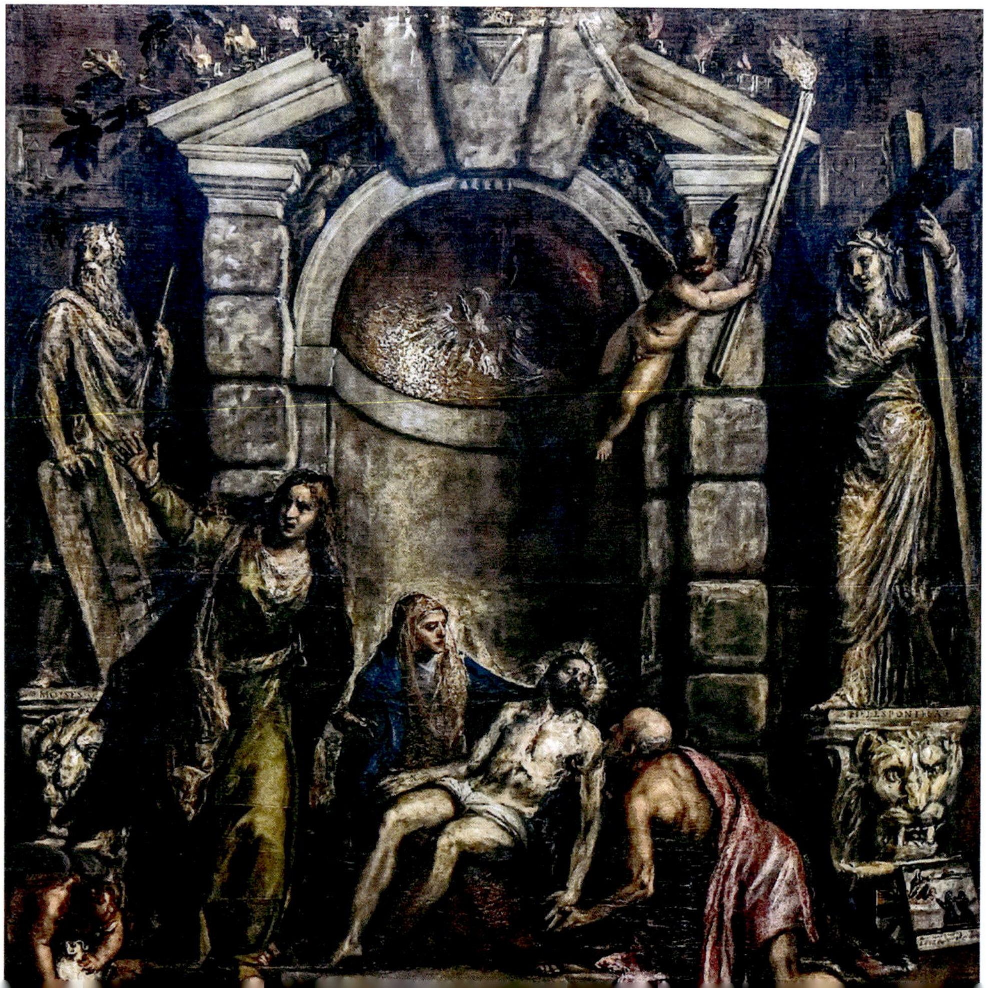

Tizian malte für seine Begräbniskirche, die Frari Kirche in Venedig, als Dank seine Pieta. In den Statuen verkörpert er mit Mose rechts von der Pieta das Alte Testament, das auf den Erlöser hindeutet. Mose stützt sich auf die Zehn-Gebote-Tafel, nicht auf Jesus schauend. Auf der linken Seite steht die Hellespontinische Sibylle mit der Linken das Kreuz haltend, auf das ihre rechte Hand zeigt. Sie habe Kreuzigung und Auferstehung vorausgesehen.

**Bild 46: Stuckkanzel von Bernadino Quadri, Thurnau, St. Laurentius, 1703.**

In der St. Laurentius Kirche Thurnau sehen wir eine Stuckkanzel von Bernadino Quadri. An der Brüstung der Kanzel stehen als Zeugen der Biblischen Botschaft des Alten Testamentes die Könige David und Salomon und die Propheten Elias, Jeremias, Daniel und Ezechiel. Der krönende Engel auf dem Schalldeckel zeigt der Gemeinde die Bibel mit den einladenden Worten, Gott zu fürchten und ihm die Ehre zu geben. Diese Frohe Botschaft für die Gemeinde heute wird getragen durch Mose mit der Tafel der Zehn Gebote und die Ecclesia, eine Frauengestalt mit Kreuzstab und Lamm. So werden die Predigerinnen und Prediger auf dieser Kanzel auch heute getragen durch die Verkünder des Alten Testamentes und eingerahmt und begleitet durch Synagoga – hier Mose – und Ecclesia.

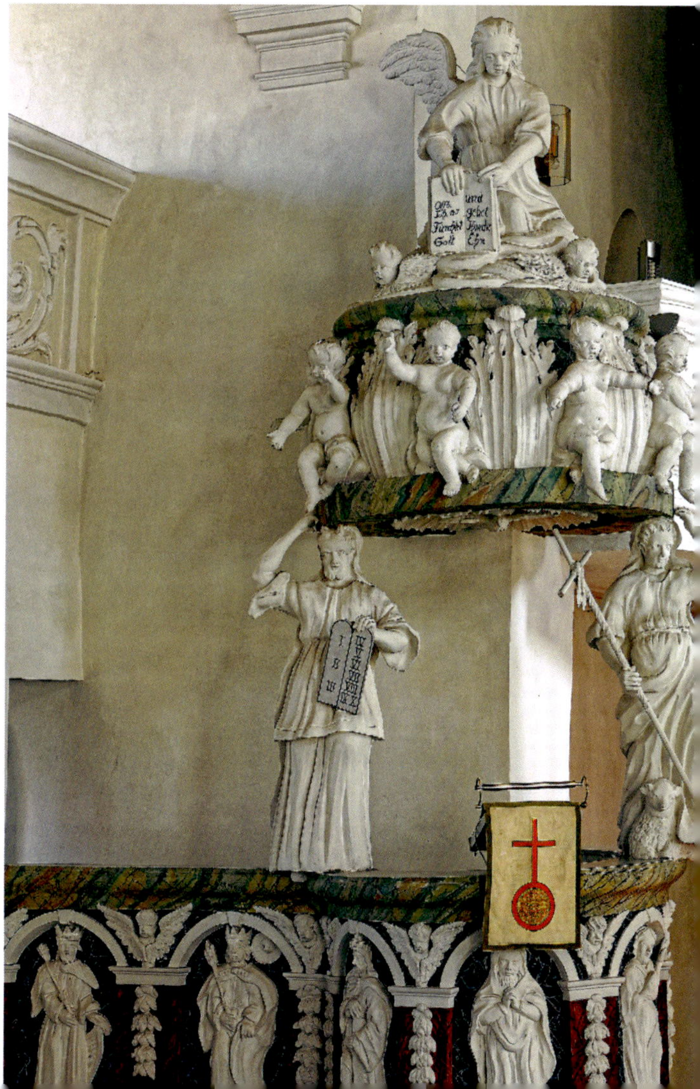

Bild 47: *Synagoga und Ecclesia* an der Stuckkanzel, Thurnau, St. Laurentius, 1703.

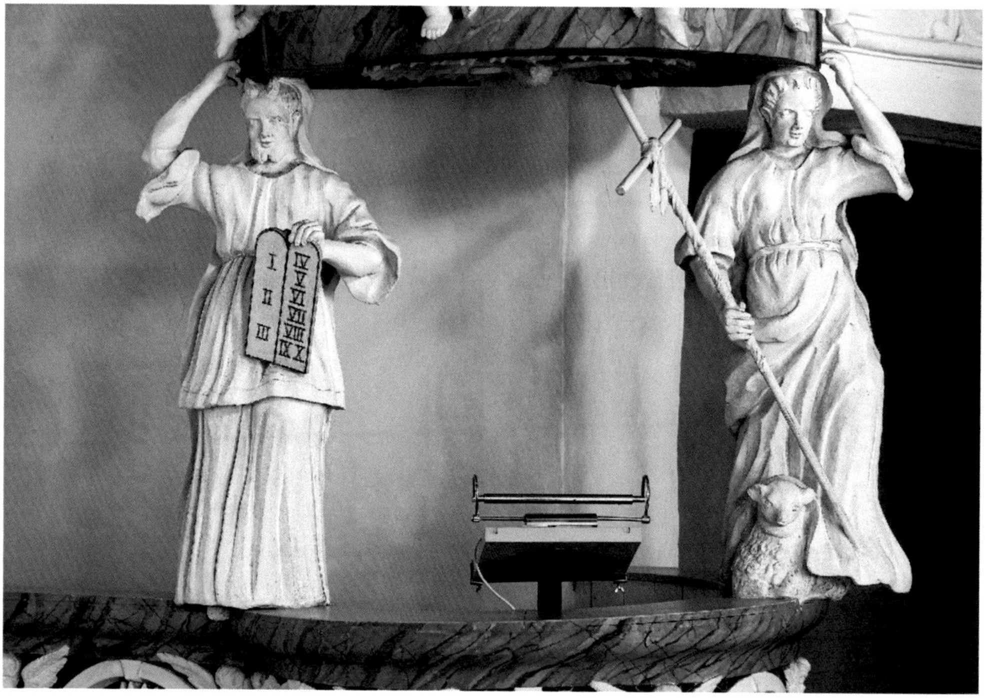

Während das Tympanon über dem Eingangsportal der St. Johannis Kirche in Saarbrücken noch 1750 sehr ausführlich die Zurücksetzung der Synagoge darstellt, verändert sich doch das Motiv in der Barockzeit.

Bild 48 (rechts): *Ecclesia*, Zisterzienserstift Rein, 1747.

Bild 49 (rechts unten): *Synagoga*, Zisterzienserstift Rein, 1747.

In der Basilika des Zisterzienserstiftes Rein in der Steiermark erhält die Barockkirche ein Deckenfresko, das in zwei Medaillons zwei schöne junge Frauen darstellt: die Ecclesia, dem Altar zugewandt, blickt auf zum Heiligen Geist, der in Gestalt einer Taube über ihr schwebt. Sie trägt ein Brustkreuz und hält in ihrer Rechten den päpstlichen Kreuzstab, auf einer Wolke neben ihr die dreistufige Tiara des Papstes.

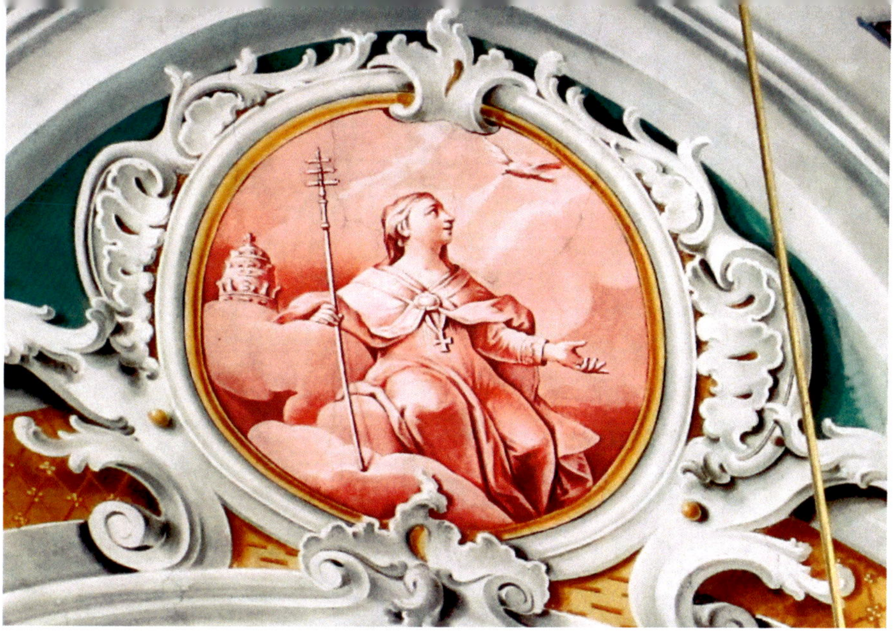

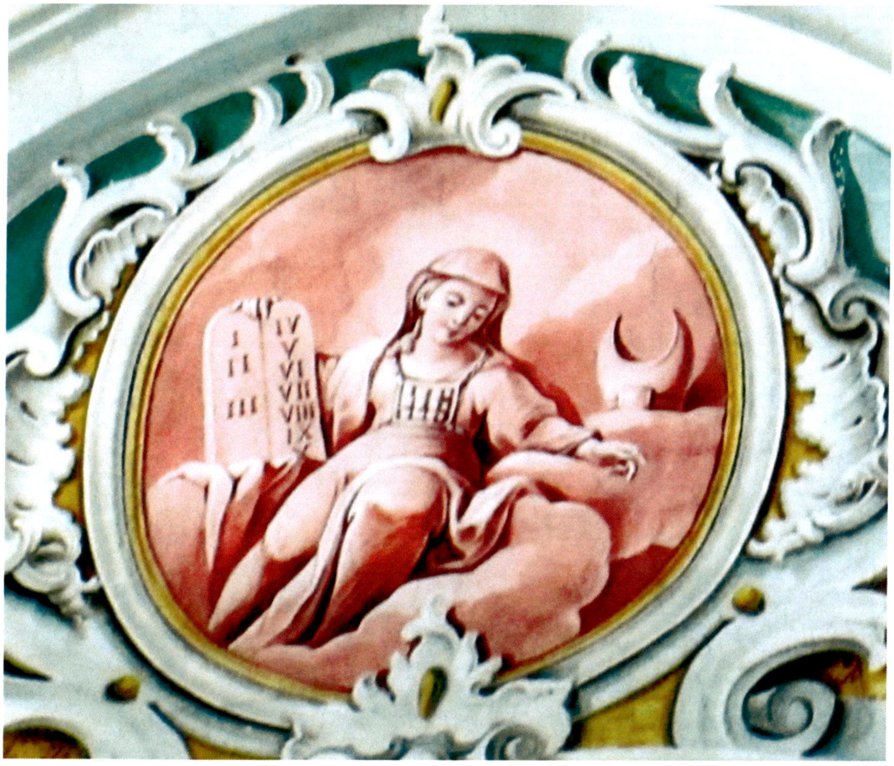

Ihr gegenüber die Synagoge, vom Altar abgewandt und den Blick gesenkt, stützt die aufgerichteten Gesetzestafeln mit ihrer Rechten. Sie trägt das hohepriesterliche Brustschild mit den zwölf Edelsteinen, die die zwölf Stämme Israels symbolisieren, auf einer Wolke neben ihr die Hornmitra des Hohenpriesters (Elisabeth Brenner, S. 132).

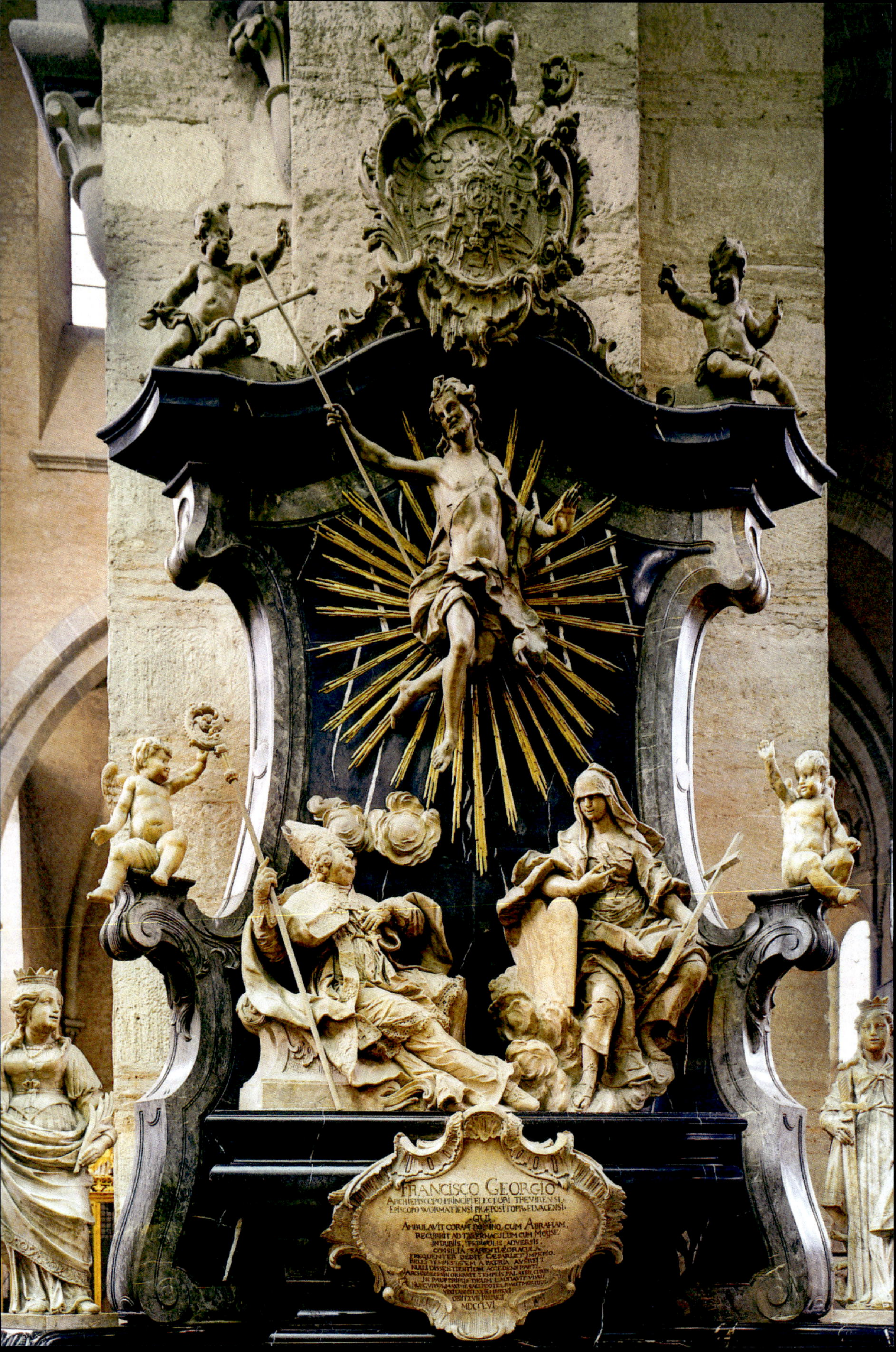
FRANCISCO GEORGIO
ARCHIEPISCOPO PRINCIPI ELECTORI TREVIRENSI
EPISCOPO WORMATIENSI PRÆPOSITO PR. ELVACENSI
QUI
AMBULAVIT CORAM DOMINO CUM ABRAHAM
RECURRIT AD TABERNACULUM CUM MOYSE
MDCCLVI

**Bild 50 (links): Grabaltar des Franz Georg von Schönborn, Trierer Dom, 1759.**

Im Trierer Dom sieht man auf dem Auferstehungsaltar, dem Grabaltar des Franz Georg von Schönborn, den Bischof, der auf eine Frauengestalt blickt: die Kirche, die die Zehn-Gebote-Tafel in der einen und in der anderen Hand das Kreuz hält (1759). Ihre Augen sind durch einen Schleier bedeckt: Ecclesia und Synagoga in einer Gestalt.

Die Barockzeit bemüht sich um eine Ausgewogenheit zwischen Ecclesia und Synagoga, wie sie 100 Jahre später wieder vergessen wird.

»Nach dem Brand der Hamburger Kirche St. Michael 1906 schuf Augusto Varnesi den Hauptaltar neu im wieder barocken Stil. Neben dem Gekreuzigten stehen als Assistenzfiguren rechts eine Frauengestalt, die ›Erhebung‹ genannt wird. Alles an ihr strebt nach oben. Zur Linken steht die ›Ergebung‹. Ihre Haltung und Blick weisen nach unten.« (Corinna Voß, in einer persönlichen E-Mail an den Autor, 2018) Beide werden Allegorien genannt in einer Beschreibung, mir scheint, dass sie eher Ecclesia und Synagoga darstellen in aufgeklärter, aber auch unwissender Form.

# 5. Ecclesia und Synagoga im 19. Jahrhundert, Beginn 20. Jahrhundert

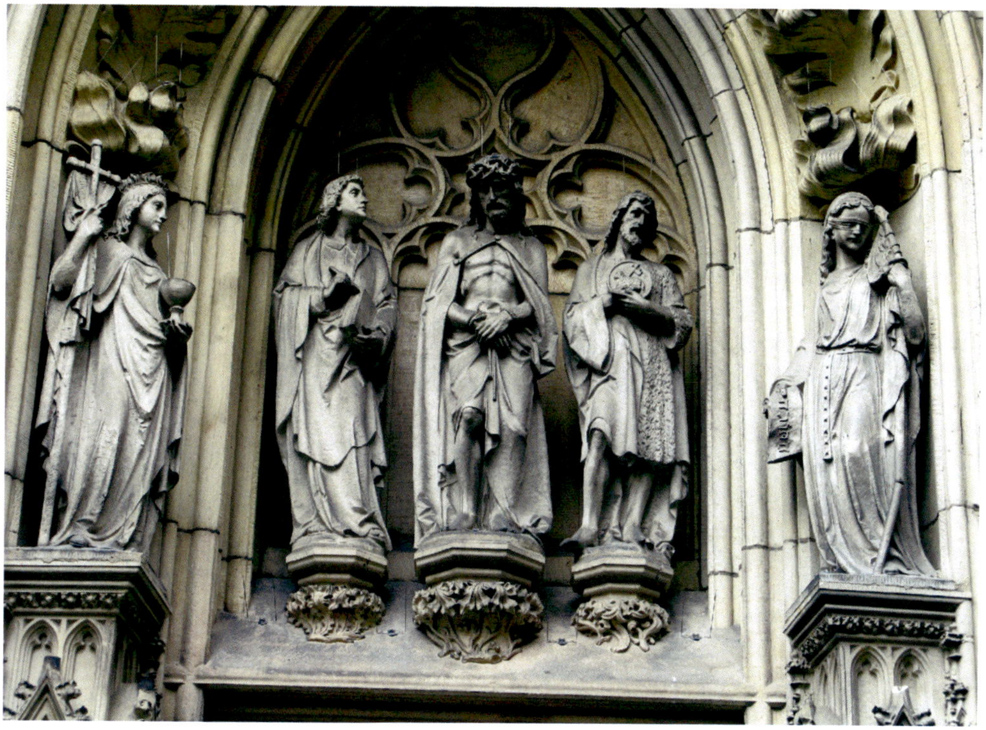

Bild 51: Steinfiguren *Ecclesia und Synagoga*, St. Lamberti, Münster, 1910.

Das 19. Jahrhundert, die Neugotik und Neuromanik zitieren das Motiv aus dem »Schatz« des Mittelalters an und in mittelalterlichen Kirchen: die Steinfiguren an der St. Lamberti Kirche in Münster, an der Kirche St. Peter und Paul in Straelen und das Mosaik in der Abteikirche Maria Laach, erst recht in Kirchen, die zu dieser Zeit erbaut wurden, zum Beispiel in Berlin das Mosaik in der Herz Jesu Kirche und die Holzplastiken von Wilhelm Mengelberg in der St. Franciscus Xaverius Kirche, Amsterdam.

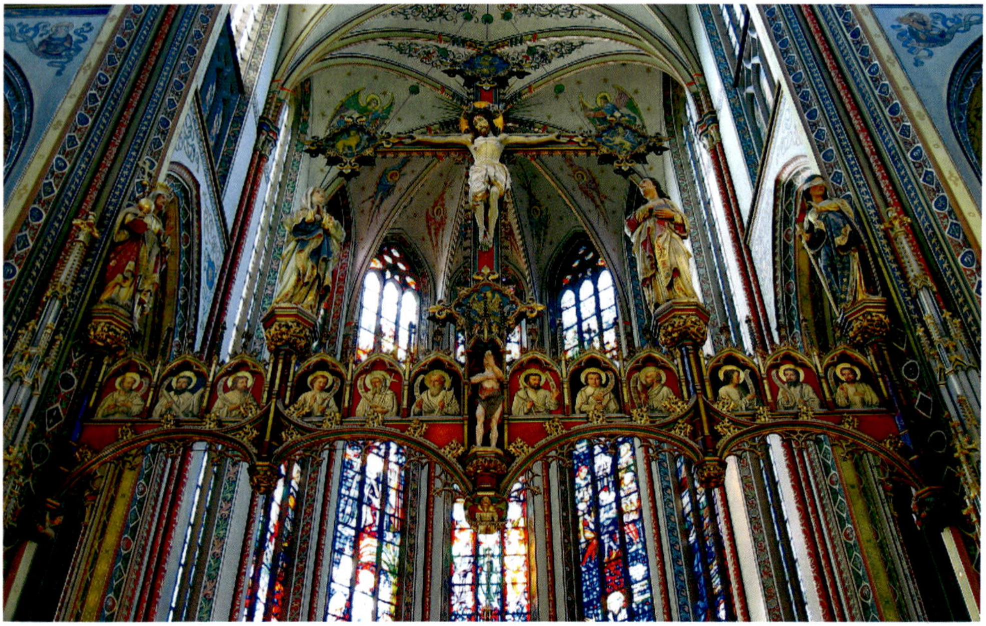

Bild 52: Holzplastiken *Ecclesia (links außen) und Synagoga (rechts außen)*, Amsterdam, Krijtberg/St. Franciscus Xaverius Kirche, 1882.

Zu der Darstellung in Straelen aus den 1870ger Jahren ist der Hinweis interessant, dass in diesem Ort nur einzelne jüdische Familien gelebt haben. Wenige Kilometer entfernt im niederrheinischen Xanten kam es 1891 zur sogenannten Buschhoff-Affäre, dem Ritualmord-Vorwurf an einem fünfjährigen Jungen gegenüber dem Xantener jüdischen Metzger Buschhoff.

Hinter dieser Kunst stand die abwertende Theologie jener Jahre, wie die Alttestamentlerin Marie-Theres Wacker in ihren Arbeiten zum Motiv von Ecclesia und Synagoga im späten 19. und frühen 20. Jahrhundert nachweist. Sie schreibt: »Mitten in der Moderne, mitten in der Zeit des Deutschen Kaiserreichs, in einer Zeit, da Juden politisch und rechtlich gleichgestellt waren, in einer Zeit aber auch des aufflammenden politisch-wirtschaftlichen Antisemitismus, wird in St. Lamberti in Münster wie in Maria Laach eine Botschaft ins Bild gesetzt, die auch und gerade bei Christen Judenfeindschaft – im Sinne eines »gerechten« Antisemitismus – schüren konnte.« (M.-T. Wacker, Gottes erste Liebe, S. 49ff)

Bild 53 (rechts): Mosaik in einer Kapelle, Maria Laach, 1910.

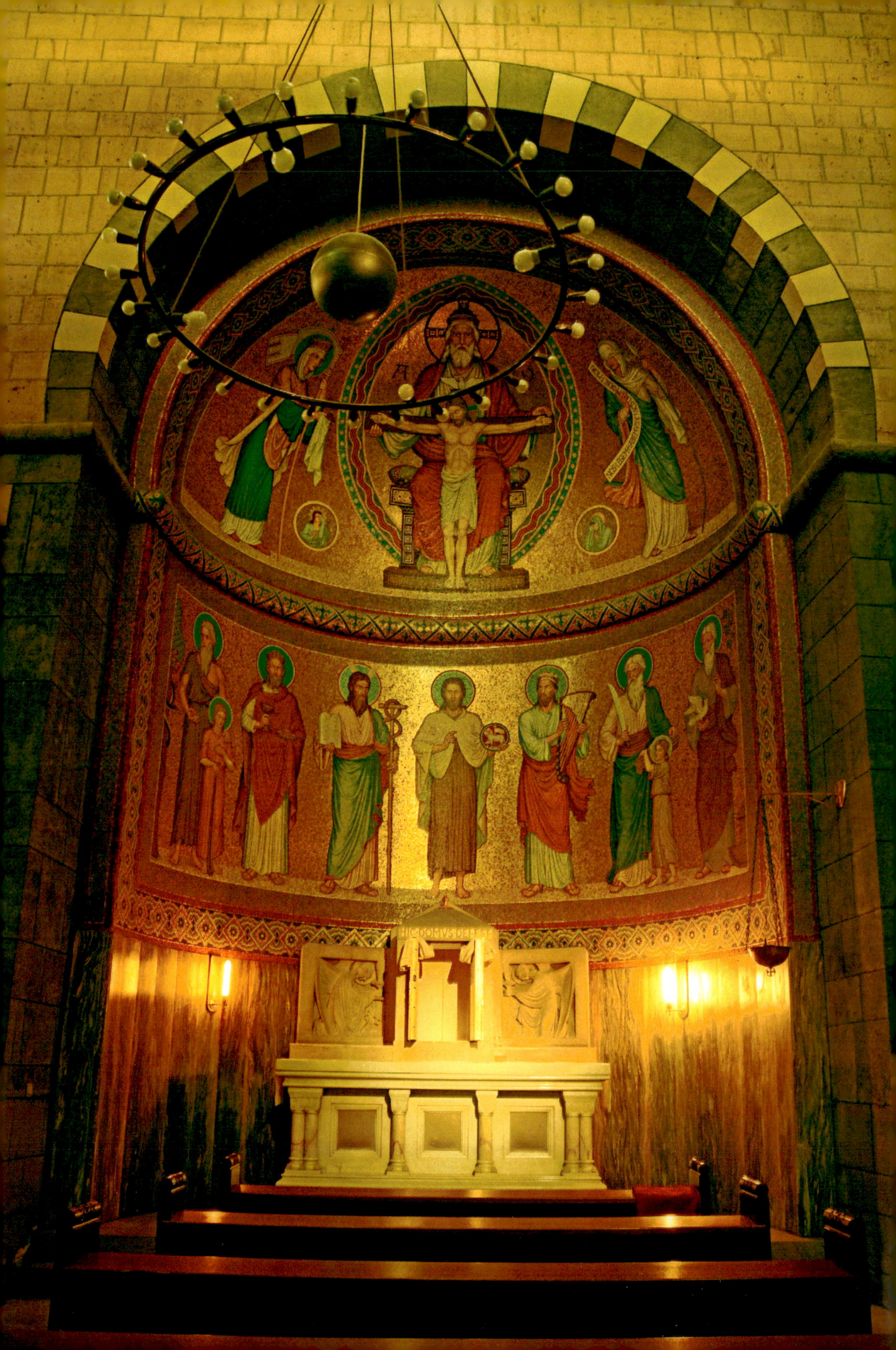
HIC DOMVS

In Münster und Maria Laach ersetzen diese Darstellungen keine Vorgängerarbeiten, sie sind Neuschöpfungen und Früchte eines theologischen Antisemitismus. Marie-Theres Wacker kann dreißig Darstellungen vorweisen bis zum Zweiten Weltkrieg und fünfzehn in den folgenden Jahren (M.-T. Wacker, Ecclesia und Synagoga, S. 91ff).

Ecclesia und Synagoga finden wir im 19. und 20. Jahrhundert in Deutschland bald nur in katholischen Kirchen. Hat das mit unserer Bilderfreundlichkeit zu tun im Gegensatz zu den evangelischen Kirchen oder verbirgt sich dort eine vorbereitende Theologie, die Wacker aufgezeigt hat am Beispiel der Alttestamentler und Neutestamentler der Universität Münster im 19. Jahrhundert und zu Beginn des 20. Jahrhundert?

# 6. Ecclesia und Synagoga nach dem Zweiten Weltkrieg

**Bild 54: Passau, Dom St. Stephan, Josef Henselmann (1898–1987) Hochaltar, 1953.**

Für den Hochaltar des Passauer St. Stephan Domes lag schon im Dezember 1945 ein Entwurf vor. Die Steinigung des Patrons, des ersten Märtyrers Stephanus, soll in einer Skulpturengruppe dargestellt werden mit Ecclesia und Synagoga. »Links außen Saulus, der die Kleider der Steiniger aufrafft, rechts außen ein zuschauender Pharisäer, zwischen ihnen kniet Stephanus, den Blick nach oben zur Trinität in der Mandorla gewandt, hinter ihm aufgerichtet zwei Männer, die die Steine auf ihn werfen.« (A. Raddatz, S. 18, in: Sonderheft Ausstellung in Wien)

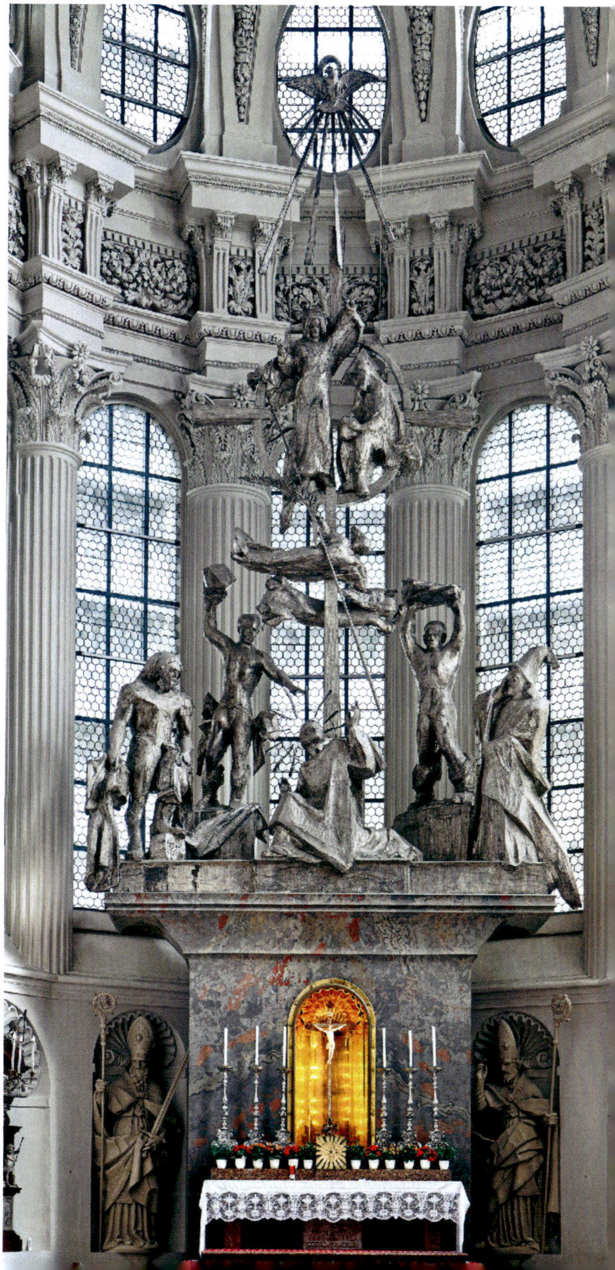

Josef Henselmann verwirklichte seinen Entwurf 1953 mit schwebenden Figuren der Ecclesia und Synagoge, »nach traditioneller heilsgeschichtlicher Vorstellung – siegreichen Ecclesia mit Kreuzstab und Palmwedel sowie der Synagoge mit zerbrochenem Stab, sich abwendend vom Betrachter, um auszudrücken, dass die Steinigung des Stephanus ein entscheidender Schritt zur Trennung der Kirche von der Synagoge war« (Karl Möseneder, S. 157ff). Heute ist im Passauer Dom eine Erklärung und Entschuldigung für dieses nicht zu übersehende Werk zu lesen.

Bild 55: Chor-Fenster Walther Benner (1912–2005),
*Ecclesia (links) und Synagoga (rechts)*, Aachener Dom, 1951.

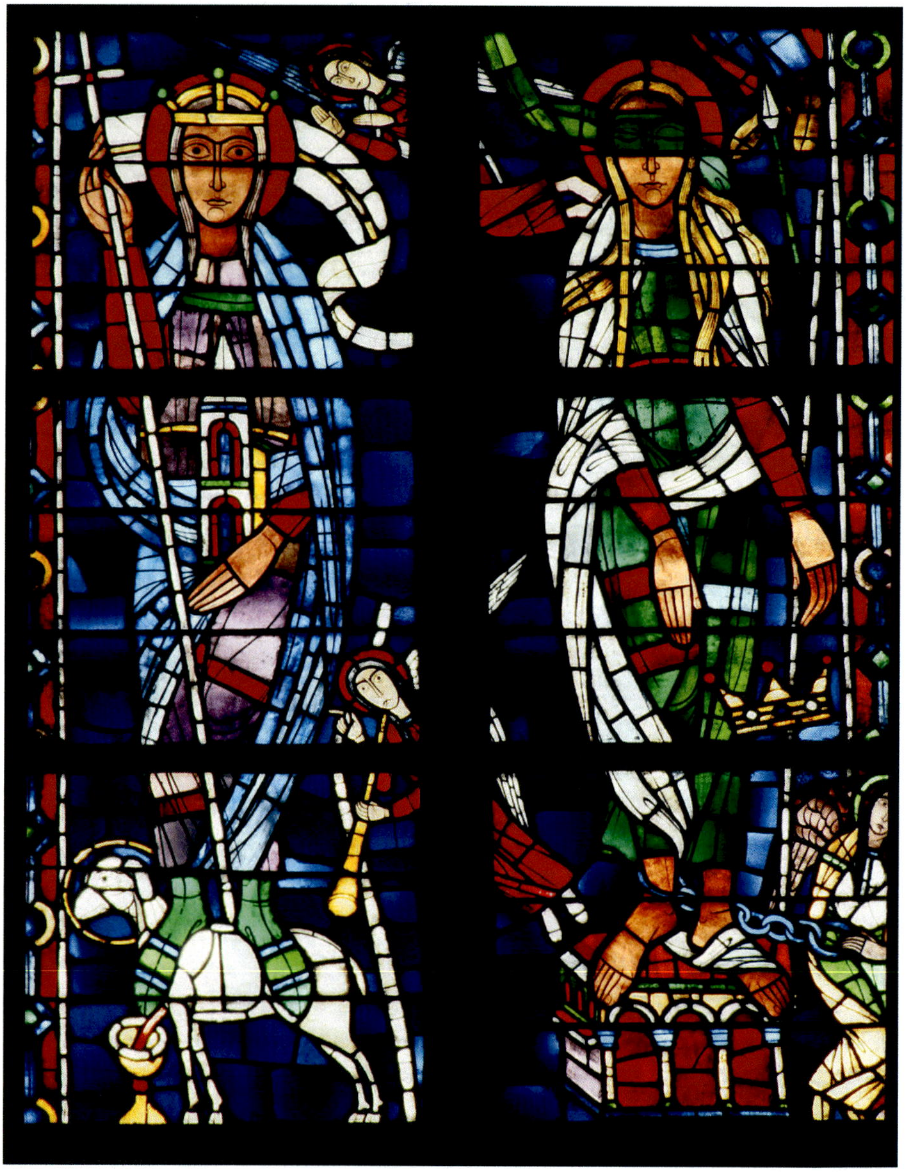

Im Aachener Dom benutzt 1951 Walther Benner in seiner Chorverglasung dieses Motiv: Die Ecclesia mit Siegesfahne steht auf dem Lamm Gottes, auf ihrem Schoß hält sie das Kirchengebäude. Der Synagoga bedeckt ein Schleier fast das halbe Gesicht mit seiner grünen Farbe.

Über einem grünen Gewand schlingt sich ein weißer Umhang wie eine Fessel um ihren Körper. Ihren kraftlos herabhängenden Händen ist die Krone entglitten, die zerbrochene Lanze ist hinter ihr zu sehen. Dabei steht sie auf dem Tempel, ein Fuß ist mit einer deutlich sichtbaren Kette angekettet. Ein kleiner Engel scheint sie an der Kette hinwegziehen zu wollen, als Gefangene des Gesetzes, ein bisher nicht gesehenes Motiv.

Vielleicht ist es allerdings auch jene Kette, von der Kurt Alexander 1919 spricht: »Die Kette des Judenhasses klirrt seit Jahrhunderten an unseren Füßen, und ihr Klirren erinnert uns bei jedem Schritt, den wir vorwärts, den wir aufwärts tun, daß wir kämpfen und ringen müssen. Kampf ist unser Leben. Viele betrachten diesen Kampf als einen Kampf der Weltanschauungen. Das aber ist falsch. An uns Jungen ist es zu erklären, daß nichts weiter als Haß, blind wütender Haß unsere Gegner leitet. Lassen wir uns nicht dadurch täuschen, daß sie vielfach politische, soziale, wirtschaftliche Momente herbeiziehen, um ihrem Kampf das Gepräge des Rohen und Gewalttätigen zu nehmen. Das ist nichts anderes als ein Deckmantel. In Wahrheit ist das Ziel ihres Kampfes die Ausmerzung, die Vernichtung des Judentums.« (Kurt Alexander, S. 13)

Ilse und Helmut Deutz finden eigene, positive Akzente: »Beide Figuren sind in frontaler Sicht jeweils symmetrisch einem Bildfeld eingepasst, schwesterlich nebeneinander stehend. Beide werden mit einem roten Nimbus um den Kopf dargestellt. Zu Füßen des Gerichtsengels Michael kauert ein kleiner Engel, der die lange grüne Binde, die noch über den Augen der Synagoga liegt, in den Händen hält, um sie wegzuziehen, wobei er auf den Herrn der Wiederkunft weist« (Ilse und Helmut Deutz, S. 53–55).

Dieser Engel ist leider schwer zu erkennen. Denn Benner zitiert mit ihm ein gutes Motiv aus dem 12. Jahrhundert, das von der Versöhnung und dem Erkennen spricht am Jüngsten Tag durch den wiederkommenden Messias. Die Christen haben nicht bis zu diesem Tag abgewartet, sondern schon in vielen Jahrhunderten über die Juden gerichtet. – In der großartigen Chorverglasung fällt dieses Motiv der Ecclesia und Synagoga kaum auf, obwohl gezeigt im auch inhaltlich zentralen Fenster. Für mich überwiegen die negativen Attribute zu Ungunsten der positiven Akzente.

Bild 56: Fenster Gustav Fünders (1903–1973), *Ecclesia*, Jülich-Kirchberg St. Martinus (links). – Bild 57: Fenster Gustav Fünders, *Synagoga*, Jülich-Kirchberg, St. Martinus (rechts).

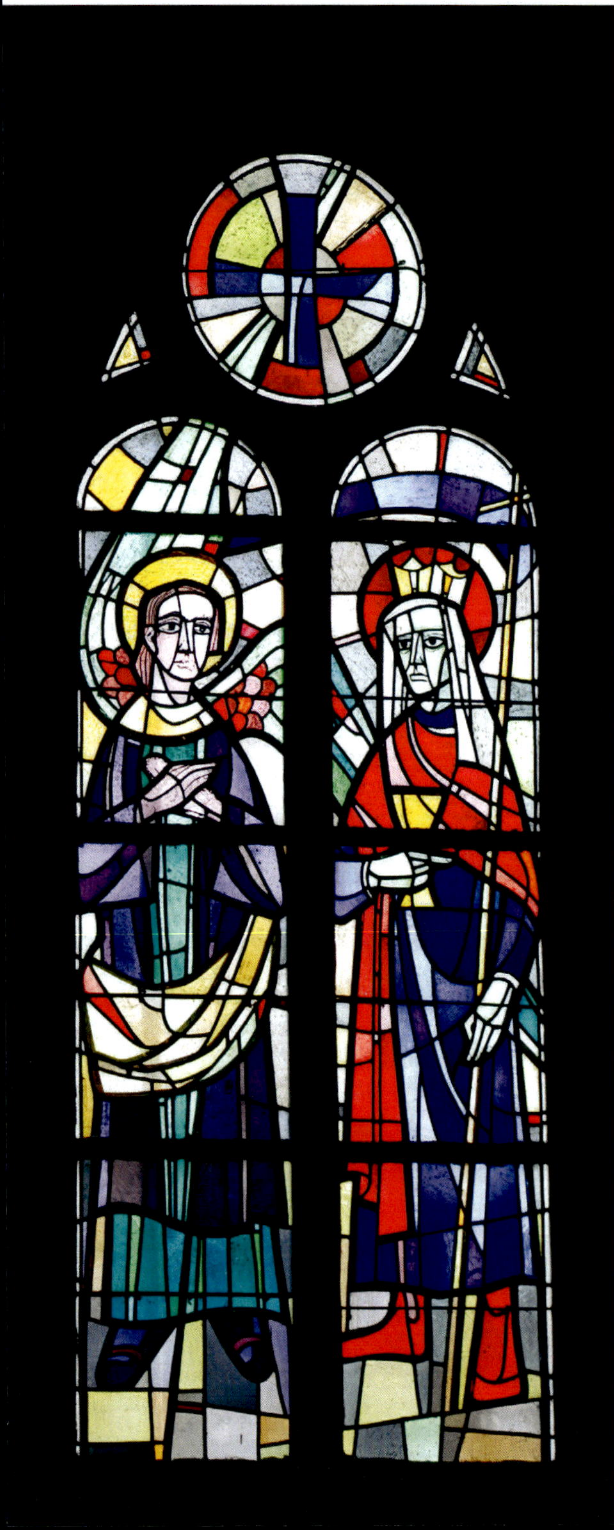

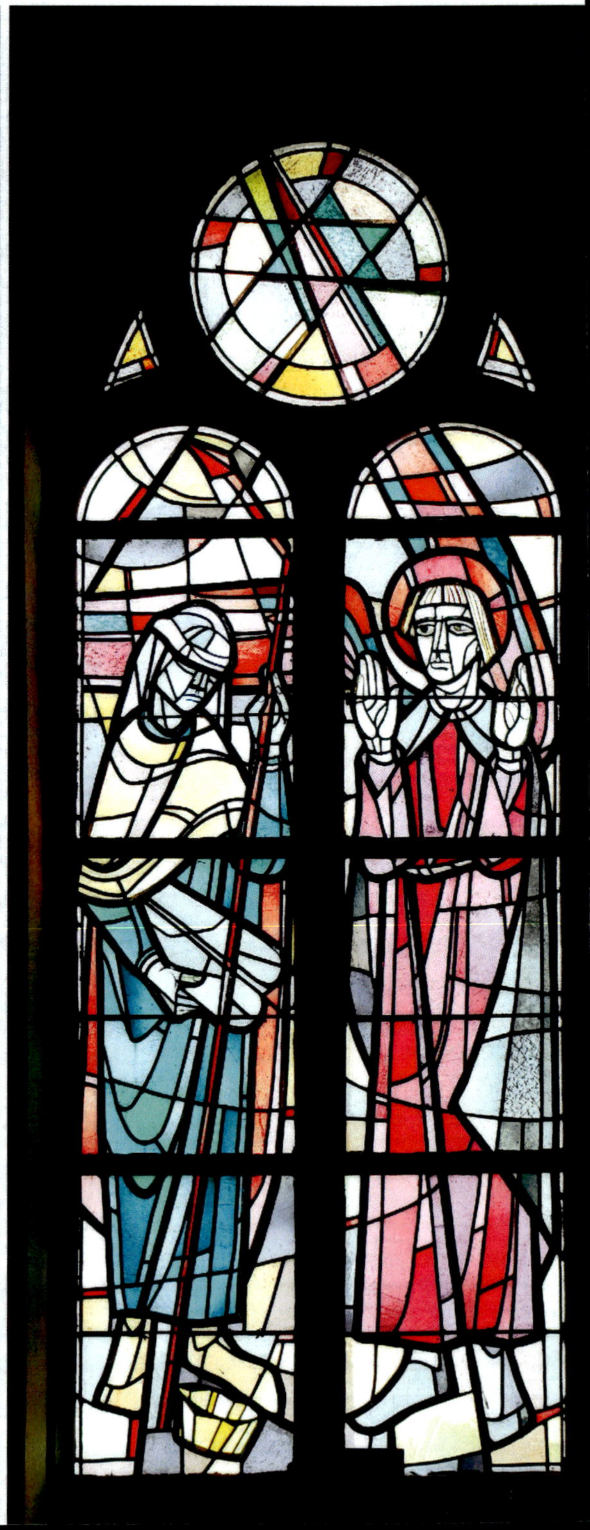

Aus dem Bereich des Bistums Aachen ist weiter zu nennen: Zwei Glasfenster entwarf Gustav Fünders 1956 für die Pfarrkirche St. Martinus, Kirchberg.

Wir sehen eine traurige Synagoga mit einem Schleier, der ihre gesenkten Augen bedeckt, mit der zerbrochenen Lanze in der rechten Hand, in der Linken hält sie die fast entgleitenden Tafeln mit den Zehn Geboten, und eine Ecclesia, die mit strengem Blick schaut, auf ihrem Haupt die Krone, in der rechten Hand den Kelch, in der Linken den Kreuzesstab. Beide haben keinen Blick füreinander. Sie werden in ihren Fenstern begleitet von einer zweiten Person, die nicht zu diesem Motiv gehört, sondern Füllwerk darstellt. Hier ist nichts zu spüren von einer Schuldeinsicht oder einem Dialog.

Elmar Hillebrand schuf 1991 das Bronzerelief auf dem Ambo des Vitus-Münsters in Mönchengladbach, die traditionelle Szene Jesus Christus am Kreuz mit den Assistenzfiguren Maria und Johannes und mit der Abbildung von Ecclesia und Synagoga.

Diese Darstellungen von Ecclesia und Synagoga sind schon wenige Jahre nach der Zeit des Nationalsozialismus unverständlich und unangebracht, erst recht vierzig Jahre danach.

Bernd Wacker spricht von »Ostentativer Ahnungslosigkeit«. »Der Bannkreis der überkommenen Judenfeindschaft wird nicht verlassen« *(Bernd Wacker, Das sogenannte Kinderfenster im Kölner Dom. S. 191f).*

Das ferne Bild der »blinden«, »verstoßenen«, »unbelehrbaren«, »treulosen«, »ungläubigen« Synagoga wird bis in die späteren Jahre des 20. Jahrhunderts in der Fürbitte »Oremus et pro perfidis Judaeis« der Karfreitagsliturgie wachgerufen. Das religiöse Weltbild ist noch immer vorhanden.

# 7. Die Abwertung in Bibel und Theologie

Die Abwertung des Judentums in der Kunst gründet auf Bibel und Theologie. Allerdings sind in der Kunst der östlichen Kirchen bei Ikonen die Personifikationen von Ecclesia und Synagoga nicht bekannt. *(Lutz Rickelt, Leiter des Ikonen-Museum Recklinghausen, persönliche Mail an den Autor vom 9.11.2020)*

In der Bibel finden sich Verse, die sich leicht für eine Diskriminierung heranziehen lassen.

- Gen 29,17: »Die Augen Leas waren matt, Rahel aber war von schöner Gestalt und von schönem Aussehen.«
- Jes 3,1: »Denn siehe, der Herr, der Herr der Heere, nimmt von Jerusalem und Juda Stab und Stütze.«
- Apg 28,26: Paulus predigt: »Geh zu diesem Volk und sag: Hören sollt ihr, hören, aber nicht verstehen. Sehen sollt ihr, sehen, aber nicht erkennen.« Hier zitiert Paulus den Propheten Jesaias.
- Klgl 5,16–17: »Die Krone ist uns vom Haupt gefallen ..., weh uns, wir haben gesündigt. Darum ist krank unser Herz, darum sind trüb unsere Augen.«
- 2 Kor 3,14: »Doch ihr Denken wurde verhärtet. Denn bis zum heutigen Tag liegt die gleiche Hülle auf dem Alten Bund, wenn daraus vorgelesen wird. Sie wird nicht aufgedeckt, weil sie in Christus beseitigt wird.«
- Gal 4,22–31: »Es steht doch geschrieben, dass Abraham zwei Söhne hatte, einen von der Sklavin, den anderen von der Freien … Diese Frauen bedeuten zwei Bundesschlüsse … In der Schrift aber heißt es: ›Stoß die Sklavin und ihren Sohn hinaus! Denn der Sohn der Sklavin soll nicht Erbe sein zusammen mit dem Sohn der Freien.‹ Daraus folgt also, meine Brüder und Schwestern, dass wir nicht Kinder der Sklavin sind, sondern Kinder der Freien.«

Aber auch die Theologie hat an diesem Verstehensmuster fleißig mitgearbeitet:

Augustinus greift das Bild der Blindheit auf: »Sie lesen das Wort Gottes als Blinde und singen es als Taube.« (Begleitheft zur Ausstellung, S. 26)

Auf ihn geht aber auch der Satz zurück: »Was ist das sogenannte Alte Testament anders als die Verhüllung des Neuen? Und was ist das sogenannte Neue Testament anders als die Enthüllung des Alten?« (G. Kranz, S. 349)

*Martin Luther* wollte die Juden bekehren durch seine reformatorische Theologie. Nach einer zunächst judenfreundlichen Haltung sind »vier Fünftel seiner Schriften eine Apologie der christlichen Lehre gegen jüdische Bestreitungen. Als er keinen Erfolg sieht, zeigt er sich als Kind seiner Zeit. Mit seiner Judenfeindschaft befand er sich in Gesellschaft mit dem Geist seiner Zeit. Er hat jedoch ein religiös kirchliches, wenn auch fehlgeleitetes Motiv« *(Walther Bienert, S. 159)*. Auch er wirft den Juden Blindheit im Verstehen der Schrift vor: »Weil sie diesen Christum nicht annehmen, können sie nicht wissen noch verstehen, was Moses, die Propheten und die Psalmen sagen, ... sondern die Schrift muß ihnen sein wie ein Brief dem, der nicht lesen kann.« (Ebd., S. 157) Des Weiteren fragt er sich in seiner Schrift »Von den Juden und ihren Lügen« 1543: »Was sollen wir Christen nun tun mit diesem verworfenen, verdammten Volk der Juden?« (W. Bienert, S. 148) Seine letzten Schriften sind unerträglich. Lehnert schreibt: »So skandalös das in evangelischen Ohren klingen mag, aber in seinem Verhalten den Juden gegenüber hat Martin Luther seinen Herrn verraten und seiner Kirche einen brandgefährlichen Ansteckungsherd hinterlassen.« (G. Lehnert, S. 65)

Melanchton begrüßt die Schrift Luthers, während der reformierte Theologe Andreas Osiander sich abfällig äußert und Heinrich Bullinger sie scharf kritisieren (ebd., S. 46). Heinz Zahrnt schrieb: »Die volle Übereinstimmung mit seiner Zeit ... entschuldigt Luther nicht. Er hat in jedem Fall zur Erhöhung des Schuldkontos der Christen gegenüber den Juden beigetragen.« (Martin Luther und die Juden. Begleitheft zur Ausstellung, S. 48)

Dieser Geist und die Übereinstimmung mit der Zeit zeigen sich aber auch in der katholischen Kirche. Einen Höhepunkt der Abwertung stellt die Karfreitagsfürbitte dar aus dem Missale Romanum von 1570, dem Meßbuch nach dem Tridentinischen Konzil bis 1970 gültig.

»Lasset uns auch beten für die treulosen Juden (perfidis Judaeis), daß Gott, unser Herr, wegnehme den Schleier von ihren Herzen, auf daß sie erkennen unseren Herrn Jesus Christus.

Allmächtiger, ewiger Gott, der du sogar die treulosen Juden von deiner Erbarmung nicht ausschließest, erhöre unser Flehen, das wir ob jenes Volkes Verblendung darbringen: auf daß es das Licht deiner Wahrheit, welche Christus ist, erkenne und seinen Finsternissen entrissen werde.«

Zu dieser Fürbitte gibt es eine eigene Anmerkung: »Hier unterläßt der Diakon die Aufforderung zur Kniebeuge, um nicht das Andenken an die Schmach zu erneuern, mit welcher die Juden durch Kniebeugen um diese Stunde den Heiland verhöhnten.« (W. Homolka/E. Zenger, S. 15)

Ärgerlich in diesem Geist ist die Karfreitagsfürbitte für den außerordentlichen Ritus 2008 durch Papst Benedikt XVI: »Laßt uns auch beten für die Juden. Daß unser Gott und Herr ihre Herzen erleuchte, damit sie Jesus Christus erkennen, den Heiland aller Menschen. Allmächtiger ewiger Gott, der du willst, daß alle Menschen gerettet werden und zur Erkenntnis der Wahrheit gelangen, gewähre gnädig, daß beim Eintritt der Fülle aller Völker in deine Kirche ganz Israel gerettet wird. Darum bitten wir durch Christus unseren Herrn.« (Ebd., S. 11)

In der Stellungnahme des Gesprächskreises »Juden und Christen« beim »Zentralkomitee der deutschen Katholiken« heißt es: »... die dort formulierte Hoffnung auf die Erleuchtung der Herzen der Juden und ihre Erkenntnis Jesu Christi hat alle jüdischen Ängste wieder wachgerufen.« (Ebd., S. 10)

Und Erich Zenger: »Dass ausgerechnet ein deutscher Papst derart geschichtsvergessen entscheidet, hätte ich nicht für möglich gehalten.« (W. Homolka/E. Zenger, S. 207)

Walter Kaspar schreibt zur Shoa: »Die Tatsache, dass der Wahn eine große Zahl überzeugter Anhänger und williger Mitläufer finden konnte und dass viele einfach wegschauten, ist nicht erklärbar ohne die über Jahrhunderte dauernde Verachtung und die abträglichen Vorurteile gegenüber Juden. So kann man kaum bestreiten, dass der über Jahrhunderte verbreitete theologische Antijudaismus mit dazu beigetragen hat, den Boden für die Aufnahme des Antisemitismus zu bereiten.« (Walter Kaspar, S. 57)

»Die Schoah öffnet den Blick auf die jahrhundertelange Herabsetzung und Verächtlichmachung der Synagoge durch die christliche Theologie – eine Herabsetzung, die indirekt der Grund für unzählige Pogrome war.« (G. Lohfink/L. Weimer, S. 290)

# 8. Ecclesia und Synagoga in der Moderne als dialogische Darstellung

Paul Weigmann schuf 1995 eine Glasmalerei für die Kirche St. Barbara in Bonn-Ippendorf. Ecclesia und Synagoga stehen nebeneinander, Ecclesia mit Kreuz, die Synagoga noch immer mit geschlossenen Augen, ihr Blick aber gerichtet zur Ecclesia hin. Mit ihrer Rechten zeigt sie auf die Thorarolle, die sie aufrecht in der linken Hand hält.

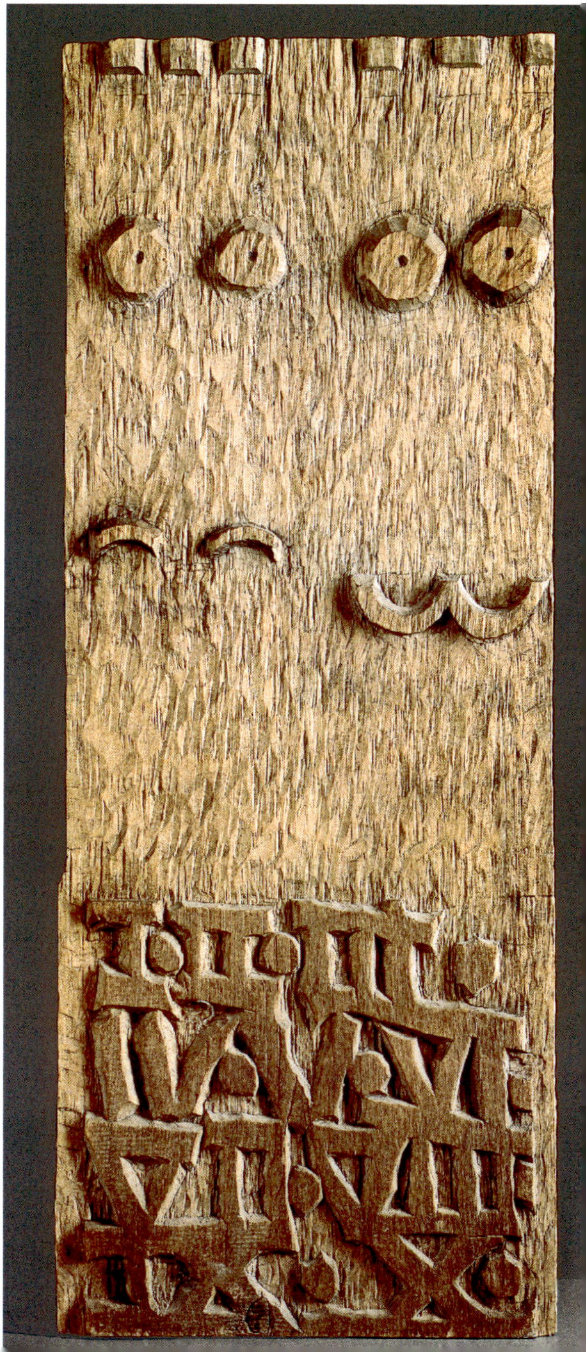

Bild 58: Friedrich Press (1904–1990), Holzplastik *Synagoga und Ecclesia,* Friedrich Press, 1971.

Eine moderne Plastik, die gängige Vorstellung verlassend, schuf schon 1971 Friedrich Press, ein Künstler, der in der DDR lebte und dort auch Kirchen gestaltet hat. Im westlichen Deutschland ist er wenig bekannt. Auf einer Holzplastik schauen uns in abstrakter Form Ecclesia und Synagoga an, in ihrem gemeinsamen Schoß die Zehn Gebote, das gemeinsame Erbe. *(Friedrich Press, Katalog S. 71)*

Bild 59 (nächste Seite): Plastik *Synagoga (links mit Thorarolle) und Ecclesia (rechts mit Bibel),* Joshua Koffmann, 2015.

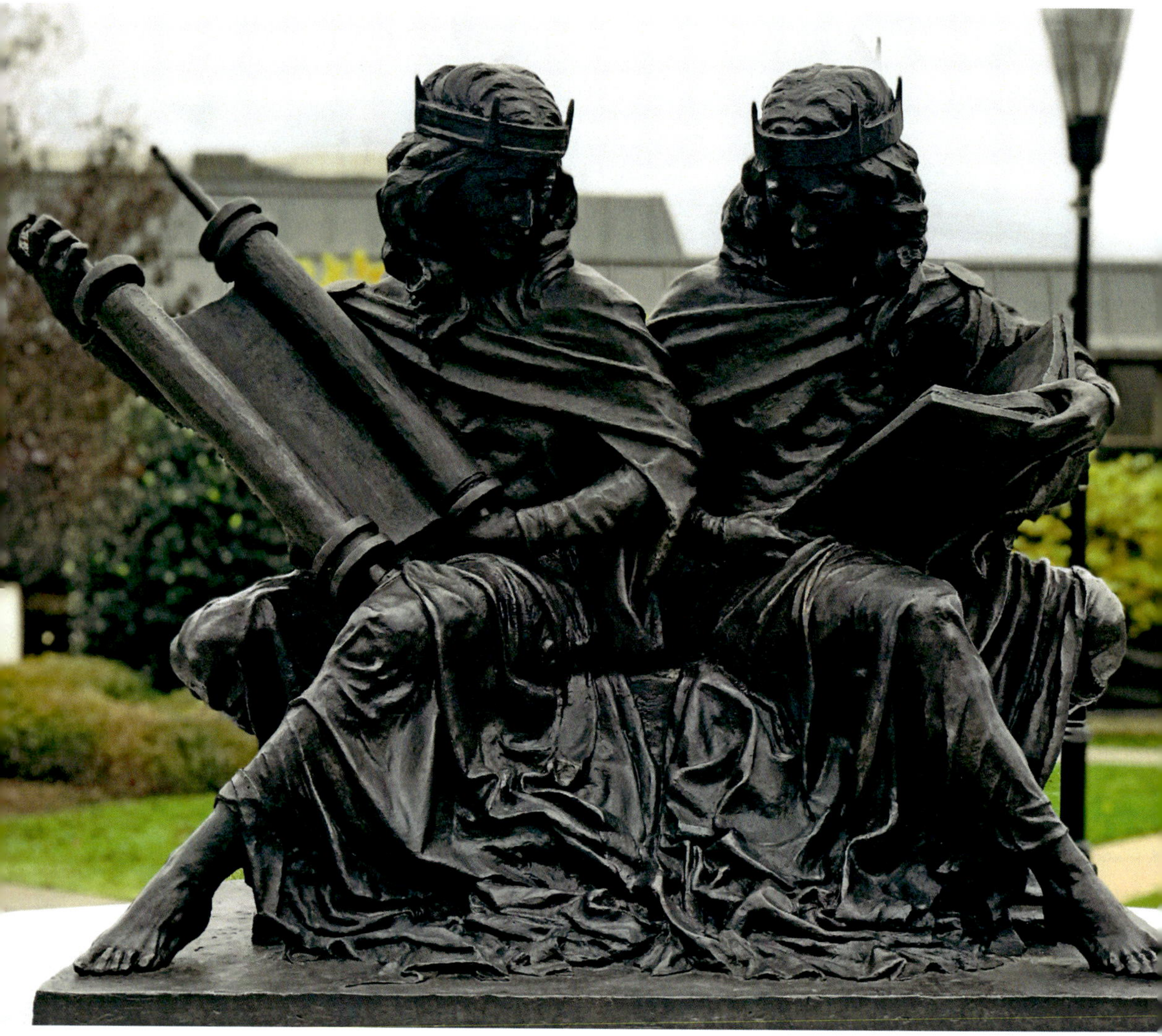

Der amerikanische Künstler Joshua Koffmann schuf für die St. Josephs Universität in Philadelphia ein Kunstwerk. »Sie [die Plastik] zeigt zwei Frauen nebeneinander sitzend, in der Körpersprache noch ein wenig auf Distanz zueinander, aber doch bereits in angeregtem Gespräch über ihre Heiligen Schriften, die sie vor sich halten, dass jede in die Schriften der anderen hineinschauen kann.« *(M.-T. Wacker, Ecclesia und Synagoga als Anstoß, S. 102)*

Koffmann greift das traditionelle Bild auf: Ecclesia und Synagoga, Kirche und Judentum, beide gekrönt, die Synagoga mit der Thorarolle, die Ecclesia mit einem aufgeschlagenen Buch. Wir sehen sie auf Augenhöhe, in gleicher Würde, in gegenseitigem Respekt, im Lernen voneinander. Papst Franziskus hat dieses Kunstwerk bei seiner Reise in die USA gesegnet. Dieses Kunstwerk entspricht dem neuen Geist des II. Vatikanum und den Verlautbarungen der Christlichen Kirchen.

Vor dem Landeskirchenamt Hannover steht seit 2017 die Skulptur »Twins«, »Zwillinge«, des belgischen Künstlers Johan Tahon.

**Bild 60: Skulpturen *Ecclesia und Synagoga als Zwillinge*, Johan Tahon, Hannover, 2017.**

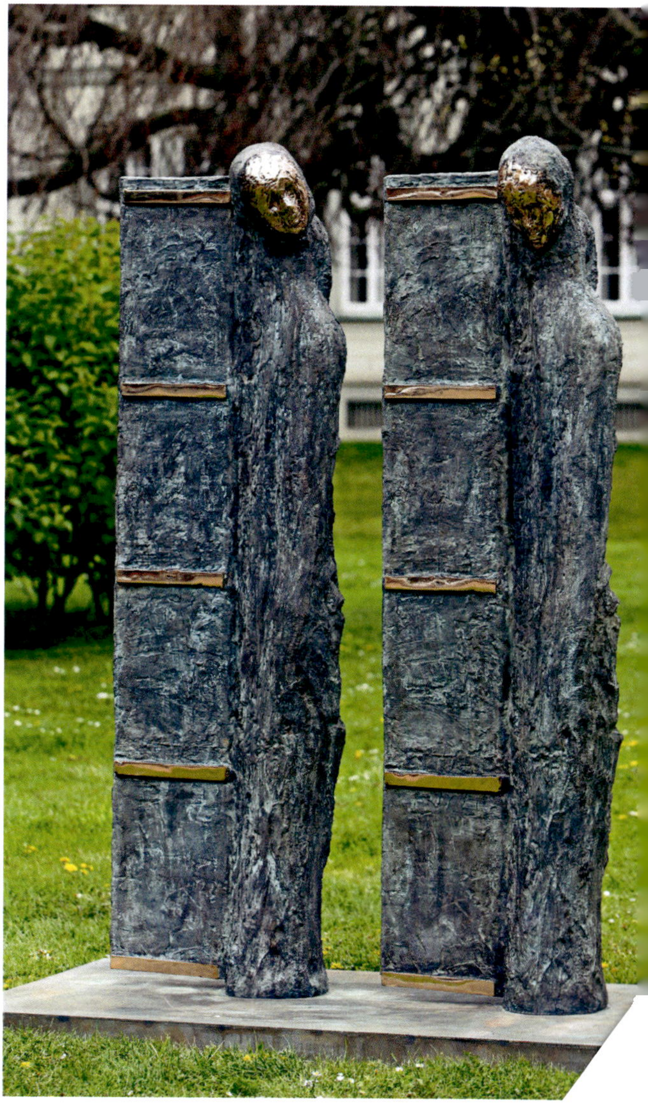

Die Landeskirche hatte 2015 einen internationalen Wettbewerb ausgeschrieben zum Thema »Kirche und Synagoge«. Die veränderte Kirchenverfassung von 2013, »daß die Kirche durch Gottes Wort und Verheißung mit dem jüdischen Volk verbunden ist«, soll dieses Kunstwerk darstellen. (Landeskirche Hannover)

Als Zwillinge, als Ebenbürtige, als Ähnliche, stellt Tahon Ecclesia und Synagoga dar. Wer hier wer ist, bleibt der Spekulation überlassen. Bei Koffmann sind sie zu unterscheiden durch Schriftrolle und Buch. Sie sind aufeinander bezogen. So sollte die Kunst nach der Shoa Ecclesia und Synagoga zeigen: beide im Gespräch, das Gesicht der anderen suchend. Tahon lehnt sie an eine Leiter. »Es kann die Himmelsleiter des Jakob andeuten. Beide haben eine Verbindung zum Himmel.« (Genesis 28,10–13).

Papst Johannes Paul II. sagte im Jahre 2000 bei seinem Besuch in Yad Vashem: »Laßt uns eine neue Zukunft aufbauen, in der es keine anti-jüdischen Gefühle seitens der Christen und keine anti-christlichen Empfindungen seitens der Juden mehr geben wird, sondern vielmehr die gegenseitige Achtung, wie sie jenen zukommt, die den einen Schöpfer und Herrn anbeten und auf Abraham als unseren gemeinsamen Vater im Glauben schauen.« (H. Frankemölle, Christen und Juden, S. 43)

Die Leuenberger Kirchengemeinschaft formuliert das 2001: »In der Begegnung mit dem Lebenszeugnis der Juden werden die Christen Gemeinsamkeiten und Verschiedenheiten im Leben von Kirche und Synagoge entdecken.« (Katalog Wien, S. 3)

»Wer als Kirche Jesus Christus begegnen will, darf dem jüdischen Volk nicht aus dem Weg gehen«. So wandelt Hans Hermann Henrix die Worte der deutschen Bischöfe von 1980 um: »Wer Jesus Christus begegnet, begegnet dem Judentum.« (Hans Hermann Henrix, Christentum-Judentum, S. 119)

**Bild 61 (rechts): Wandmalerei, Johanneskapelle, Dom zu Brixen, 1218.**

**Bild 62 (rechts): Wandmalerei, Johanneskapelle, Dom zu Brixen, 1218.**

Diesen Dialog konnte man schon in der spätromanischen Wandmalerei der Johanneskapelle am Kreuzgang des Domes in Brixen erahnen: Gegenüber dem Thron der Heiligen Weisheit mit Personen aus dem Alten Testament am Triumphbogen thront auf der Westempore die Kirche, das Kreuz haltend, umgeben von Heiligen. Die Augen Beider begegnen sich. Für den Dialog sprechen die Spruchbänder, die die Menschen des Alten und des Neuen Testamentes in den Händen halten. Für Karl Wolfsgruber stellen sie die Ecclesia und die Hagia Sophia, die Synagoga, dar. (Karl Wolfsgruber, S. 49) Neben der Sapientia, der Heiligen Weisheit, sehen wir ein Figurenpaar: »Gerechtigkeit und Frieden küssen sich« (Ps 85,11), ein Wunsch auch für Ecclesia und Synagoga.

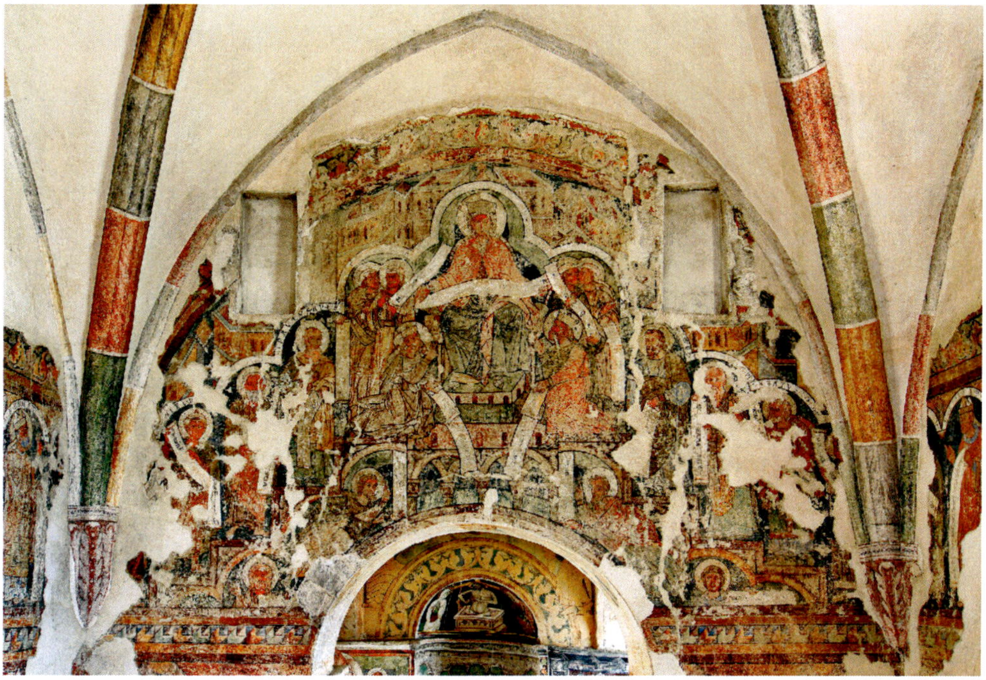

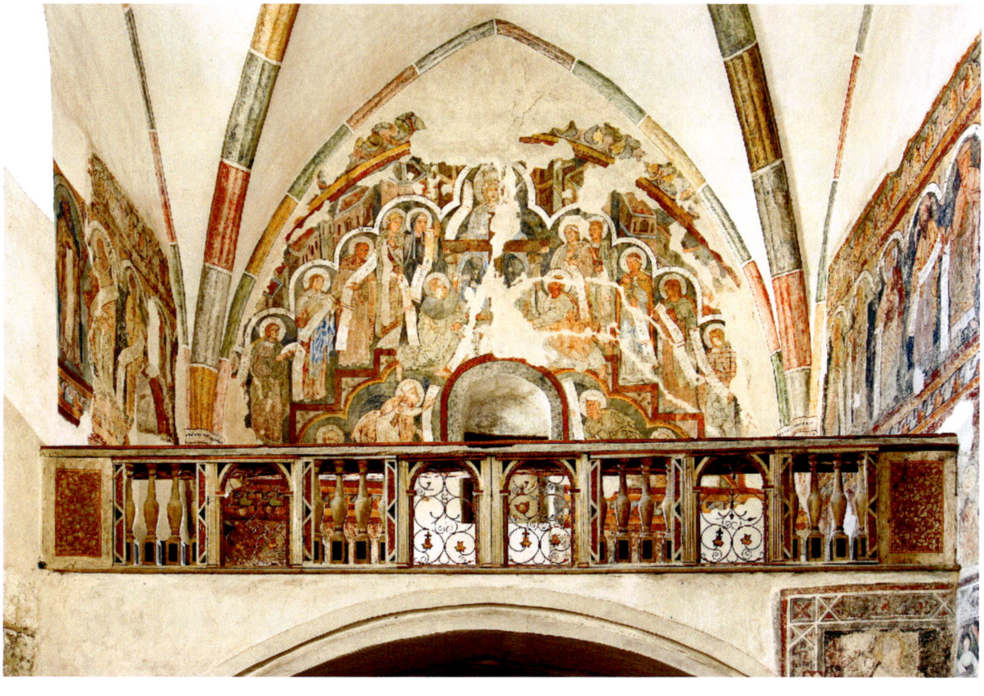

Bild 63: Giebelskulpturen *Synagoga (links) und Ecclesia (rechts)*, Dom zu Xanten, 1280, unten Ansicht des Gesamtensembles.

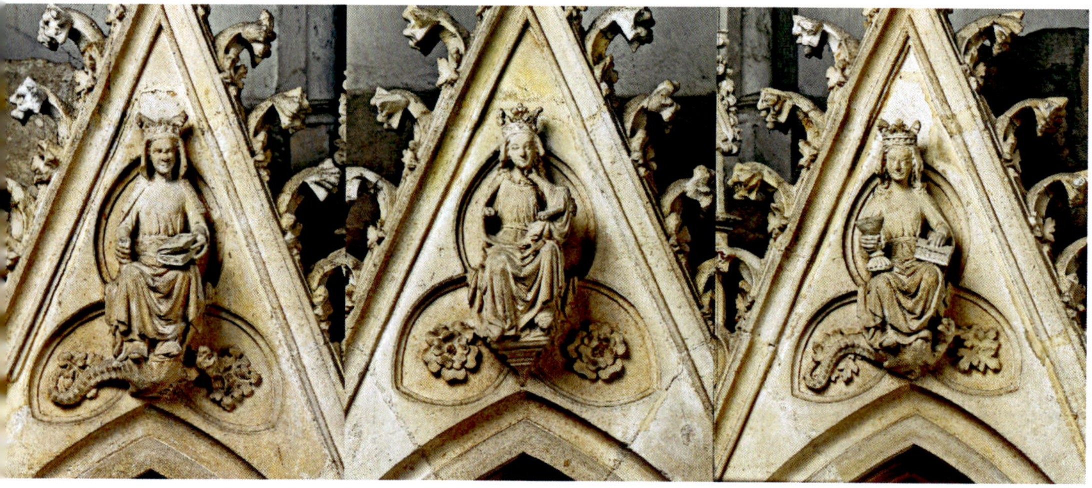

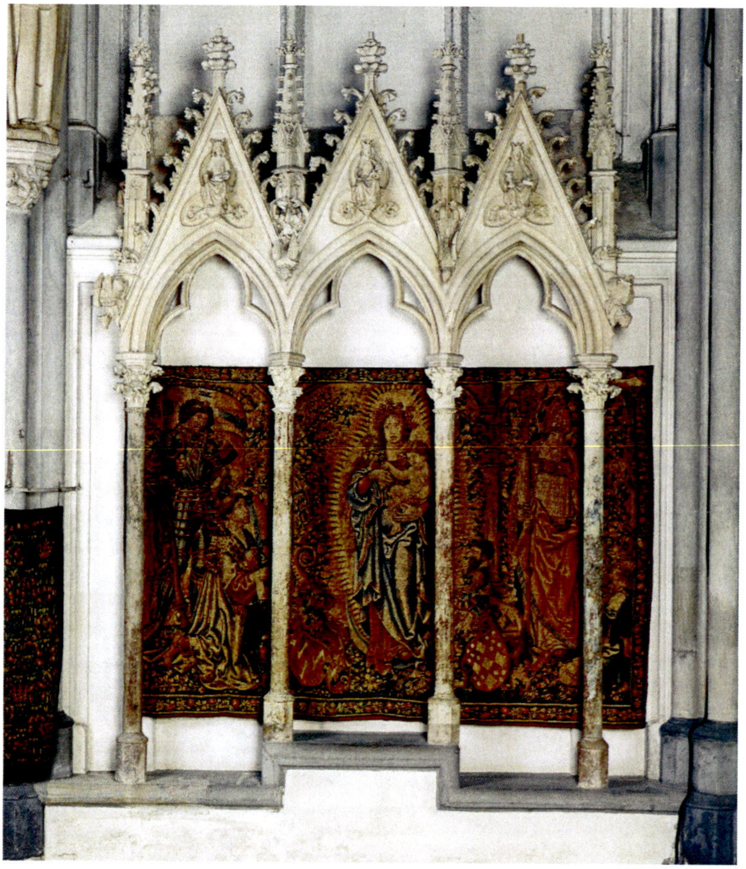

In der Nähe von Mönchengladbach finde ich im Xantener Dom diese dialogische Darstellung aus dem Jahre 1280. Über dem Zelebrantensitz sind drei Giebelskulpturen zu sehen. Vor dem mittleren Giebel ist die thronende Maria mit dem Kind dargestellt. Die Linke der Figuren soll die Synagoga verkörpern, eine gekrönte Frau mit offenen Augen uns betrachtend, ein Buch in der Linken, wieder zugeschlagen mit einem Finger gehalten in der zuletzt gelesenen Seite. Ihre Rechte umfasst einen Stab, der sicher abgebrochen wurde oder verloren ging. Die rechte Skulptur, die Ecclesia, trägt in ihrer Rechten den Kelch, mit ihrer Linken hält sie ein geschlossenes Buch. In der Beschreibung ist bei beiden Figuren ein Fragezeichen angegeben. (HP. Hilger, S. 15, 64, 65)

Es wäre auch zu schön, um wahr zu sein: In der gleichen Entstehungszeit wurde im Dom die Konsole Jude mit Judensau unter der Heimsuchungsgruppe geschaffen, und es ist die Zeit der Pogrome im Rheinland infolge der Kreuzzüge (Elisabeth Maas, Stiftsmuseum Xanten). Außerdem ist mir nicht bekannt in der Kunstgeschichte, dass Maria begleitet wird von Synagoga und Ecclesia, und beide sitzen auch auf der falschen Seite.

Bild 64: *Kreuzigung Jesu mit Ecclesia (links) und Synagoga (rechts)*, Gladbacher Tragaltar, 1160.

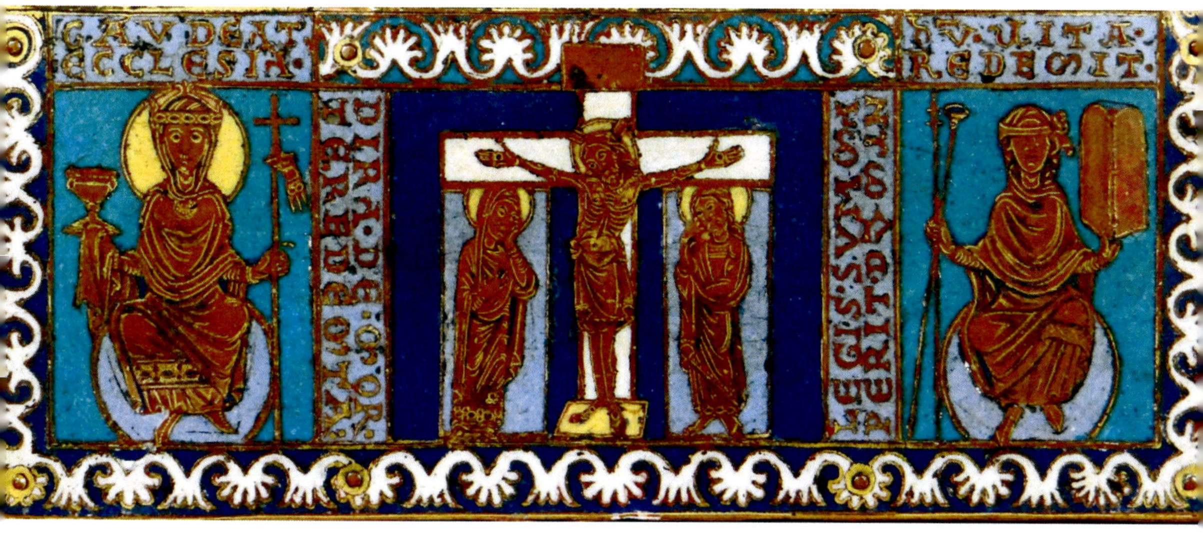

# 9. Ecclesia und Synagoga auf dem Gladbacher Tragaltar

Die Juden gehören zu Deutschland, denn sie leben schon immer hier. Den frühesten Beleg jüdischer Präsenz in Deutschland besitzen wir aus Köln, zum ersten Mal in einem Edikt von Kaiser Konstantin 321 genannt.

1294 wird für Gladbach mit Sutkinus erstmals ein Jude erwähnt (Christoph Waldecker, S. 3). Urkunden von 1337 sprechen bereits von einer Gladbacher Judengemeinde (Günter Erckens, S. 27).

Als der Gladbacher Tragaltar entstand, gab es Begegnung und Auseinandersetzung mit dem Judentum. Sie wurde zur Konfrontation durch die Auseinandersetzungen in den Kreuzzügen. Mit ihnen verbunden waren die Judenpogrome im Rheinland: 1. Kreuzzug 1096, 2. Kreuzzug 1149. »Die Kreuzzüge richteten sich nicht nur gegen den Islam im weit entfernten Jerusalem, sondern führten auch zu religiösem Fanatismus gegen die ›Ungläubigen‹ im eigenen Land. Überall in den größeren rheinischen Gemeinden kommt es zu blutigen Verfolgungen auch der rheinischen Juden. Ganze jüdische Gemeinden wurden zerstört, ihre Angehörigen ermordet.« (Ebd., S. 25)

Battenberg spricht von Massakern unter den Judengemeinden der Städte Speyer, Worms, Mainz, Trier, Metz, Köln, Neuss und Xanten (Friedrich Battenberg, S. 62).

Bei der Pestseuche 1349 fiel auch die Judengemeinde Gladbach der Vernichtung zum Opfer (G. Erckens, S. 32).

Die verschärfte Abwertung des Judentums spiegelt sich in der Kunst wider. Im Motiv »Ecclesia und Synagoga« taucht sie auf. Während die Ecclesia eng mit dem Kreuz verbunden ist, wendet sich die Synagoga endgültig vom Kreuz ab. Auf diesem Hintergrund lohnt es sich, die Darstellung auf dem Gladbacher Tragaltar zu analysieren.

Die Analyse beginnt mit der Inschrift unterhalb der Bilder. Der Text scheint ganz auf der Linie der Zeit zu liegen.

GAUDEAT / ECCLESIA DIRA DE MOR/TE REDEM(P)TA
LEGIS SVMMA / PERIT DV(M) MUN/DV(M) UITA / REDEMIT

Gaudeat Ecclesia dira de morte redemta
Legis summa perit, dum mundum Vita redemit
»Es freue sich die Kirche, erlöst vom grauenvollen Tod:
Der Inbegriff des Gesetzes (d.h. der Alte Bund) geht zugrunde,
indem das Leben (d.h. Jesus) die Welt erlöste.«
*(bereinigt und übersetzt von Clemens Bayer)*

Bild 65: *Nahansicht Synagoga*, Gladbacher Tragaltar, 1160.

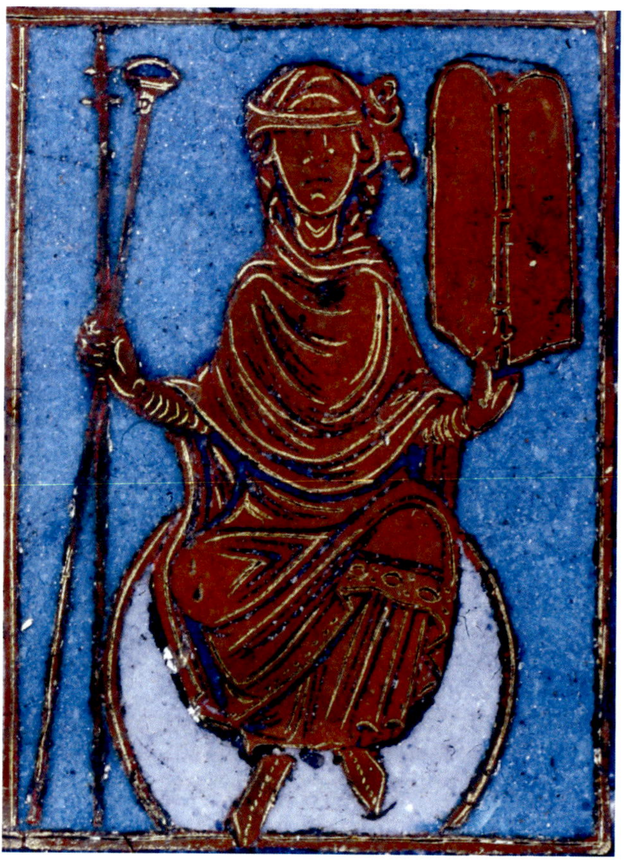

Der Wortlaut der Inschrift entspricht nicht recht der Darstellung der Synagoga. Denn deren Bild zeigt die Beteiligung am Tod Jesu (in ihrer Rechten hält sie die Passionswerkzeuge, die Lanze und das Rohr mit dem Schwamm), nicht aber ihren Tod (Clemens Bayer, in einer persönlichen E-Mail an den Autor). Aber wie sieht die Darstellung aus? Meiner Meinung nach hat diese Herabwürdigung der Synagoga, des Judentums, im Vergleich zum Christentum, zur Ecclesia, zur Kirche, der Künstler des Gladbacher Tragaltares nicht dargestellt. Sein Bild gehört zum Motiv der Concordia, der Übereinstimmung. Ecclesia und Synagoga »sind Glieder einer höheren Einheit« (H. Jochum, S. 10). Der Künstler platziert sie neben dem Kreuzesbalken als eigene gerahmte Motive. Dadurch erhalten beide bewusst eine herausgehobene Bedeutung.

Bild 66: *Nahansicht Ecclesia*, Gladbacher Tragaltar, 1160.

Ecclesia und Synagoga sitzen dem Betrachter gegenüber und schauen ihn an. Sie thronen auf dem Erdenkreis (Sphaira), gleich gewandet, das Gewand der Ecclesia mit einer Schmuckborde, das Gewand der Synagoga in schlichter Einfachheit, auf gleicher Höhe, in gleicher Nähe zum Kreuz. Wie für den wiederkommenden Christus an der Kopfseite des Tragaltares ist die Erde ihr Thronsessel. Auf diese Weise gehören sie mit zur Endzeitherrschaft Jesu Christi. Selbstbewusst zeigen sie ihre Symbole: Kelch und Kreuzesstab für die Kirche, die Tafel der Zehn Gebote und zwei Stäbe für das Judentum. Doch auch Unterschiede bestehen: Die Ecclesia trägt eine Krone, den Kelch hält sie mit verhüllter Hand. Die Synagoga trägt keine Krone, sie hat die Herrschaft verloren (Heinrich Dattenberg, S. 401). Ihre Augen sind kaum zu sehen, aber nicht verbunden, sondern leicht bedeckt durch das Kopftuch. Sie trägt keinen Heiligenschein wie die Ecclesia und die meisten anderen Personen, die auf dem Tragaltar dargestellt sind.

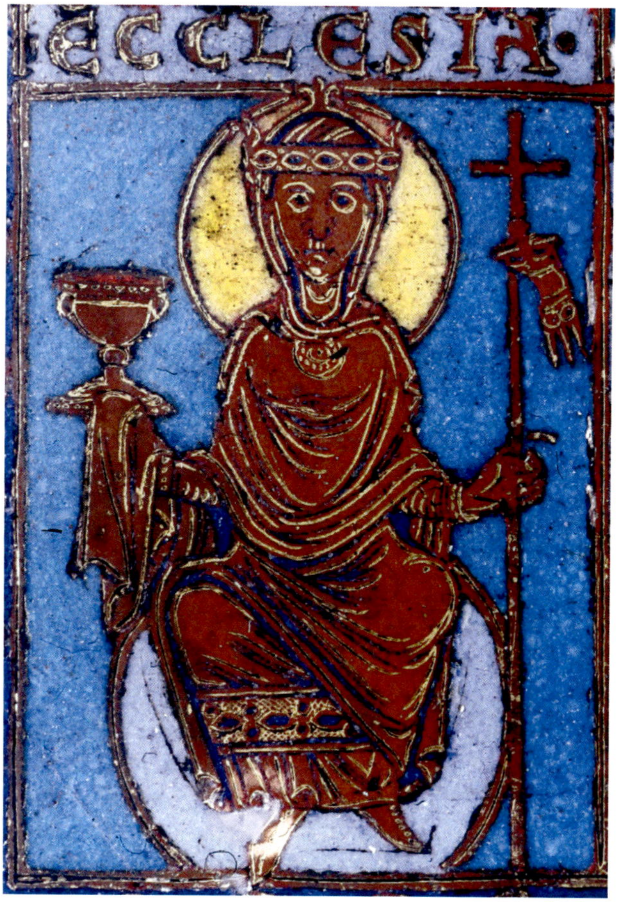


Ähnlichkeiten sind zu sehen beim Tragaltar von Stavelot: Bei der Synagoga schauen die Augen unterhalb der Binde zum Betrachter.

Bild 67: Tragaltar von Stavelot, um 1140.

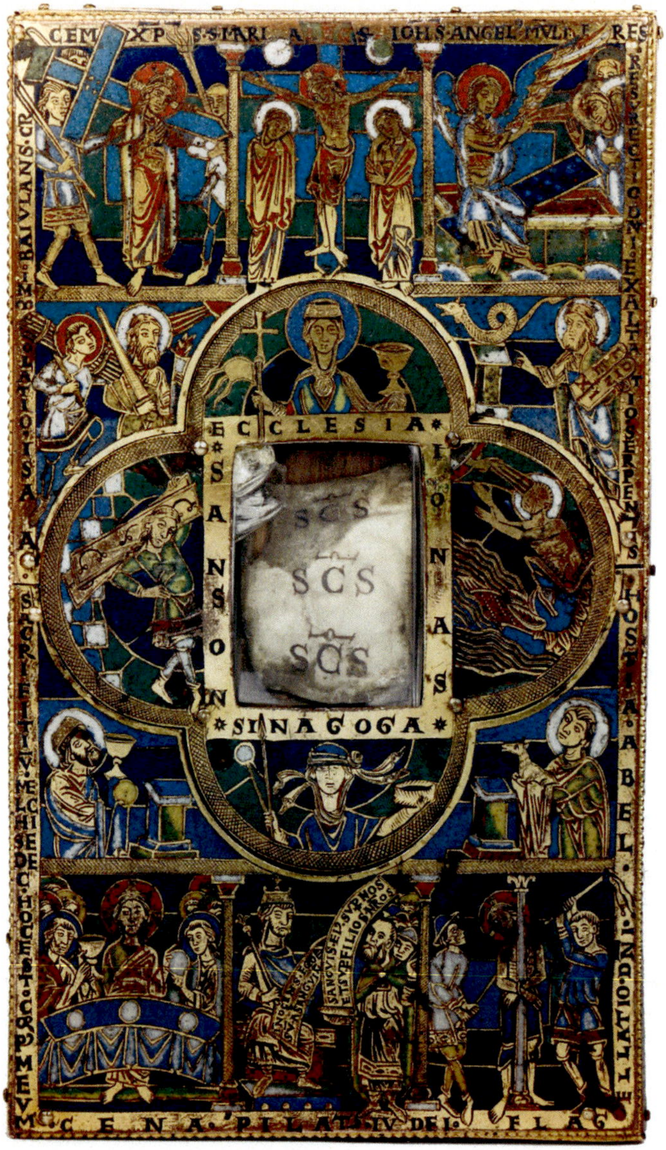


Auf dem Gladbacher Tragaltar hält in ihrer Linken die Synagoga aufrecht für uns die beiden Tafeln der Zehn Gebote. Sie entgleiten nicht, sie fallen nicht zu Boden, sie werden uns gezeigt, sie gelten weiter. Das Motiv der aufrecht gehaltenen *Gesetzestafeln* ist selten.

Im Rheinland und Westfalen finden wir dieses Motiv 100 Jahre später als Glasmalerei in St. Kunibert Köln und auf dem Altarbild der Kirche zur Wies in Soest (siehe Bild 25).

Bild 68: Chor-Fenster, St. Kunibert, Köln, 1280.

Die Würde der Gesetzestafeln betont auch ein seltenes und versöhnliches Motiv in der Bible moraliseé, 1410: »Das Begräbnis der Synagoga«. Die tote gekrönte Synagoga wird von zwei Männern in einem offenen Sarkophag gebettet. Ihre Rechte ruht auf den Gesetzestafeln. Zu Häupten der Toten blickt Ecclesia auf die tote Synagoga, während zu deren Füßen Christus die Rechte über sie erhebt.

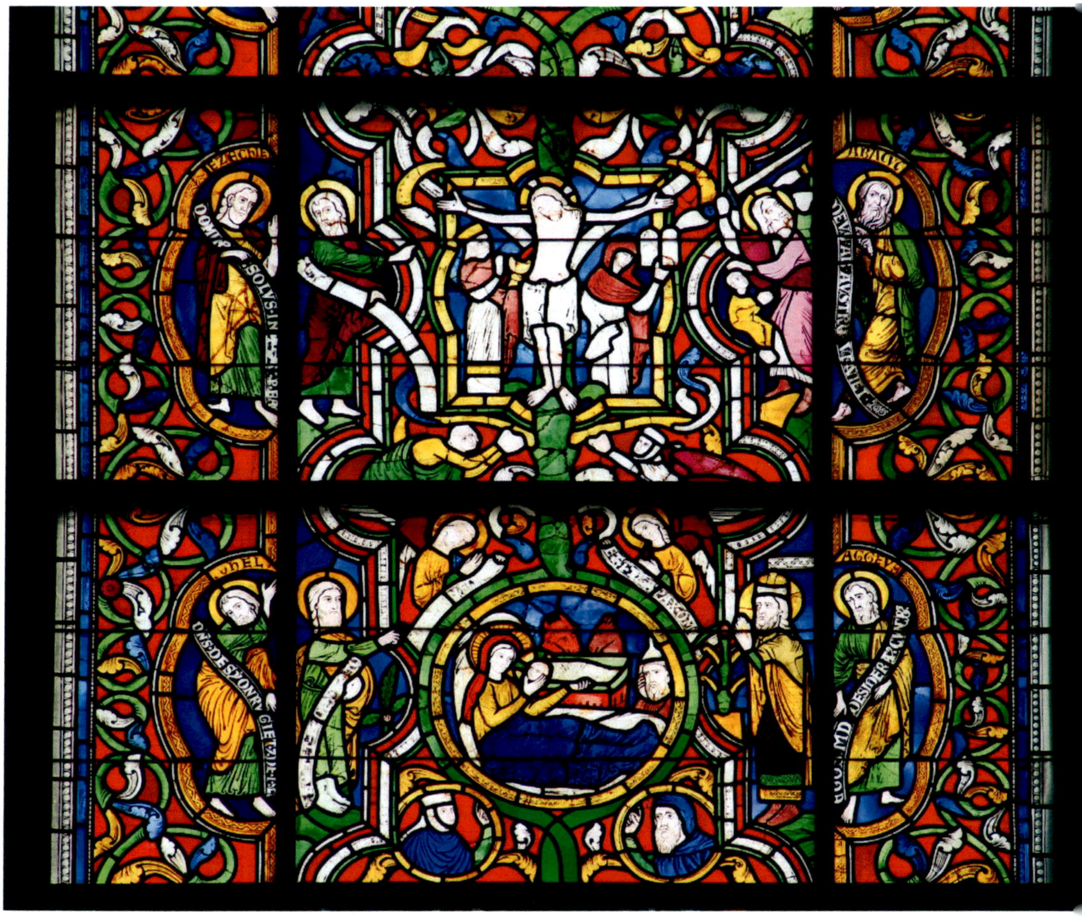

Bild 69: Bible moralisée, Atelier der Brüder von Limburg, 1410. Buchmalerei: *Ecclesia blickt auf die tote Synagoga im Sarkophag..*

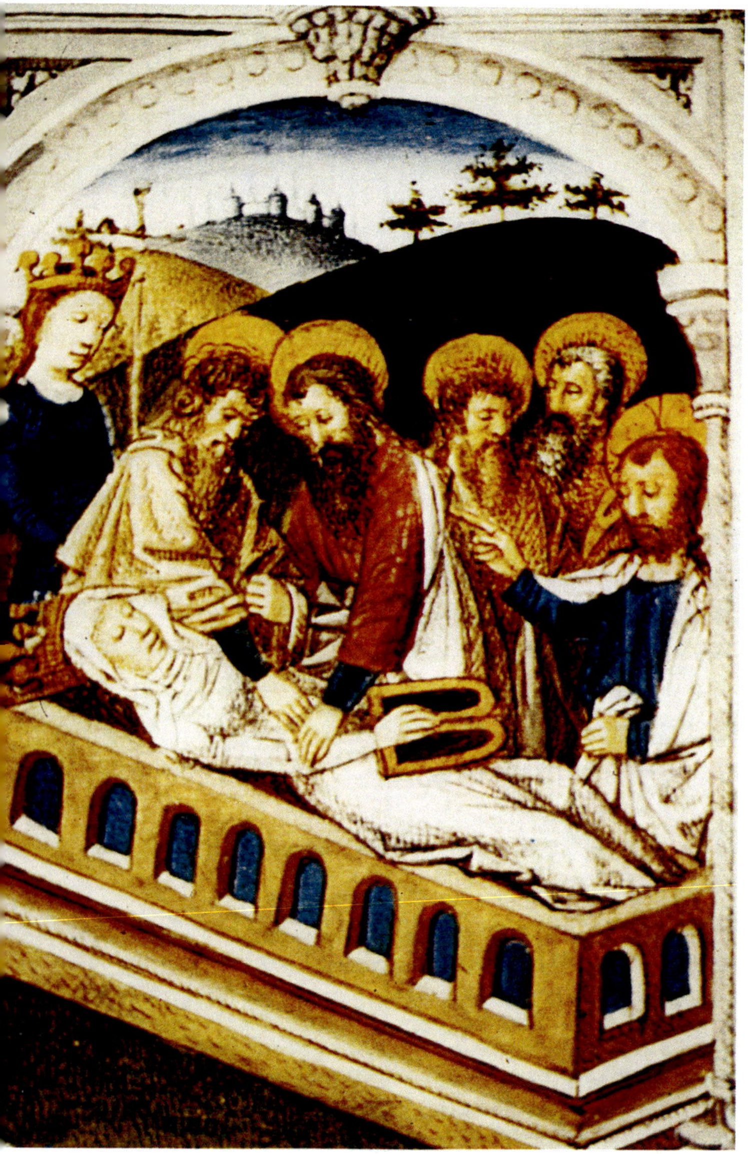

Ende 19., Anfang 20. Jahrhundert finden wir überraschend die selbstbewusst und aufrecht gehaltenen Gesetzestafeln wieder. Als ein Beispiel sei genannt die Glasmalerei in der Kirche St. Blasius in Balve.

Bild 70 (rechts): Glasmalerei *Ecclesia (links) und Synagoga (rechts),* Balve St. Blasius, Bernhard Kraus, 1911.

Erst recht in der modernen Plastik von Joshua Koffmann ist die gleiche Würde von Buch und Schriftrolle ausschlaggebend. Die Gladbacher Synagoga hält in der Rechten die Marterwerkzeuge: den Stab mit dem Essigschwamm und die Lanze, aber nicht zerbrochen, geknickt, sondern wie ein Herrschaftszeichen (Wien Katalog, S. 9), als Zeichen ihrer Würde (Alice Gudera, S. 125), nicht entmachtet und gedemütigt (H. Schreckenberg, S. 39). Solch eine Darstellung der Ecclesia und Synagoga in einem eigenen Rahmen neben dem Kreuz ist sehr selten. Genauso selten ist die thronende Darstellung auf der Sphaira, ein Symbol der Macht.

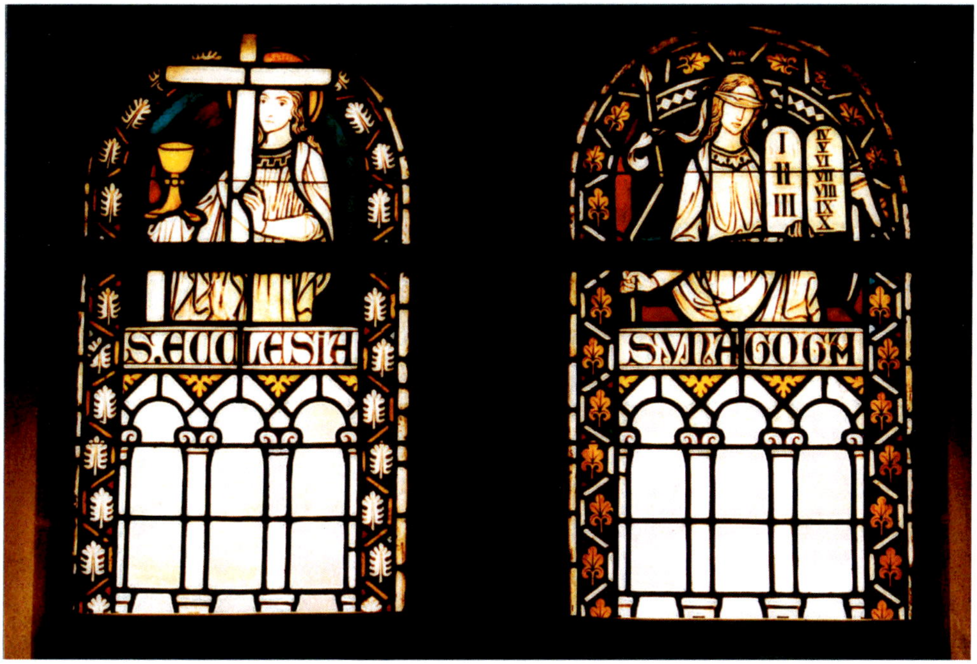


Porträthafte Darstellungen, bei denen die Synagoga den Betrachter anschaut, sind mir aus der Zeit der Entstehung bis auf den Tragaltar von Stavelot nicht bekannt. Er stammt aus der gleichen Zeit wie der Gladbacher Altar. Gudera weist auf die Verbindung der beiden Tragaltäre mit dem Motiv Ecclesia und Synagoga hin. Sie gehören zur Eilbertus Gruppe. Der szenische Zusammenhang zur Kreuzigung löst sich auf, beide Personifikationen weisen auf die blühende Hoheliedexegese dieser Zeit hin, die das Ergebnis der theologischen Auseinandersetzung zwischen Judentum und Christentum ist (A. Gudera, S. 125). Alle Indizien weisen darauf hin, dass die Darstellung des Judentums am Gladbacher Tragaltar ausgewogen ist, Ecclesia und Synagoga ebenbürtig zugeordnet, von *gleicher Größe* und *gleicher Würde*. Sie sind keine Rivalinnen (M. Budde, S. 16), sie sind Schwestern, geschwisterlich sitzen sie nebeneinander (Hannes Pütz, persönliche E-Mail an den Autor vom 22.1.2021). Die Darstellung lässt das Motiv der Concordia ahnen, wie sie in dieser Zeit bei diesem Motiv selten zu finden ist.

Der Künstler oder der beratende Theologe will uns Christen die gesamte Eucharistie zeigen: das Wort Gottes und das Sakrament, die Bibel – Altes Testament und Neues Testament – und den Kelch.

# 10. Buchdeckel des Evangeliar aus der Abtei Gladbach St. Vitus (1160)

Erläuternd ziehe ich ein anderes Kunstwerk aus der St. Vitus Abtei aus demselben Jahrhundert hinzu. Es ist nicht direkt vergleichbar, aber zeigt eine ähnliche Tendenz. Der Buchdeckel des Evangeliars, heute im Hessischen Landesmuseum Darmstadt, stammt aus der Entstehungszeit des Tragaltares. Die Reliefs aus Walrosszahn zeigen den wiederkommenden Christus, den Pantokrator, begleitet von Maria und dem Hl. Vitus mit der Palme des Martyriums. Oberhalb der Majestas erscheint die Taube des Hl. Geistes, eingerahmt von den Evangelistensymbolen Stier (Lukas) und Löwe (Markus). In der unteren Leiste wird eingerahmt vom Adler (Johannes) und Engel (Matthäus) die Ecclesia, die uns frontal anschaut. Die umhüllte rechte Hand zeigt den Kelch, die linke hält das Kreuz, wie auf dem Gladbacher Tragaltar. Ein Bild der Synagoge gibt es nicht, könnte aber in der gleichen Art vorhanden gewesen sein. Denn der Buchdeckel in der jetzigen Form ist eine neue Zusammensetzung, veranlasst von Jakob von Hecken, IACOBVS DE HEGGEN ABB HVIVS LOCI, Abt des Klosters St. Vitus von 1574 bis 1583. (T. Jülich, S. 126f)

Bild 71: Buchdeckel des Evangeliar aus der Abtei Gladbach St. Vitus, Darmstadt Codex 508, 1160.

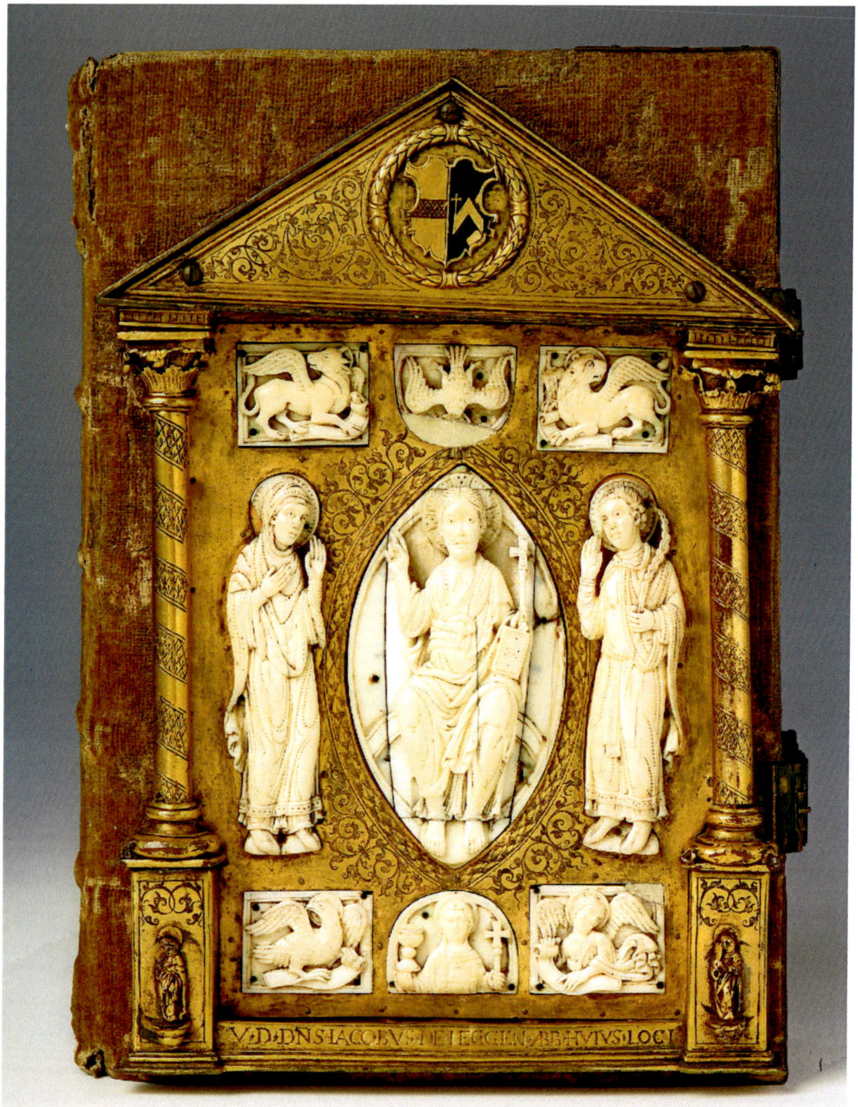


Zu diesem Codex, auch aus dem Kölner Kunstbereich, gehört eine Majestas Buchmalerei, die der Majestas am Tragaltar gleicht, während die Majestas Darstellung des Buchdeckels Codex 508 der Majestas Buchmalerei im Codex 530 gleicht, ebenfalls aus der Abtei St. Vitus. (Der Bücherbesitz des Klosters St. Vitus, Bd. 1.1, S. 47ff)

Bild 72 a: Majestas Buchmalerei, Codex 508, 1140.

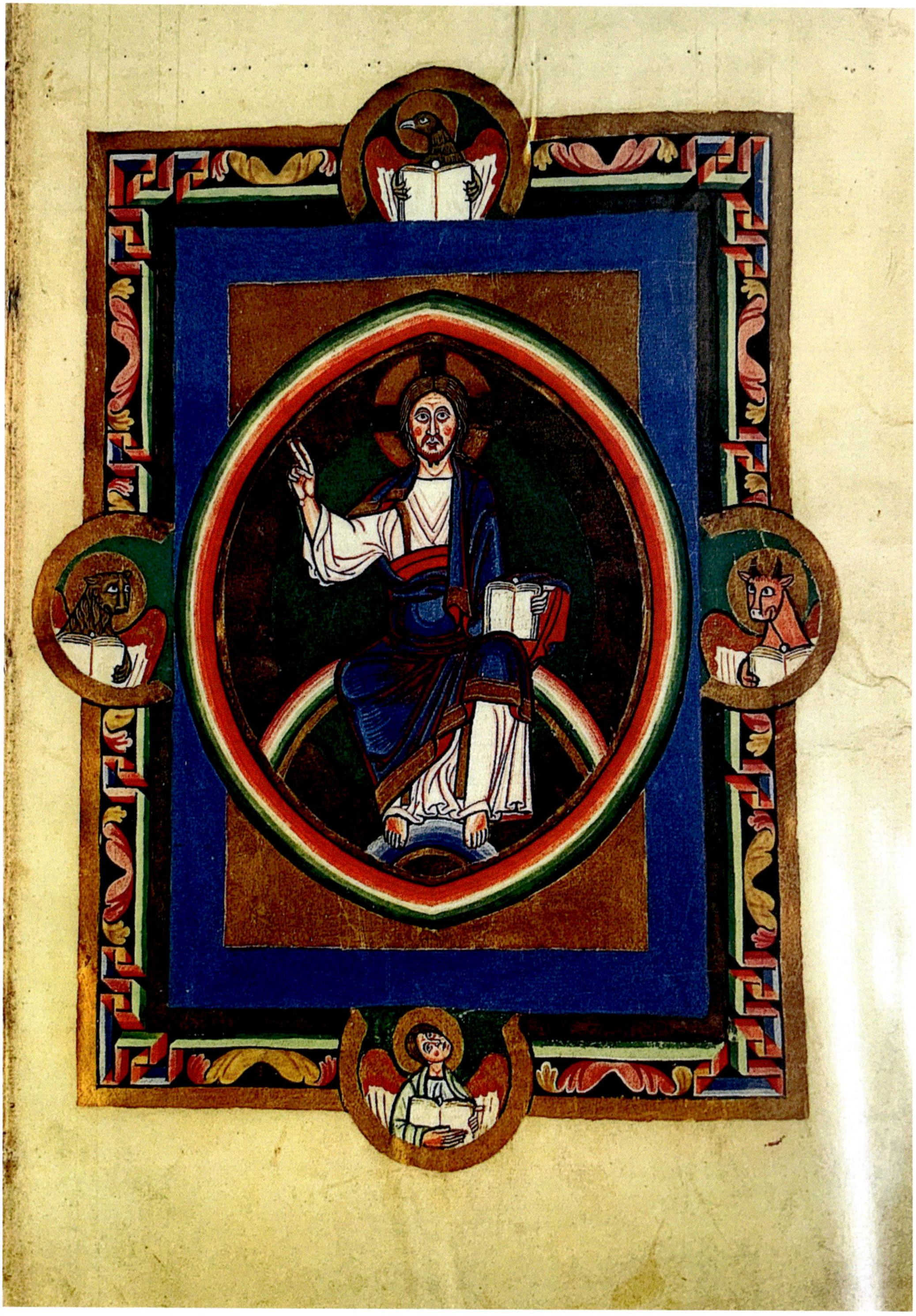

Bild 72 b: Majestas Buchmalerei, Codex 530, 1140.

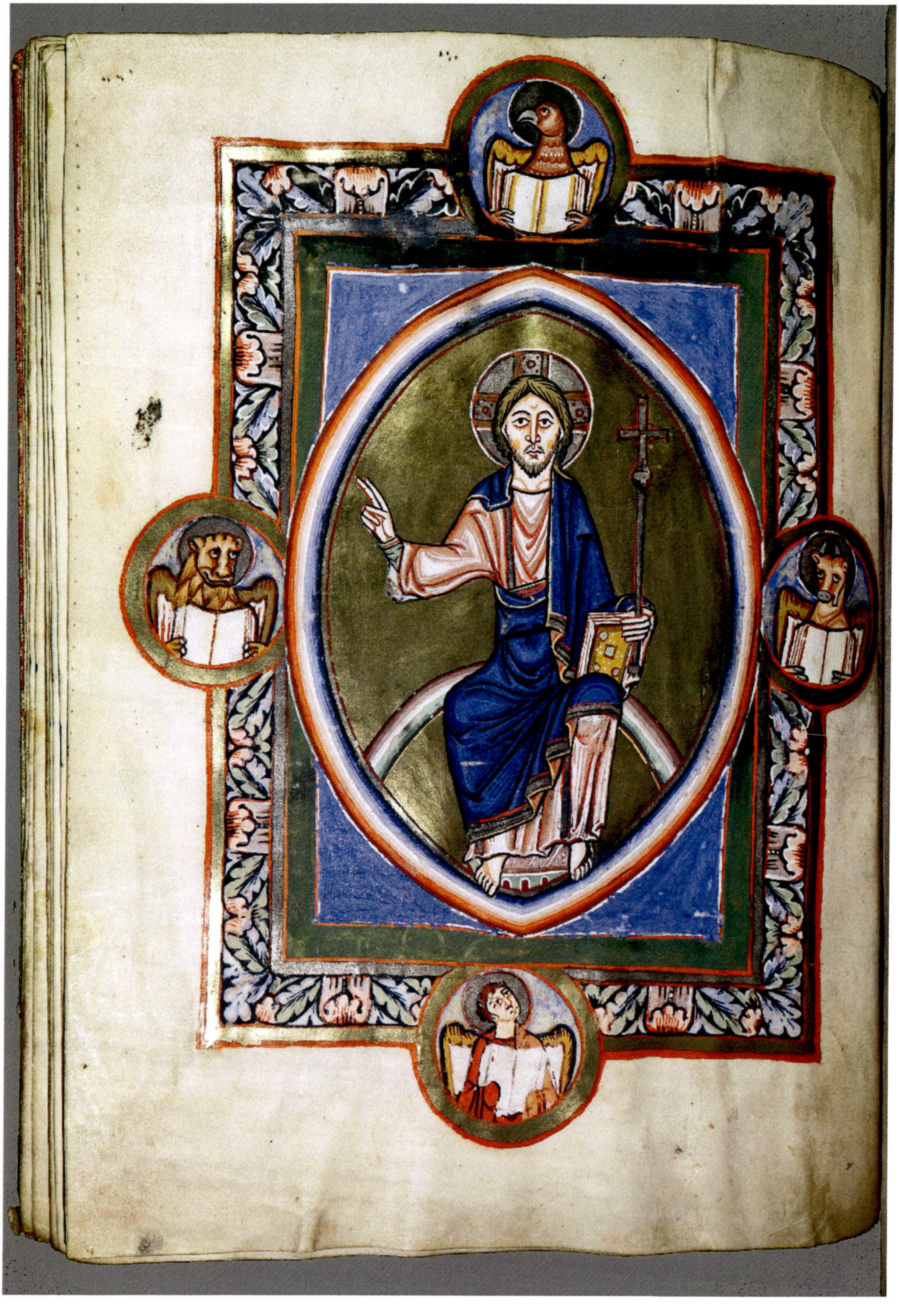

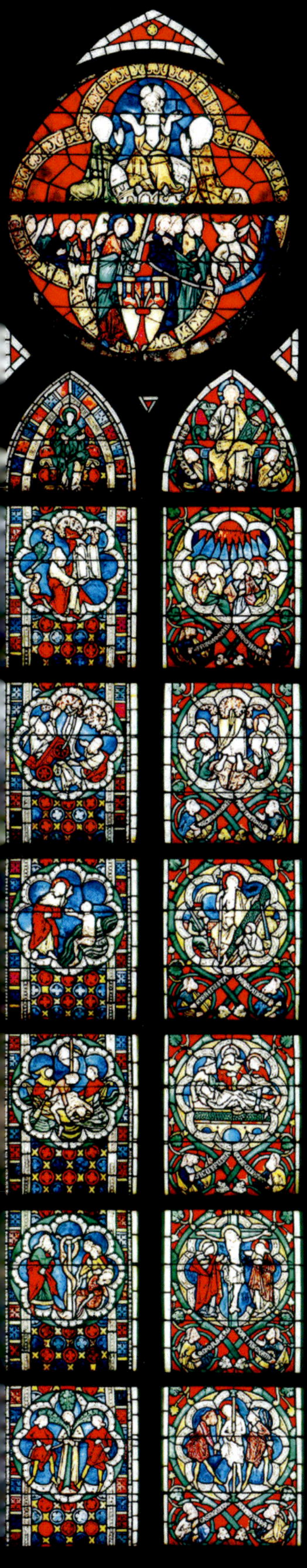

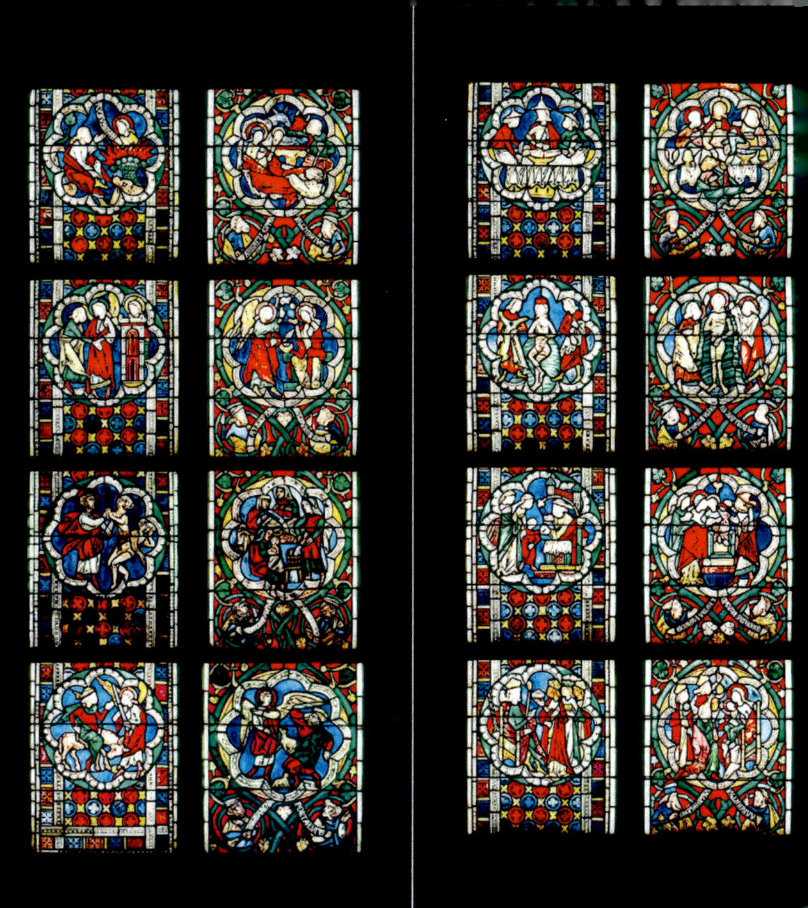

# 11. Weitere Kunstwerke in der Münsterkirche

Die Ausgewogenheit in der Darstellung von Judentum und Kirche findet sich in vielen Jahrhunderten in den Kunstwerken der Münsterkirche wieder.

Bild 73: Bibelfenster der Münsterkirche im Überblick, 1265.

## a) Bibelfenster

Der typologische Ansatz auf der Decke des Tragaltares taucht einhundert Jahre später wieder im Bibelfenster der Münsterkirche auf, dem wohl bedeutendsten Kunstwerk. Die Gegenüberstellung von sich entsprechenden Motiven aus dem Alten Testament und dem Neuen Testament – Typologie – ist nur noch in wenigen Bibelfenstern überliefert: unter anderem im Kölner Dom mit zwei Bibelfenstern aus den Jahren 1260 und 1280, in der Benediktinerabtei St. Peter Wimpfen und in mehreren Kirchen der Stadt Esslingen.

Das Gladbacher Fenster ist das umfangreichste und mit den meisten Originalscheiben erhaltene Bibelfenster im Rheinland. Der Bildtypus verrät ein großes Wissen des Alten Testamentes beim Künstler und beim Abt, dem Auftraggeber. Er zeigt ein Verstehen Jesu, seines Lebens von Geburt bis zum Tod, wurzelnd im jüdischen Glauben, wurzelnd in der Bibel des Volkes Israel.

»Dieses künstlerische Bild (Bibelfenster) lebt nie von dem einsinnigen Schema ›Verheißung – Erfüllung‹, sondern von der bildhaften Auffindung verborgener Zusammenhänge des Heils im Alten und Neuen Bund. Es sind Fenster der Heiligen Übereinstimmung.« (W. Nyssen, S. 107)

Die Übereinstimmung:

- *Bileam auf dem Esel und der Engel – Die Verkündigung der Geburt Mariens*
- *Die Erschaffung der Eva – Die Geburt Mariens*
- *Ezechiel vor der verschlossenen Pforte des Tempels – Die Verkündigung des Engels an Maria*
- *Mose vor dem brennenden Dornbusch – Die Geburt Christi*
- *Die Königin von Saba bringt Salomo Geschenke – Die Huldigung der Weisen*
- *Die Darstellung Samuels im Tempel – Die Darstellung Christi im Tempel*
- *Naamans Bad im Jordan – Die Taufe Christi im Jordan*
- *Juden beim Passahmahl – Das Abendmahl mit Christus*
- *Achior an einem Baum gebunden – Die Geißelung Christi*

- *Mose und die eherne Schlange – Christus am Kreuz*
- *Jona wird ins Meer gestürzt und vom Walfisch verschlungen – Die Grablegung Christi*
- *Jona wird vom Walfisch ausgespien – Die Auferstehung Christi*
- *Die Entrückung des Elia – Die Himmelfahrt Christi*
- *Mose erhält auf dem Sinai die Gesetzestafeln mit den Zehn – Die Herabkunft des Heiligen Geistes*
- *Thronende Maria – Thronender Christus*

Bild 73a (folgende Seite): *Die Geburt Christi*, Münsterkirche, 1265.

Das Bibelfenster enthält eine Darstellung der Ecclesia und Synagoga, allerdings nicht in der bekannten Aussage. Es ist das Fenster der Geburt Christi. In der Mitte des Bildes liegt Jesus Christus, der Neugeborene, auf einem Steinaltar. Damit erinnert dieses Bild an den Gekreuzigten, der auf dem Altar in der Eucharistiefeier unter uns ist. Maria, auf der rechten Seite, mit dem Apfel in der Hand, ist die neue Eva, die Repräsentantin der Kirche, wie schon die Goldene Madonna im Essener Münster als ältestes erhaltenes vollplastisches Bildwerk Maria mit dem Apfel darstellt. (Peter Bloch, S. 11)

Auf der linken Seite sehen wir Joseph. Er stützt sich mit einer Hand auf einen Stock und er stützt seinen Kopf mit der anderen Hand. Er ist nicht der alte Mann, der müde und schläfrige, wie er meist beschrieben und gedeutet wird. Joseph ist der Gerechte, aus dem Hause David, der Sohn Davids, wie ihn Matthäus beschreibt. (Mt 1,19–20). Er ist hier der Vertreter des Volkes Israel, des Judentums, der Synagoga. Er überlegt, er denkt nach, er grübelt, ob dieses Kind der erwartete Messias ist.

Schon die Bernwards-Tür im Dom zu Hildesheim zeigt 200 Jahre früher den nachdenkenden Joseph mit der Hand seinen Kopf haltend. Im Bibelfenster der Koblenzer Florins-Kirche trägt der nachdenkende Joseph den Judenhut. Er ist der Repräsentant des Judentums. Darum trägt er in unserem Fenster auch keinen Heiligenschein, keinen Nimbus. Denn er ist in erster Linie nicht der Heilige Joseph, sondern der Vertreter des Judentums, der korrespondiert in erster Linie mit der Neuen Eva, der Ecclesia, die Maria darstellt. Der Ochse, an der Seite Josephs, symbolisiert das Volk der Juden, der Esel, an der Seite der Maria, symbolisiert das Heidentum. (Jutta Seibert, S. 15/Michael Bachmann, S. 128f)

Für Juden und Heiden wurde Jesus geboren.

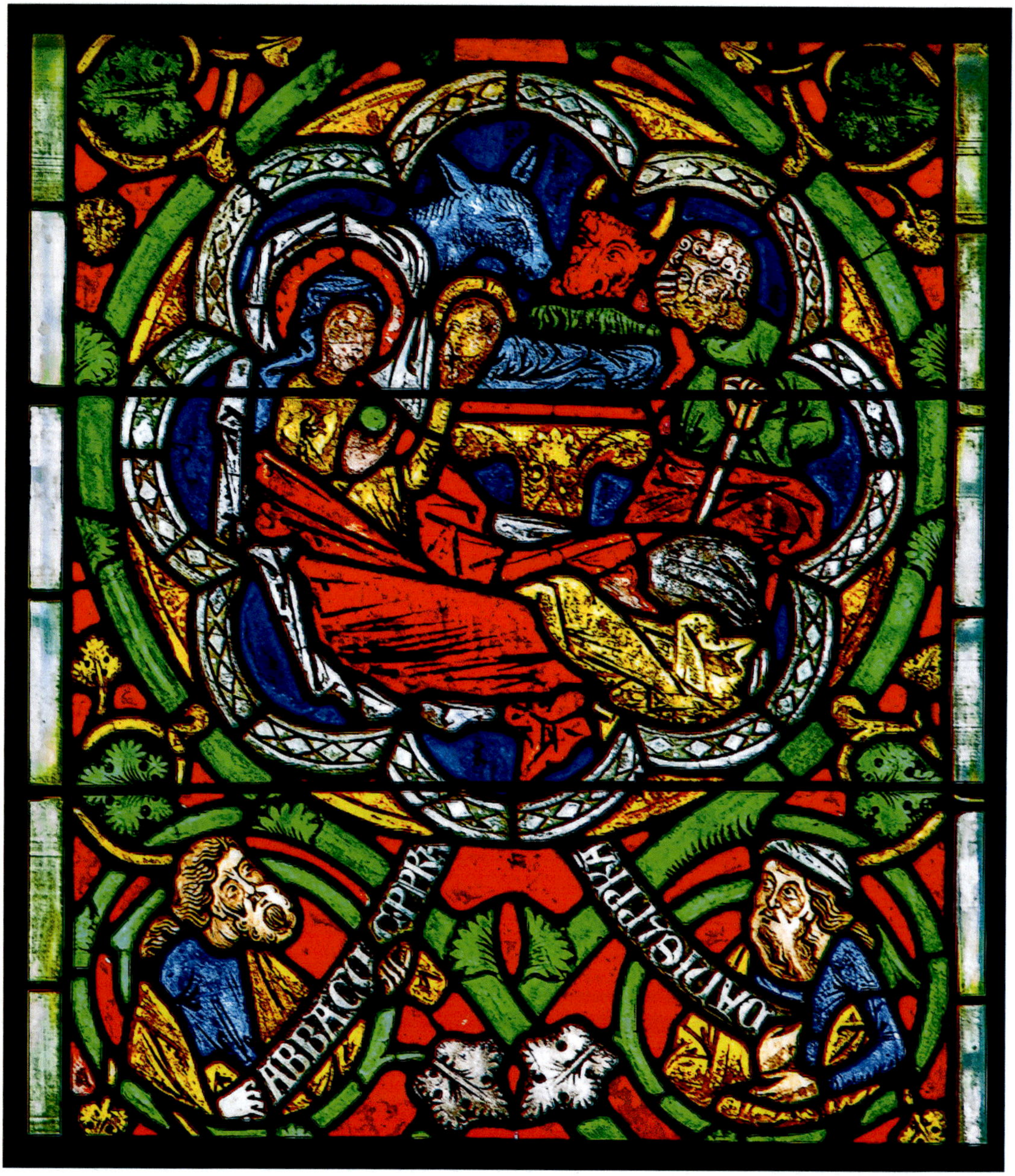

Bild 74: *Das Paschamahl*, Münsterkirche, 1265.

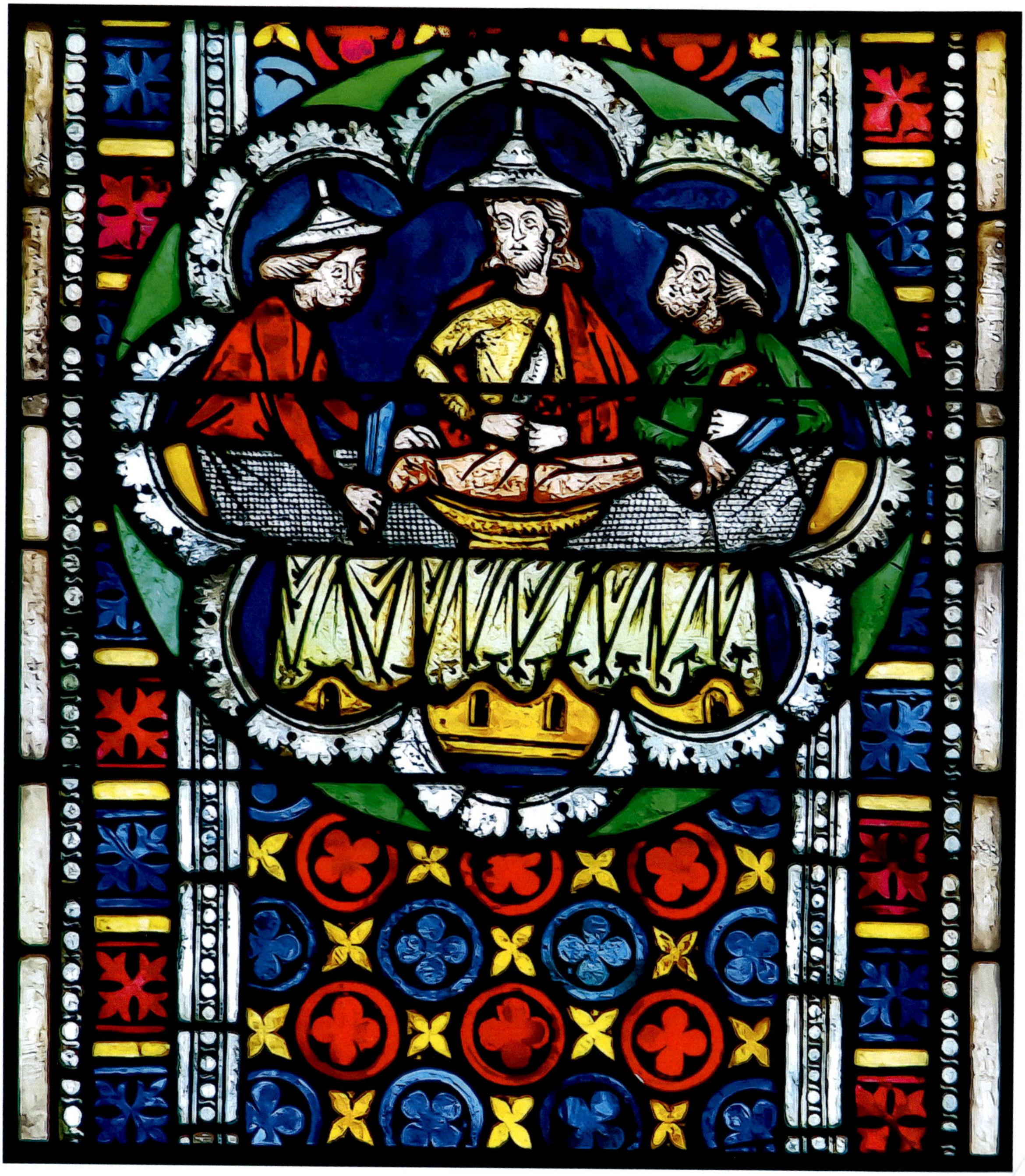

Bild 75: *Die Geißelung,* Münsterkirche, 1265.

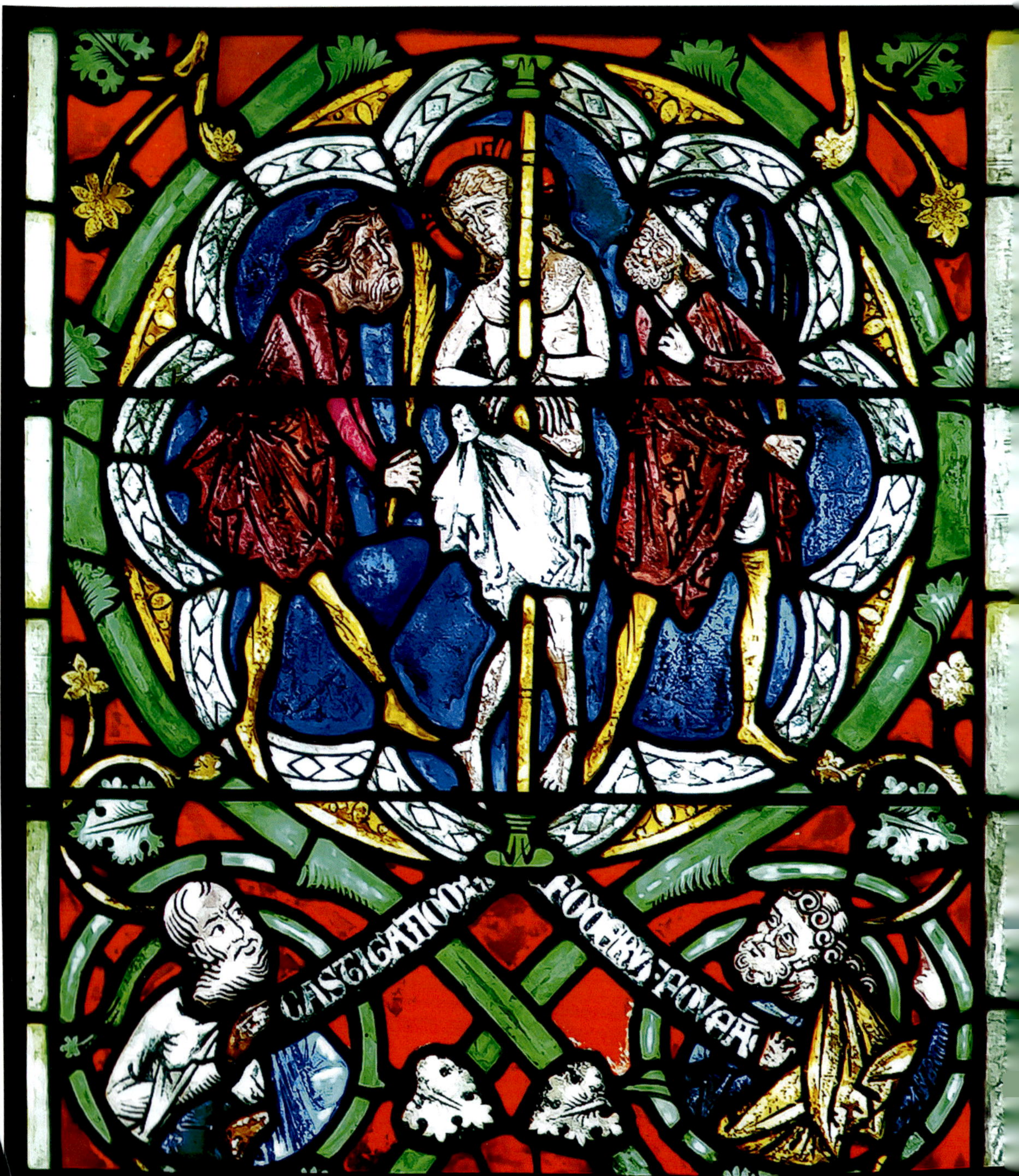

Bild 76: *Die Grablegung,* Münsterkirche, 1265.

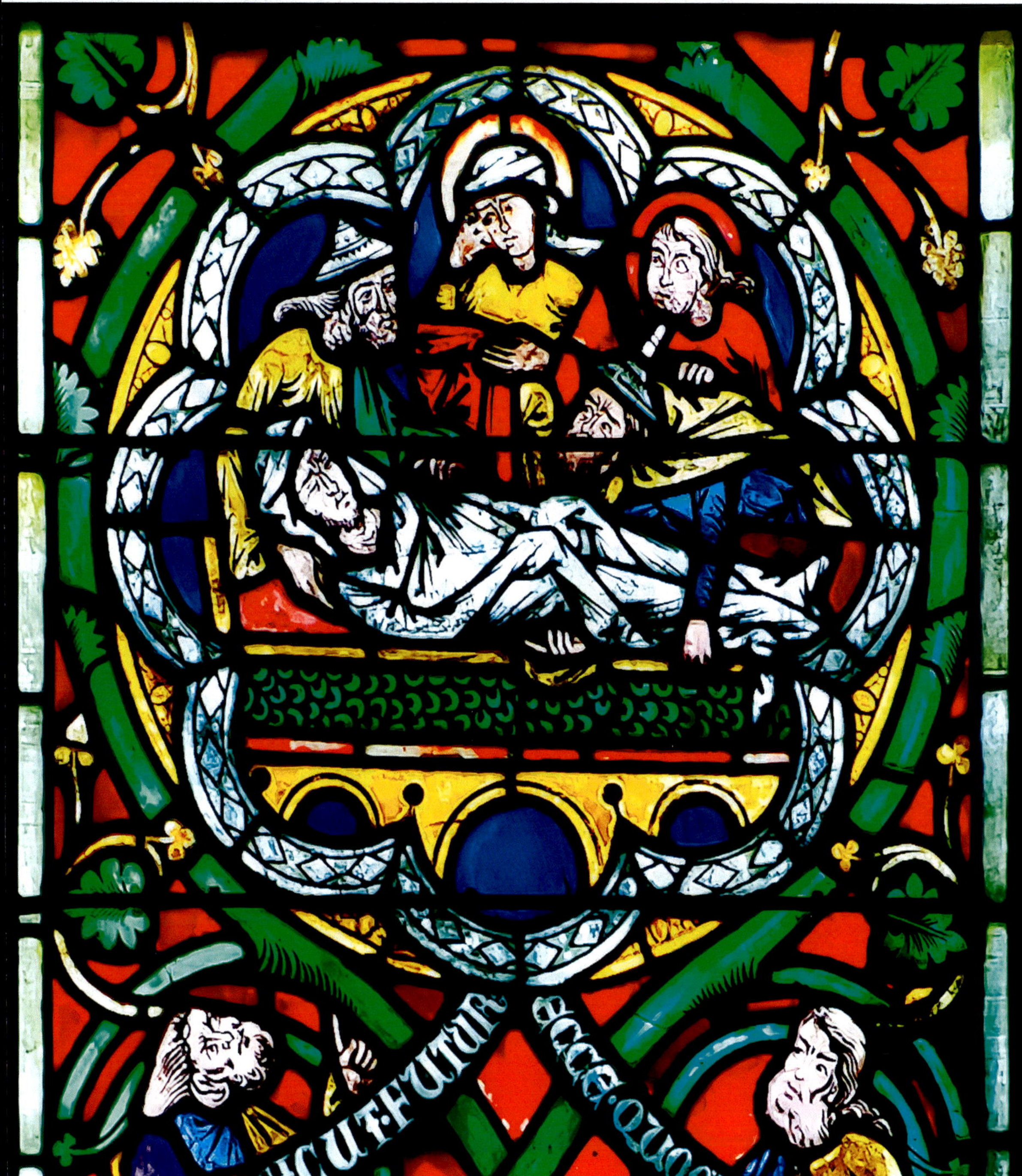

In den beiden Bibelfenstern des Kölner Domes und auch im Gladbacher Bibelfenster finden wir als Kennzeichnung der Juden vier Personen bekleidet mit Judenhüten, die Papst Innozenz III. auf dem IV. Lateran-Konzil 1215 verordnet hat. Hier diskriminiert der Judenhut nicht, sondern dient als Unterscheidung, wie Ulrike Brinkmann und Rolf Lauer schreiben: »Das Attribut des Judenhutes alleine muss noch keine abwertende Kennzeichnung bedeuten, sondern es weist auf die handelnden Personen als Repräsentanten des Alten Testamentes. In frühmittelalterlicher Zeit ist der Judenhut Teil der jüdischen Kleidung, ursprünglich noch ohne negativen Beigeschmack.« (Ulrike Brinkmann/Rolf Lauer, S. 14)

Als Repräsentanten des Judentums sind beim Fenster »Passahmahl« drei Männer dargestellt, bei der Grablegung Jesu legen zwei Männer mit Judenhüten Jesus ins Grab. Es sind sicher nach Johannes 19,38–39 Josef von Arimathäa und Nikodemus. Das Fenster »Geißelung Jesu« zeigt zwei Männer, die Jesus schlagen und verspotten. Einer von ihnen trägt den Judenhut. Hier ist allerdings eine Diskriminierung zu spüren, die den Juden die Schuld am Tod Jesu aufbürdet.

Bild 77 (rechts): *Das Abendmahl,* Alte Sakristei, Münsterkirche.

Die Rundfenster in der Alten Sakristei aus der Zeit der Renaissance – das Abendmahl Jesu mit den Zwölf Aposteln und sein Gebet auf dem Ölberg – zeigen allerdings auch Judas mit einem gelben Gewand bekleidet, der Farbe der Judendiskriminierung.

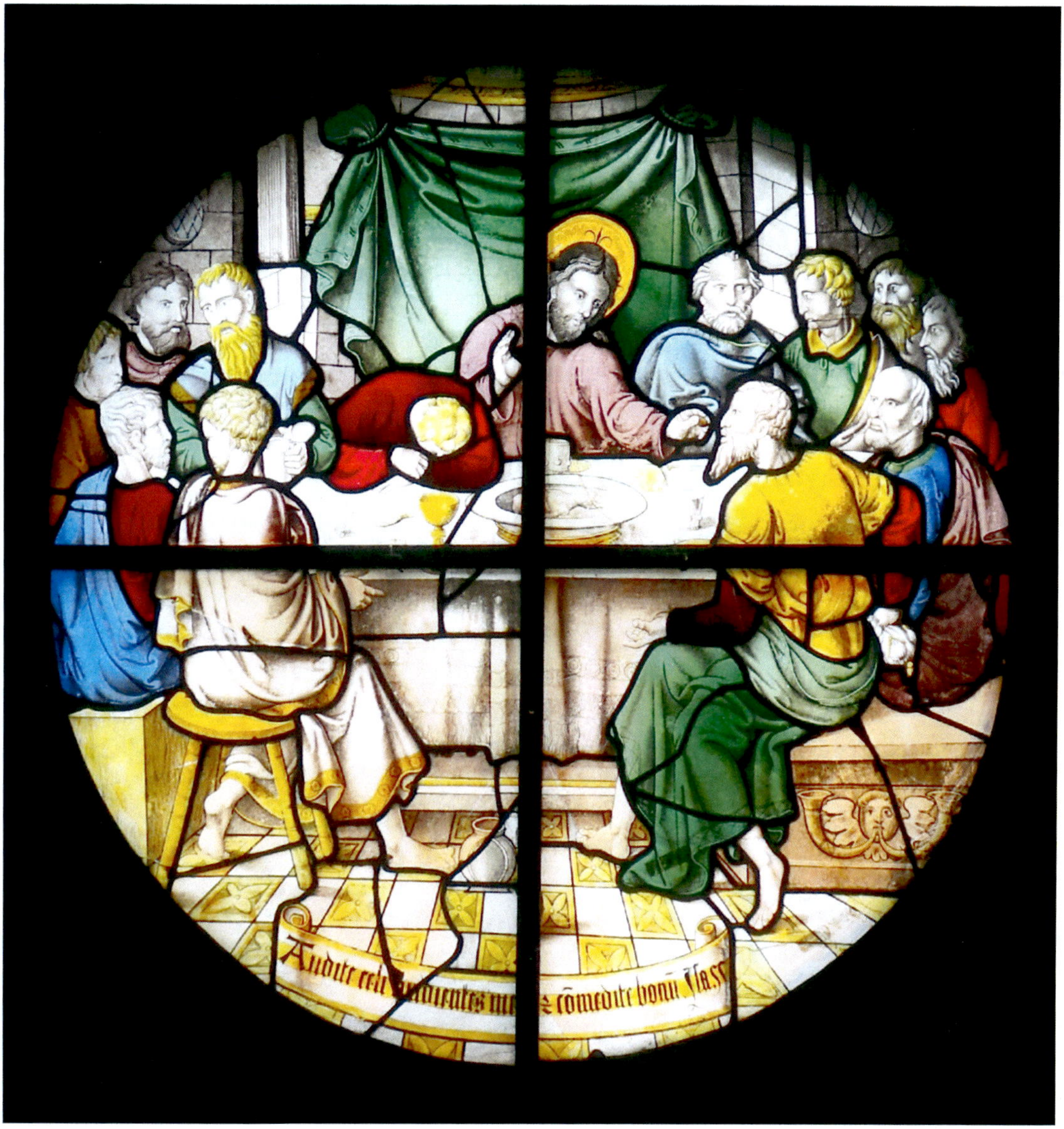

Bild 78: *Jesus am Ölberg,* Alte Sakristei, Münsterkirche.

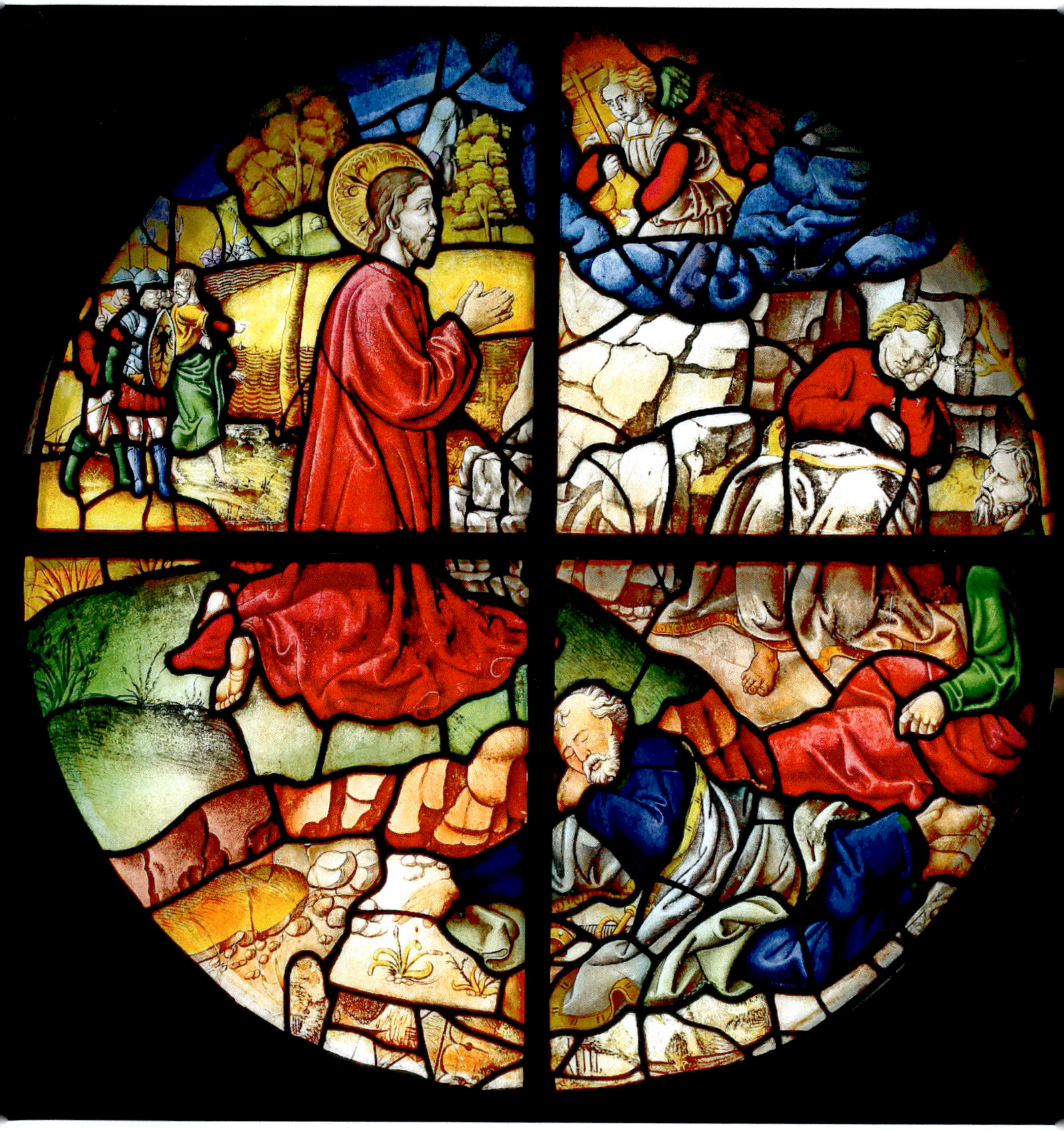

## b) Missale

Bild 79: Missale-Malerei, Kreuzigung mit Adam, Abtei Gladbach, 1140.

Die »Heilige Übereinstimmung« zeigt sich auch in weiteren Kunstwerke der Abtei-Kirche St. Vitus: In einem Missale aus dem Jahre 1140 aus der Abtei Gladbach, eine Handschrift noch im Besitz der Münsterkirche, finden wir das Motiv »Kreuz Christi über dem Kopf Adams«.

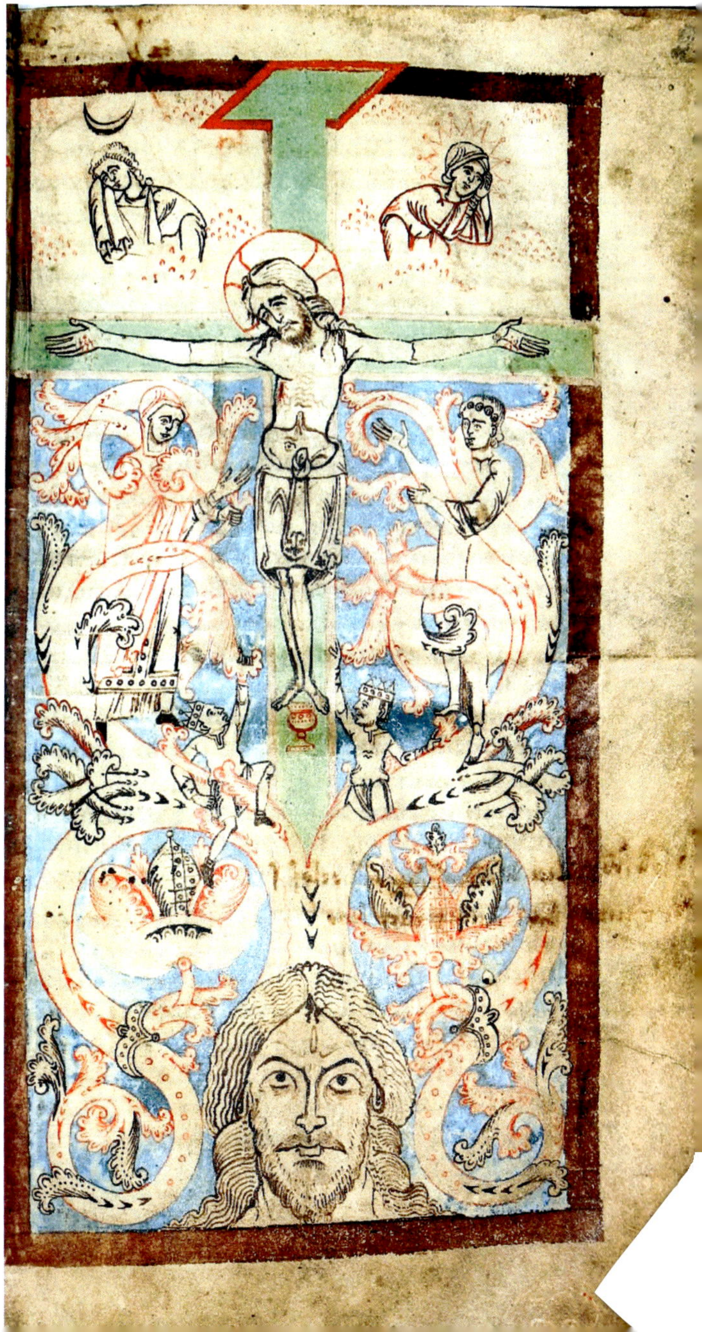

Im Gesicht des Adam finden wir das Antlitz Jesu wieder. Adam wird menschlich dargestellt, nicht herabwürdigend wie in vergleichbaren Darstellungen. »Im jüdischen Glauben ist Adam der ideale Urmensch mit den Zügen des Messias. Das Kreuz wächst zusammen mit dem Lebensbaum aus dem gewaltigen Haupt Adams.« (P. Bloch S. 8f)

Adam, der so oft als der »sündige alte Adam« bezeichnet wird, zeigt in unserem Bild »das unverlierbar Göttliche des Urmenschen, den Vorgang seiner Erlösung und die damit verbundene Wiederherstellung seiner Vollkommenheit« (ebd. S.8f) und nicht einen Adam, der verworfen und niedergestreckt unter dem Kreuz liegt.

## c) Weihnachtsbild

Das sogenannte Weihnachtsbild aus dem Benediktinerinnen-Kloster Mönchengladbach Neuwerk erklärt die Jungfräulichkeit Mariens mit typologischen Zitaten aus dem Alten Testament.

Mose vor dem brennenden Dornbusch (Ex 3,2): »Da brannte der Dornbusch und verbrannte doch nicht.«

Aaron vor dem grünenden Stab (Num 17,23): »Da war der Stab des Aarons grün geworden. Er trug Zweige, blühte und trug Mandeln«.

Gideon vor dem betauten Vlies (Ri 6,37–38): »Der Tau wird allein auf die Wolle fallen und der ganze Boden trocken bleiben«.

Ezechiel vor dem verschlossenen Tor (Ez 44,2): »Dieses Tor soll geschlossen bleiben, es soll nie geöffnet werden und niemand darf hindurchgehen, denn der Herr, der Gott Israels, ist durch das Tor eingezogen«.

Dieses Bild ist eine eigenartige Darstellung von Ecclesia und Synagoga: Nach der Vision der Hl. Brigitta von Schweden liegt Jesus nackt auf einem Tuch, wie die Hostie auf dem Altartuch, wie der unbekleidete Jesus am Kreuz. Maria mit Nimbus ist die Ecclesia, die Kirche, eingerahmt von den Vertretern des Volkes Israel, der Synagoga: Mose und Aaron, Gideon und Ezechiel, und auch Joseph ohne Nimbus.

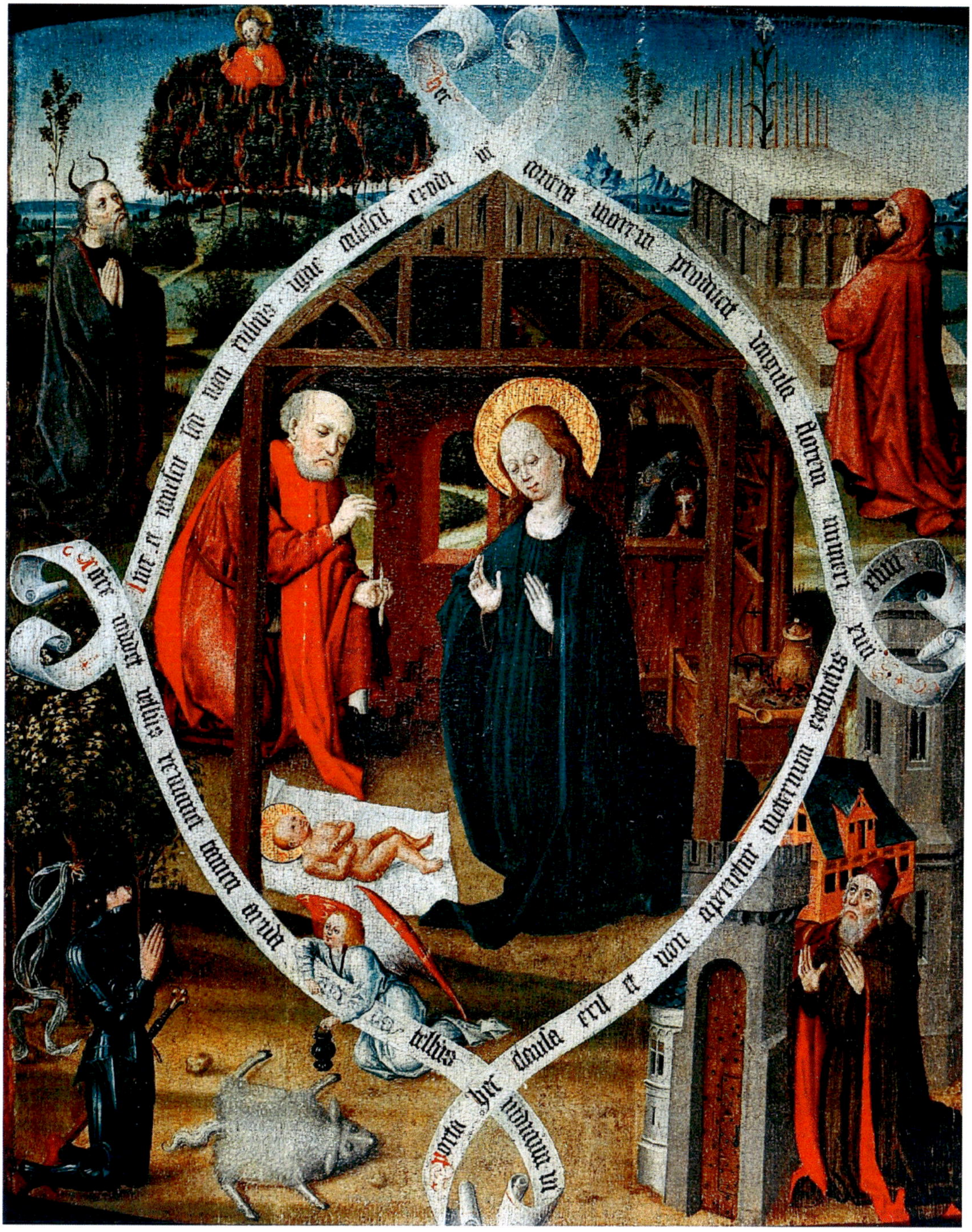

Bild 80: Weihnachtsbild, Niederrheinisch um 1470.
Benediktinerinnen Kloster Mönchengladbach Neuwerk.

## d) Obergadenfenster

**Bild 81 (rechts): Daan Wildschuut (1913–1995), *Die Propheten Ezechiel und Daniel tragen das Brüderpaar Jakobus der Jüngere und Judas Thaddäus, 1955.***

Zehn Jahre nach Ende des Zweiten Weltkrieges, nach dem Ende der Verfolgung und der Vernichtung der Juden in Deutschland und in den besetzten europäischen Ländern, erhielt der niederländische Glasmalerkünstler Daan Wildschuut den Auftrag, im Gladbacher Münster die Obergadenfenster zu gestalten. Er verwirklichte das Motiv: Zwölf Patriarchen und Propheten des Alten Testamentes tragen auf ihren Schultern Zwölf Apostel des Neuen Testamentes. Die Kirche wird vom Judentum getragen. Ohne Altes Testament, ohne Judentum, ist das Neue Testament, die Kirche, ohne Halt und ohne Grund.

Das Judentum wird besonders deutlich durch den Judenhut, den Daniel als Einziger trägt. Er ist ja der, der die jüdischen Speisegebote einhielt in der Verbannung in Babylon am Hofe von Nebukadnezzar und so dem Glauben seiner Vorfahren treu blieb (Daniel 1,8).

Nordseite:

- *Petrus und Andreas – Adam und Noah;*
- *Jakobus d.Ä. und Johannes – Abraham und Melchisedek;*
- *Bartholomäus und Philippus – David und Moses.*

Südseite:

- *Simon und Paulus – Johannes der Täufer und der greise Simeon;*
- *Jakobus d. J. und Judas Thaddäus – Daniel und Ezechiel;*
- *Matthäus und Thomas – Jesaia und Jeremia.*

Dieses Motiv, das wir in Fenstern der Kathedrale von Chartres und in den Skulpturen am Fürstenportal des Bamberger Domes finden, bezeichnet H. Jochum als »Traditionen der Hoffnung« (H. Jochum, S. 115). Schon Paulus kündigt das an: »Ihr seid auf das Fundament der Apostel und Propheten gebaut, der Schlussstein ist Jesus Christus.« (Eph 2,20) »Nicht du trägst die Wurzel, sondern die Wurzel trägt dich.« (Röm 11,18)

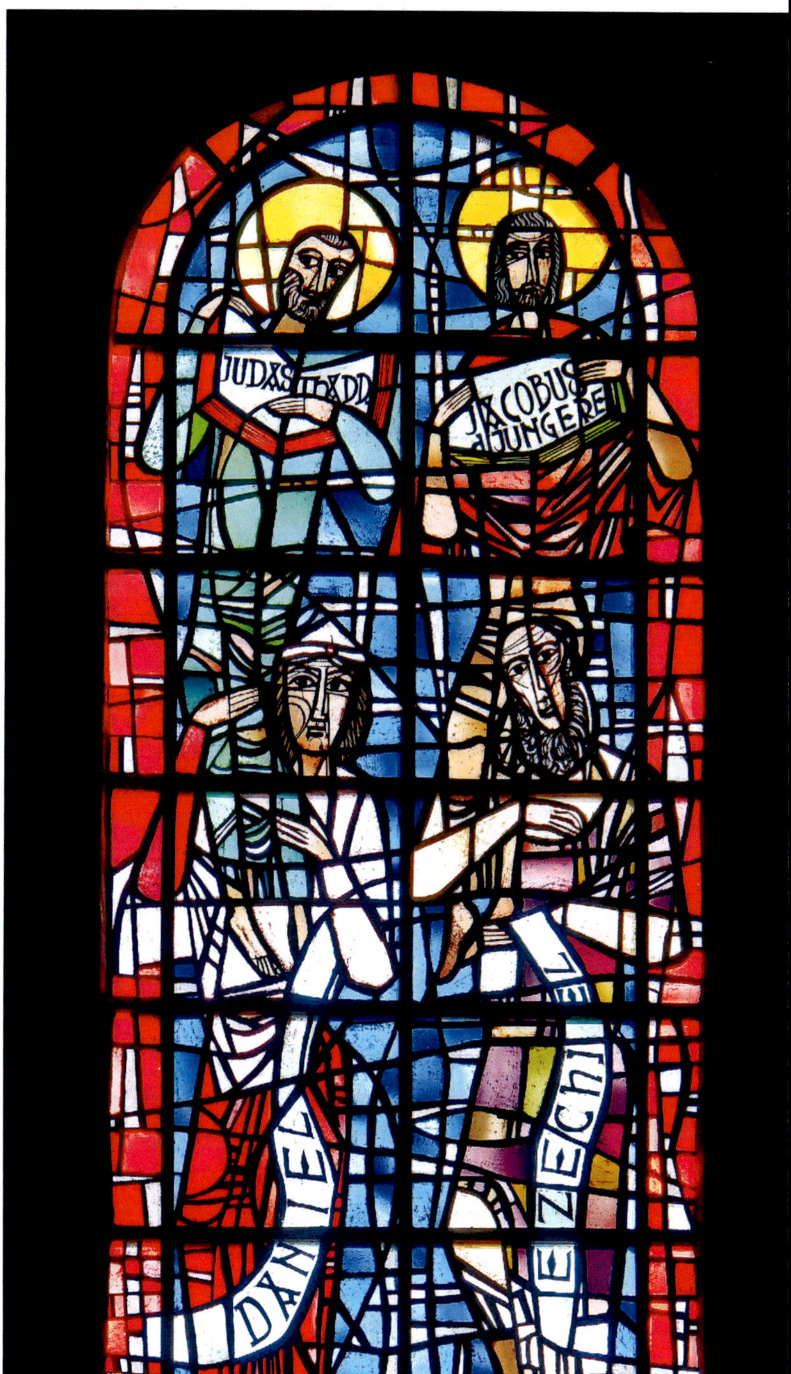

## e) Ambo – Elmar Hillebrand

Bild 82: Ambo, Elmar Hillebrand (1925–2016), Münsterkirche, 1991.

In der theologischen Diskussion hatte sich viel getan. Zwanzig Jahre nach Ende des Zweiten Weltkrieges verabschiedete 1965 das II. Vatikanische Konzil die Erklärung »Nostra Aetate«. Zum ersten Mal

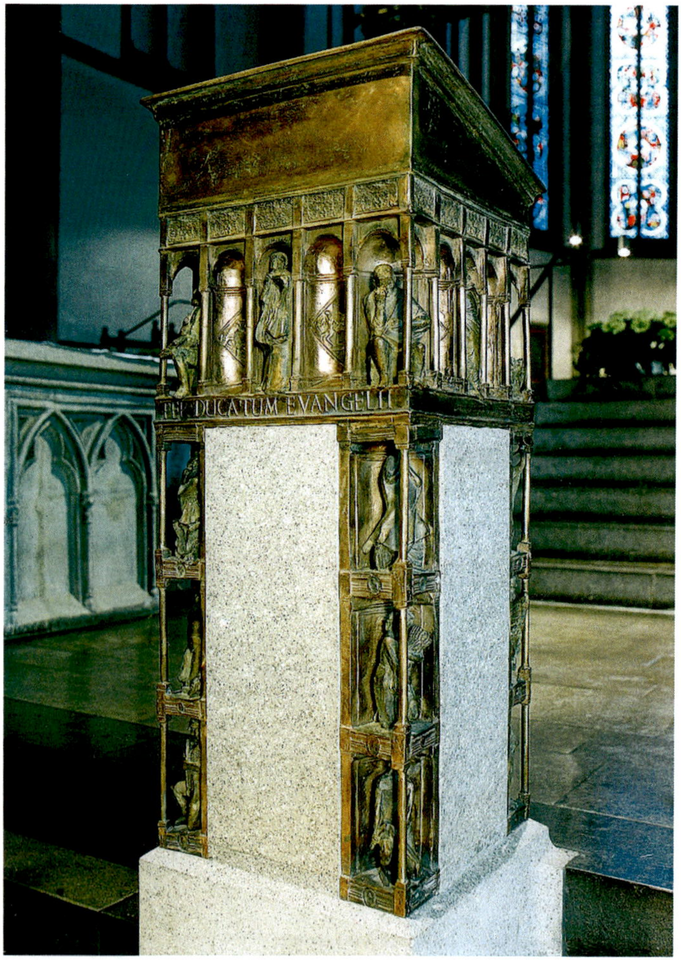


beschreibt hier die katholische Kirche den Wert und die Würde des Judentums in Beziehung zur Kirche.

»Bei ihrer Besinnung auf das Geheimnis der Kirche gedenkt die Heilige Synode des Bandes, wodurch das Volk des Neuen Bundes mit dem Stamme Abrahams geistlich verbunden ist.

So anerkennt die Kirche Christi, daß nach dem Heilsgeheimnis Gottes die Anfänge ihres Glaubens und ihrer Erwählung sich schon bei den Patriarchen, bei Moses und den Propheten finden. Sie bekennt, daß alle Christgläubigen als Söhne Abrahams dem Glauben nach in der Berufung dieser Patriarchen eingeschlossen sind.

Deshalb kann die Kirche auch nicht vergessen, daß sie durch jenes Volk, mit dem Gott aus unsagbarem Erbarmen den ersten Bund geschlossen hat, die Offenbarung des Alten Testamentes empfing und genährt wird von der Wurzel des guten Ölbaums, in denen die Heiden als wilde Schößlinge eingepfropft sind ... Die Juden sind nach dem Zeugnis der Apostel immer noch von Gott geliebt um der Väter willen; sind doch seine Gnadengaben und Berufung unwiderruflich ... Im Bewußtseins des Erbes, daß sie mit den Juden gemeinsam hat, beklagt die Kirche alle Haßausbrüche, Verfolgungen und Manifestationen des Antisemitismus ..., die sich gegen die Juden gerichtet haben.« (Nostra Aetate, Artikel 4, in: Kleines Konzilskompendium, S. 357)

Eine künstlerische Frucht der Erklärung stellt sicher der Ambo dar, der 1991 für die Münsterkirche von Elmar Hillebrand geschaffen wurde.

Propst Edmund Erlemann gab mit Lukas 24,37 das Thema vor: »Und er legte ihnen dar, ausgehend von Mose und allen Propheten, was in der ganzen Schrift über ihn geschrieben steht.« (Heinz Oberlack, S. 90)

Den Ort der Verkündigung der Bibel begleiten Frauen und Männer aus dem Alten Testament: Mirjam, Deborah, Ruth, Judith, Esther, Abraham, Mose, Elija, Jona, Micha, Daniel, Hesekiel, David, und aus dem Neuen Testament: Johannes der Täufer und die vier Evangelisten Matthäus, Markus, Lukas und Johannes. Sie alle sind Mütter und Väter unseres Glaubens. »Der Künstler greift zwei Defizite christlicher Verkündigungsgeschichte auf: die Herabsetzung des Hebräischen Testamentes und die Benachteiligung der Frauen. Das jüdische Volk wird durch die zwölf dargestellten Frauen und Männern zum Fundament, auf dem die Botschaft der Evangelisten aufbaut.« (Albert Damblon, S. 74)

Neben diesen Verkünderinnen und Verkündern sehen wir weitere Szenen in den Reliefs dargestellt: »Sturm auf dem Meer«, »Emmausjünger«, »Jesus am Jakobsbrunnen mit der Samariterin«, »der gute Hirt«, »die Taufe Jesu im Jordan«, »Jesus wäscht den Aposteln die Füße« – alles Darstellungen aus dem Neuen Testament, des Weiteren auch das Bild »Jesus in der Kelter«.

Der Ambo ist eine wahre Bilderbibel, eine Bibel aus dem Alten Testament und dem Neuen Testament. Wie der Gladbacher Tragaltar an den Seiten umkleidet ist mit Personen, die die Frohe Botschaft des Neuen Testamentes verkünden, die zwölf Apostel, die drei Frauen am Grab sowie Maria, Johannes und Stephanus, auf der Altarplatte Patriarchen und Propheten, die die Frohe Botschaft des Alten Testamentes verkünden, so wird der Ambo umkleidet durch dreizehn Frauen und Männer aus dem Alten Testament und fünf aus dem Neuen Testament. Sie alle verkünden das Evangelium, die Frohe Botschaft des Alten und des Neuen Testamentes, und sie versuchten nach diesem Evangelium zu leben, wie auch die Frauen und Männer, die an diesem Ambo heute stehen und die Frohe Botschaft verkünden.

PER DUCATUM EVANGELII

»Unter Führung des Evangeliums«.

So wird die Regel des Mönchsvater Benedikt an der Kopfseite des Ambo zitiert, nach der die Gladbacher Mönche 900 Jahre gelebt haben.

**Bild 83 (rechts): Relief am Ambo, Elmar Hillebrand, Münsterkirche, 1991.**

Auch die Buchablage des Ambos gestaltete der Künstler mit einem Bild. »Die Buchauflage dieses Ambos zeigt das Bronzerelief einer Kreuzigungsdarstellung: Christus am Baumkreuz, das aus dem Grabe Adams erwächst. Im Vordergrund stehen Maria und Johannes, hinter Maria – bedeutend größer – die Ecclesia, die Christus ihren Kelch entgegenstreckt. Auf der anderen Seite mit verbundenen Augen, die sich abwendende Synagoge, die – wie verzweifelt – ihre Lanze zerbricht« (H. Bange, Ambo, o. A.).

Es ist die Kreuzigungsdarstellung des Tragaltares, die der Künstler zitiert als Relief auf der Buchauflage: Jesus am Kreuz, Maria und Johannes und Ecclesia und Synagoga. Dieses Motiv kann ich nur kritisch sehen. Es darf in dieser Ausgestaltung nicht mehr wiederholt werden in heutigen Kunstwerken.

Derselbe Künstler schuf 1974 das Triumphkreuz für diese Kirche im Sinne der Übereinstimmung und wurde 1988, drei Jahre vor Schaffung des Ambos, aus einem Wettbewerb ausgewählt, das Mahnmal für die zerstörte Synagoge in Hildesheim zu gestalten nach Beratung durch den jüdischen Theologen Pinchas Lapide (Hermann Siemer, S. 13), einen Kubus, den er mit drei weiteren Künstlern bildete. In Würdigung dieses Künstlers möchte ich eine wohlwollende Deutung anbieten: Ecclesia und Synagoga lösen sich auf als ein für immer verschwindendes Motiv, das durch Jahrhunderte die Beziehung zwischen Christentum und Judentum darstellte, aber nicht mehr in Zukunft darstellen kann.

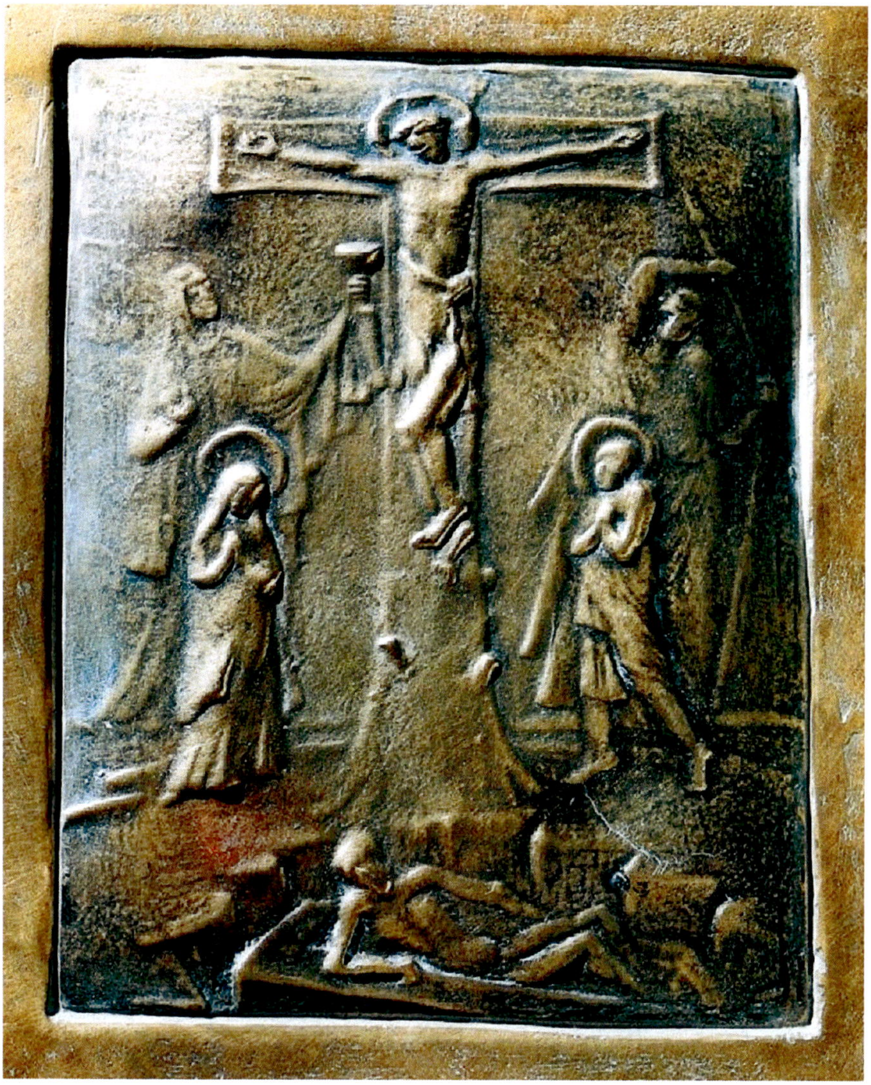

## f) Ecclesia – Franz Gutmann

**Bild 84: Holzplastik *Ecclesia*, Franz Gutmann (*1928), Münsterkirche, Apostelkapelle 1997.**

Eine Holz-Plastik des Künstlers Franz Gutmann wurde 1997 in der Apostelkapelle aufgestellt. Sie erhielt den Titel »Ecclesia«. Sie trägt mit ihren Händen einen Schrein (19. Jhd.) mit Reliquien der Apostel. Propst Erlemann beschreibt in seiner Predigt bei der Einweihung: »Das Bild von Franz Gutmann ist keine Ecclesia triumphans wie auf dem Tragaltar. Es ist eine sich neigende, sich beugende, darreichende und liebende Frau«, eben die Mutter Kirche. Wenn auch keine ihr entsprechende Synagoga-Plastik geschaffen wurde, so bildet der Schrein mit den Reliquien jüdischer Männer, der Apostel, die Einheit von Ecclesia und Synagoga.

Weitere Kunstwerke der Übereinstimmung zwischen Altem Testament und Neuem Testament in der Münsterkirche beschreibt Helmut Jansen:

- das Triumphkreuz von Elmar Hillebrand,
- die von Franz Gutmann geschaffene Bronze-Fassung des Taufbrunnen,
- die moderne Chorverglasung durch Wilhelm Geyer,
- Anna Selbdritt – die Hl. Anna mit ihrer Tochter Maria und mit ihrem Enkel Jesus.

In der alten Sakristei zeigt die Renaissance-Verglasung Szenen aus dem Kreuzweg Jesu, die gedeutet werden mit Zitaten aus dem Alten Testament (Wolfgang Johann, S. 52).

Übereinstimmungen mit dem Judentum und der Synagoge als Gebäude finden wir in den meisten katholischen Kirchen:

- »Beten gen Jerusalem« – *die Ostung, die Orientierung,*
- ein Schrein für die Aufbewahrung der Thorarolle – *den Tabernakel für die Aufbewahrung der Kommunion,*

- das brennende Licht – *das »Ewige Licht« als Zeichen der Gegenwart Gottes.* (Katalog Wien, S. 29)

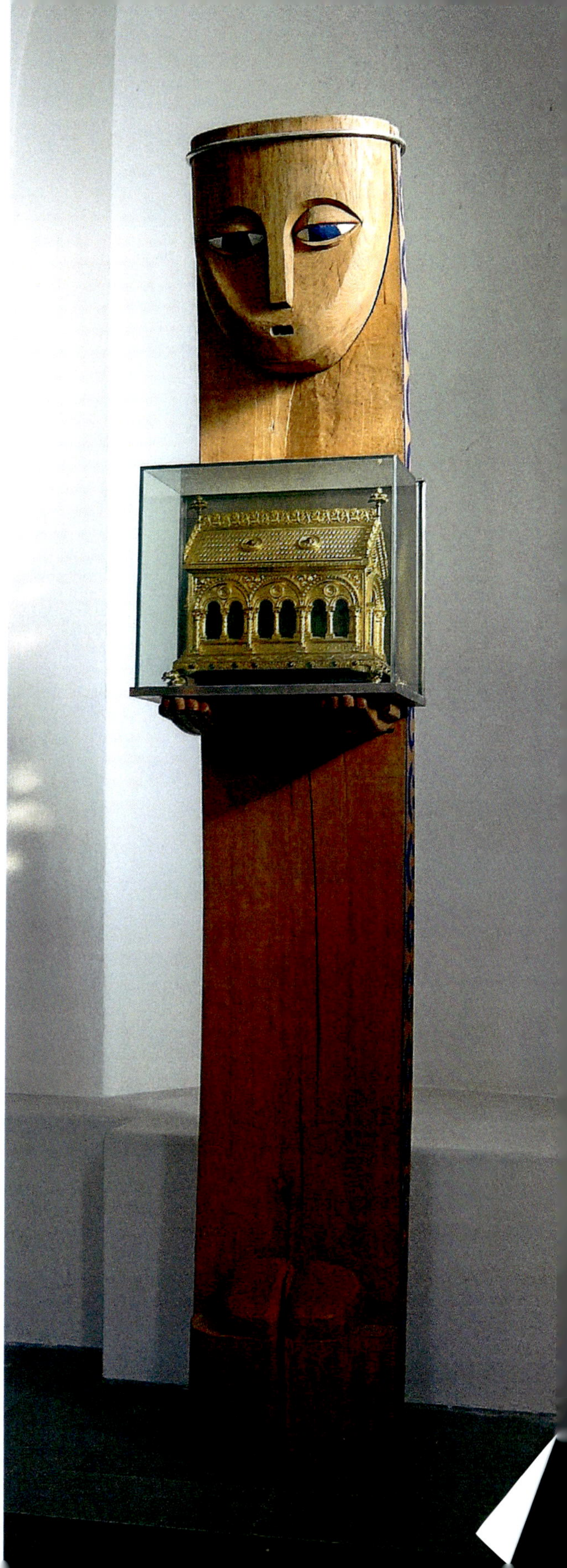

# 12. Resümee

Die Augen der Synagoga waren verbunden, die Christen hielten das Judentum für blind und verblendet.

Elisabeth Endres schreibt mit Blick auf das Straßburger Paar: »Reden wir vom Wissen einer schönen jungen Frau. Hat diese Verstoßene nicht ein Geheimnis hinter der Augenbinde, das über das hinausgeht, was die Siegreiche weiß?« (Elisabeth Endres, S. 132)

Ähnlich schreibt Manfred Görg zu der Bamberger und der Straßburger Synagoga: »Der Künstler hat eine Vision oder Ahnung davon, dass in diesem Israel doch mehr verborgen und enthalten ist, als es mit der zeitgenössischen Betrachtung zu vereinbaren war.« (Manfred Görg, S. 79)

Dabei kann man auch umgekehrt denken, dass die Kirche blind war. »Da diese Kirche triumphalistisch gedacht und sich absolut gesetzt hat, sei sie für das Geheimnis Israel blind geworden.« (Erich Zenger, S. 1)

Heinrich Spaemann schreibt: »Daß das Gebet für Israel nicht längst innerstes Anliegen der Gläubigen ist und seinen entsprechenden Raum in der Liturgie hat, gehört zu den Geheimnissen jener Decke auf den Augen der Christen, der Binde über den Augen der Ecclesia, die das Pendant ist zur Binde über den Augen der Synagoga, zu der ›Decke auf den Herzen der Kinder Israels, die ihnen der Messias verbirgt, wenn sie Moses lesen.‹ (2 Kor 3,14–16) Erst Auschwitz hat uns die Binde genommen, hat uns sehend gemacht.« (Heinrich Spaemann, S. 51)

Wir Christen, wir katholische Christen waren blind und verblendet gegenüber unseren jüdischen Schwestern und Brüdern.

Die Evangelische Kirche von Hessen-Nassau schreibt im Grundartikel ihrer Ordnung: »Aus Blindheit und Schuld zur Umkehr gerufen bezeugt sie neu die bleibende Erwählung der Juden und Gottes Bund mit ihnen. Das Bekenntnis zu Jesus Christus schließt dieses Zeugnis ein.« (Handreichung Kirche und Israel, S. 49)

Im Magdeburger Dom wurde 2010 am Boden zwischen der Ecclesia und Synagoga eine Platte eingesetzt, die die beiden Frauengestalten in eine neue Beziehung setzen möchten:

»Verschmähte Schwester Synagoge,
vergib uns unsere todbringende Blindheit.
Ohne Ende gilt Gottes Verheißung
dir wie uns.«
Klaus-Peter Hertzsch
*(W. Zachhuber, Flyer)*

Bild 85: Bodenplatte, Magdeburger Dom, 2010.

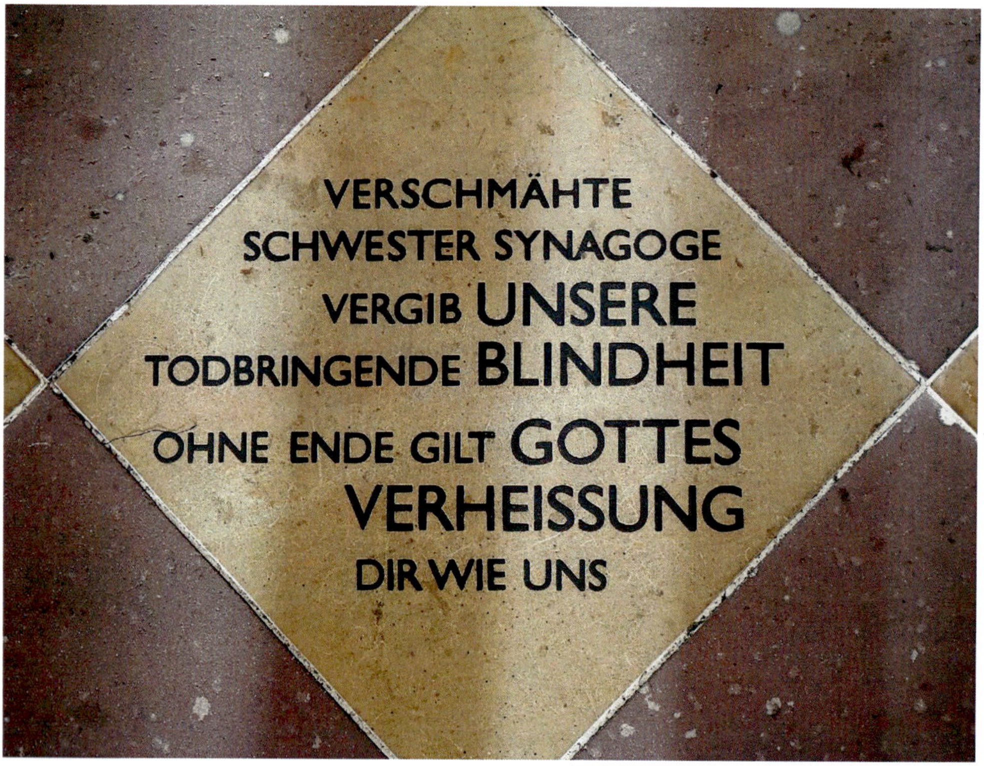


Im Gedicht und Gebet drücken das aus für uns:

### Die Langverstossene

»Im Abendschatten hört erschrockne Seele,
Dies Bild betrachtend, ein geheimes Lied:
Die Langverstossene ist die Sehrgeliebte,
Die Blickverhüllte, siehe, die Betrübte.
Sie wartet und sie weiß:
Sie ist's, die sieht.«
*(Albrecht Goes, in: G. Kranz, S. 349)*

Papst Johannes XXIII. wird dieses Gebet zugeschrieben:

»Wir erkennen nun, daß viele, viele Jahrhunderte der Blindheit unsere Augen bedeckt haben, so daß wir die Schönheit deines auserwählten Volkes nicht mehr sehen und in seinem Gesicht nicht mehr die Züge unseres erstgeborenen Bruders wiedererkennen.

Wir erkennen, daß das Kainszeichen auf unserer Stirn steht. Jahrhundertelang hat Abel darniedergelegen in Blut und Tränen, weil wir deine Liebe vergaßen. Vergib uns die Verfluchung, die wir zu Unrecht aussprachen über den Namen der Juden. Vergib uns, daß wir dich in ihrem Fluch zum zweiten Mal kreuzigten. Denn wir wußten nicht, was wir taten.« (K. Richter, S. 68)

Sie sind Schwestern, die Synagoga und die Ecclesia. Die Künstler vom Straßburger Münster und vom Bamberger Dom haben das gespürt und ausgedrückt, sicher auch der Künstler des Gladbacher Tragaltares. Wenn wir auf diesem Altar der einen die Krone und der anderen den Schleier wegnehmen, sehen wir zwei Schwestern, eine Ältere, eine Jüngere. Ich sehe eine »Heilige Übereinstimmung«. Dabei hoffe ich, dass die Äbte und alle, die an diesem Altar die Hl. Messe feierten, gespürt haben, dass sie das Leben und Sterben Jesu Christi feierten, der als Jude im Glauben seines Volkes Israel fest verwurzelt ist und der mit der Schrift des jüdischen Volkes, dem Ersten Testament beziehungsweise Altem Testament, lebt.

## a) 9. November 1938

Die Heilige Übereinstimmung blieb ein frommer Wunsch.

Synagogen in Gladbach sind bekannt von 1810 bis 1850 im Anbau des Hauses Abteistraße 4, zwei Jahrzehnte diente ein Raum in der ehemaligen Abtei, dem jetzigen Rathaus, als Synagoge. (C. Waldecker, S. 4)

**Bild 86: Synagoge in Mönchengladbach, um 1913.**

1883 wurde die neue, repräsentative Synagoge eingeweiht.

»In Preußen hatte die jüdische Bevölkerung erst 1869 die uneingeschränkte rechtliche Gleichstellung gewährt bekommen, ab 1871 galt sie im gesamten deutschen Reichsgebiet. Vor diesem Hintergrund mußte jede Synagoge, die neu erstand, zum Statussymbol werden. Sie erschien als eine Bestätigung: für das Gelingen des Emanzipationsprojektes und dafür, daß die jüdische Religion jetzt endlich – wie die christliche seit jeher – ungehindert öffentlich sein durfte. Auch der jüdischen Gemeinde in Mönchengladbach gelang es zu Beginn der 1880er Jahre, sich ein solches Monument der Emanzipation zu schaffen« (Holger Brülls, S. 171). Die neue Synagoge und die zur gleichen Zeit erbaute Kirche St. Albertus, beide am Kaiserplatz gelegen, standen sich im guten Sinne wie Synagoga und Ecclesia gegenüber. Brülls allerdings bemerkt: »Rein städtebaulich und architektonisch gedacht – und erst recht, was die ausgeprägte Kaisertreue der Gemeinde betraf – hätte das jüdische Gotteshaus an den Kaiserplatz gehört und nicht das katholische.« (Ebd., S. 186)

Der 9. November 1938 hat die Heilige Übereinstimmung und die Emanzipation in unserer Stadt zerstört. Am diesem Tag zündeten blindwütige Nazis die Synagoge in Mönchengladbach an, gegenüberliegend der St. Albertus Kirche, wie auch die Synagogen in Rheydt, Odenkirchen und Wickrathberg.

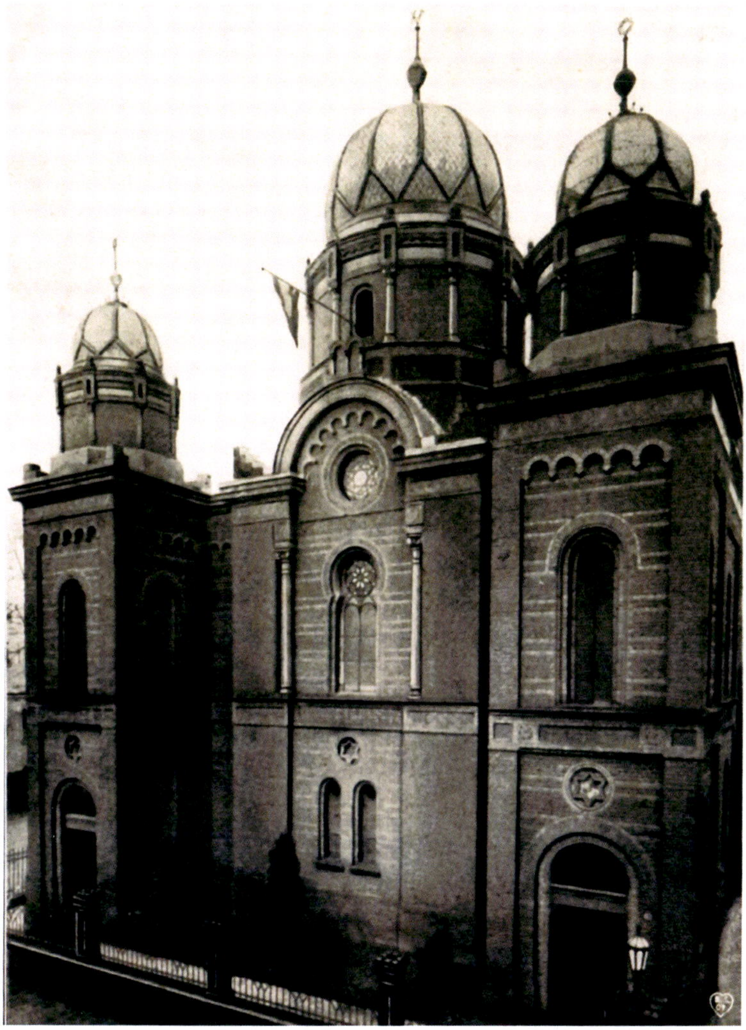

Reinhold Schneider schreibt 1954 in seinem Buch »Verhüllter Tag«: »Am Tag des Synagogensturms hätten die Kirchen schwesterlich neben der Synagoge erscheinen müssen. Es ist entscheidend, dass das nicht geschah.« (In: G. Lohfink/L. Weimer, S. 55)

Erckens schreibt: »Die beiden christlichen Kirchen schwiegen in Deutschland und in Mönchengladbach.« (G. Erckens, S.673)

Bild 87: Zerstörte Synagoge in Mönchengladbach, 1938.

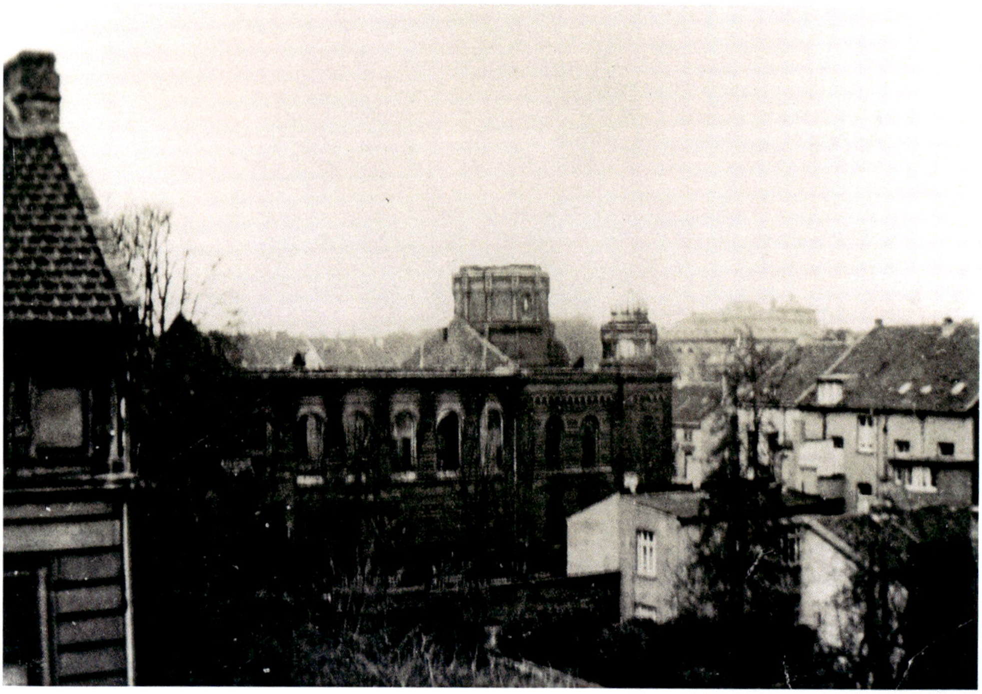

Vergessen sollte man nicht den geistlichen Studienrat Theodor Willemsen. Über ihn schreibt Vilma Sturm in »Barfuß auf Asphalt«: »Ein feingeistlicher Gelehrter, zu dessen Vorträgen über literarische und philosophische Themen die Zuhörer strömten; wie es sich herausstellte, war er auch ein tapferer Mann. Er nannte am nächsten Morgen im Schulgottesdienst in zorniger Besorgnis die Schandtat beim Namen. Es geschah ihm nichts.« (In: Wilhelm Cuypers, S. 52)

Waldeck spricht von »Kaplan Sahler, der an St. Laurentius (Odenkirchen) wirkte, begann seine Sonntagspredigt einige Tage nach der Kristallnacht mit den Worten: ›In einer Zeit, in der Gotteshäuser in Spanien … und anderswo niedergebrannt werden …‹« (C. Waldeck, S. 11)

Auch der 26-jährige Ulrich B. sollte nicht vergessen werden. Heribert Schüngeler schreibt: »Er hatte auf einige junge Burschen eingeschlagen, die während der sog. ›Kristallnacht‹ 1938 verschiedene Fenster des jüdischen Gemeindehauses in Mönchengladbach eingeworfen hatten, und war deshalb selbst von einem Passanten verprügelt worden.« (Heribert Schüngeler, S. 347)

Bei Günther Weisenborn lesen wir in seinem Buch »Memorial« (S. 156):

> »In der Fasanenstraße brannte die riesige Synagoge ...
> Eine murmelnde Menschenmenge stand in der Straße. Viele schwiegen, aber viele billigten das Feuer. ...
> Stolz und trotzig standen die arischen Mietshäuser neben der Synagoge, aber einige Jahre später verwandelten sie sich in genau solche Ruinen ...
> Und die Ruinen sind alle gleich.«

**Bild 88: Zerstörte Albertus-Kirche in Mönchengladbach, 1944.**

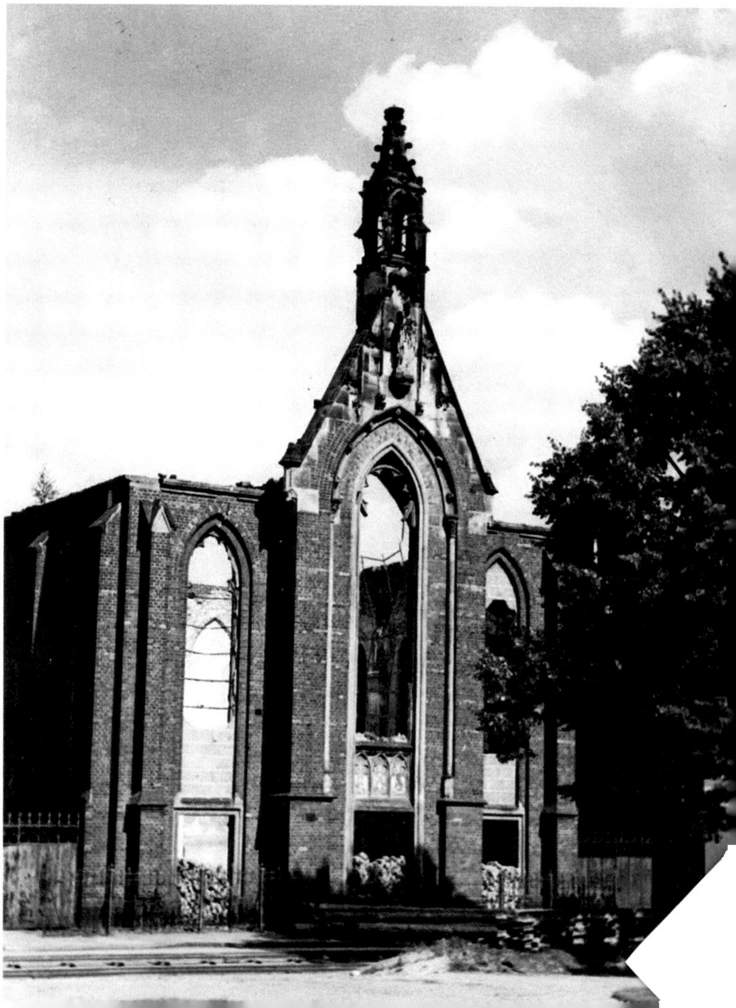

Am 19. September 1944 wurde die Albertus-Kirche durch Bomben zur Ruine. Sie wurde in späteren Jahren wiederaufgebaut.

Der jüdischen Gemeinde und damit auch der Stadt Mönchengladbach fehlen eine repräsentative Synagoge, statt einer versteckten. In der städtischen Öffentlichkeit wird die jetzige Synagoge kaum wahrgenommen. In der Nachbarstadt Krefeld steht seit 2008 eine bemerkenswerte Synagoge. (Neue Synagogen in Deutschland, S. 110)

## b) Schuldbekenntnis

Die Kirche hat ihre Schuld Jahre später bekannt. Eindrucksvoll stehen dafür die Worte des Aachener Bischofs Klaus Hemmerle, die er zum 50. Jahrestag der Pogromnacht gesprochen hat.

»Man hat meinem Gott das Haus angezündet
– und die Meinen haben es getan.
Man hat es denen weggenommen,
die mir den Namen meines Gottes schenkten
– und die Meinen haben es getan.
Man hat ihnen ihr eigenes Haus weggenommen
– und die Meinen haben es getan.
Man hat ihnen Hab und Gut, ihre Ehre,
ihren Namen weggenommen
– und die Meinen haben es getan.
Man hat ihnen das Leben weggenommen
– und die Meinen haben es getan.
Die den Namen desselben Gottes anrufen,
haben dazu geschwiegen
– ja, die Meinen haben es getan. Man sagt: Vergessen wir's und Schluß damit.
Das Vergessene kommt unversehens, unerkannt zurück.
Wie soll Schluß sein mit dem, was man vergißt?
Soll ich sagen: Die meinen waren es, nicht ich?
– Nein, die Meinen haben so getan.
Was soll ich sagen?
Gott sei mir gnädig!
Was soll ich sagen?
Bewahre in mir Deinen Namen, bewahre in mir ihren Namen, bewahre in mir ihr Gedenken, bewahre in mir meine Scham:
Gott sei mir gnädig.«
*(Klaus Hemmerle, S. 316)*

1961 ordnete die Deutsche Bischofskonferenz folgendes Gebet an: »Wir bekennen vor dir: Mitten unter uns sind unzählige Menschen gemordet worden, weil sie dem Volke angehörten, aus dem der Messias dem Fleische nach stammt. Führe alle zur Einsicht und Umkehr, die auch unter uns mitschuldig geworden sind durch Tun, Unterlassen und Schweigen.« (K. Richter, S. 66)

Die Gemeinsame Synode der Bistümer in der Bundesrepublik 1975 veröffentlichte den Beschluss »Unsere Hoffnung«: »Wir sind das Land, dessen jüngste politische Geschichte von dem Versuch verfinstert ist, das jüdische Volk systematisch auszurotten. Und wir waren in dieser Zeit des Nationalsozialismus, trotz beispielhaften Verhaltens einzelner Personen und Gruppen, aufs Ganze gesehen doch eine kirchliche Gemeinschaft, die zu sehr mit dem Rücken zum Schicksal dieses verfolgten jüdischen Volkes weiterlebte, deren Blick sich zu stark von der Bedrohung ihrer eigenen Institution fixieren ließ und die zu den an Juden und dem Judentum verübten Verbrechen geschwiegen haben.« (K. Richter, S. 88)

Papst Johannes Paul II, der von seiner Biografie her schon in Wadowice mit Juden aufgewachsen war und viele Freunde unter ihnen hatte, gilt den Juden als »Eisbrecher« (P. Norbert Hoffmann SDB, S. 9). Er sprach am 12.3.2000 in Rom das »Schuldbekenntnis im Verhältnis zu Israel«: »Lasst die Christen des Leids gedenken, die dem Volk Israel in der Geschichte auferlegt wurden. Lass sie ihre Sünden anerkennen, die nicht wenige von ihnen gegen das Volk des Bundes und der Seligpreisungen begangen haben.« (H. Frankemölle, Christen und Juden, S. 281) Bei seinem anschließenden Besuch in Jad WaSchem sagte der Papst: »Als Bischof von Rom und Nachfolger des Apostels Petrus versichere ich dem jüdischen Volk, daß die katholische Kirche zutiefst betrübt ist über den Haß, die Taten der Verfolgung und die antisemitischen Ausschreitungen von Christen gegen die Juden, zu welcher Zeit auch immer.« (H. H. Henrix, in: H. Frankemölle, Christen und Juden, S. 37)

Im Römischen Schreiben 1998 »Die Tragödie der Schoa und die Pflicht zur Erinnerung« schreibt Kardinal E. Cassidy: »Die Tatsache, dass die Schoa in Europa stattfand, das heißt in Ländern mit langer christlicher Kultur, wirft die Frage nach der Beziehung zwischen der Verfolgung durch die Nationalsozialisten und der Haltung der Christen gegenüber den Juden in allen Jahrhunderten auf.« (Arbeitshilfen Nr. 307, S. 73)

Papst Benedikt XVI besuchte Auschwitz am 28.5.2006.

»... schritt die Gedenkstätten langsam, behutsam und schweigend ab, ging zum Hungerbunker und begann zu reden: ›An diesem Ort des Grauens, einer Anhäufung von Verbrechen gegen Gott und den Menschen ohne Parallele, zu sprechen, ist fast unmöglich – ist besonders schwer und bedrückend für einen Christen, für einen Papst, der aus Deutschland kommt. An diesem Ort versagen die Worte, kann eigentlich nur ein erschütterndes Schweigen stehen ... Dieses Schweigen wird dann doch zur lauten Bitte um Vergebung und Versöhnung, ...‹« (H. Mussinghoff, S. 108)

Die Landessynode der Evangelischen Kirche im Rheinland erklärt 1980: »Wir bekennen betroffen die Mitverantwortung und Schuld der Christenheit in Deutschland am Holocaust.« (Handreichung Kirche und Israel, S. 30)

Franz Mussner zitiert Johannes 4,20–22: »›... denn das Heil ist aus den Juden.‹ Darf die heutige Christenheit den Satz je vergessen? Hätte ihn die Christenheit nie vergessen, wäre ein theologischer Antisemitismus mit seinen furchtbaren Folgen vielleicht nicht möglich gewesen. Sätze haben ihre Konsequenzen.« (F. Mussner, Traktat, S. 51)

Zur Woche der Brüderlichkeit sprach 1989 Peter Beier, der Präses der Evangelischen Kirche im Rheinland:

> »Woche der Brüderlichkeit.
> Woche des Gedächtnisses einer unsäglichen,
> beladenen, kaum erkannten Vergangenheit.
> Die Tochter Kirche sucht festliche Gemeinschaft
> mit der Mutter Synagoge,
> nachdem sie während zweier Jahrtausende wiederholt
> die Mutter geschlagen,
> verachtet, verfolgt und umgebracht hat.

Die Mutter steht dennoch bereit und wendet sich nicht entsetzt ab.
Das ist die Lage.
Beschämt nimmt die Tochter die Gegenwart der Mutter wahr.
Das ist der erreichte Wendepunkt.
Abseits der Vergangenheit wird es keine schwesterlich-brüderliche Zukunft geben.«
*(Peter Beier, S. 117)*

## c) Christlich-Jüdischer Dialog

### Kirche und Synagoge am Straßburger Münster

»Willst die Dinge mit den sichern Augen/
der machtgewohnten Kronenträgerin sehen,/
so mag der Markt, das laute Fest dir taugen,/
wirst auf gebahnten, ebnen Wegen gehen,/
und du wirst sehn, was jeder sieht, und sagen /
was jeder sagt, und sehr zufrieden sein./
Und wirst nie träumend sinnen, schauend fragen,/
und was du greifst, wird unantastbar sein./
Nicht so! Ich weiß, du folgst den stolz gesenkten/
verbundnen Augen, dem zerbrochnen Speer./
Die sehn das Bunte nicht – die sehen mehr./
Dem innersten, vom Licht des Sinns getränkten,/
dem Kern des Alls, der Seele zugewandt/
ist dieser Blick, dies Haupt und diese Hand.«
(*Leopold Marx,* 1889, in: G. Kranz, S. 349)

Johann Baptist Metz schreibt in der Süddeutschen Zeitung 1988: »Wenn ich heute dieses Bild der Synagoge mit den verbundenen Augen anschaue, dann bewegt und beunruhigt mich die Frage, was diese Augen wohl gesehen haben, was sie von Gott wissen und was wir im Christentum theologisch und nicht selten höchst gewalttätig unsichtbar gemacht haben und zum Verstummen gebracht haben. Wenn ich heute dieses Bildnis sehe, dann frage ich mich bange, ob in jener Nacht, als die Synagogen brannten, eine Gottesweisheit zur Asche werden sollte, ohne die auch wir Christen nicht wissen, wo uns der Kopf steht und das Herz schlägt, wenn wir ›Gott‹ sagen und wenn wir ›Christus‹ sagen, der bekanntlich kein Christ, sondern ein Jude war. Wenn ich auf dieses Bildnis schaue, dann sehe ich in dieser Frau mit den verbundenen Augen auch eine Gotteslehrerin für uns alle.«

In diesem Sinne ist auch Exodus 34,29–35 zu verstehen. Ein Glanz liegt auf dem Angesicht des Mose als Übermittler des Wortes Gottes. Er legt einen Schleier auf sein Angesicht wegen des Glanzes, den die Kinder Israels anzuschauen nicht ertragen (K. Löning, S. 107). Paulus allerdings wertet diese Bibelstelle negativ in 2 Korinther 3,14: »Doch das Denken der Israeliten wurde verhärtet. Bis zum heutigen Tag liegt die gleiche Hülle auf dem Alten Bund, wenn daraus vorgelesen wird.«

Auf dem Berg Sinai kann Mose nicht das Angesicht Gottes sehen: »Du kannst mein Angesicht nicht sehen. Kein Mensch kann mich schauen und am Leben bleiben.« (Ex 33,20) Der Prophet Elia hüllte sein Gesicht in den Mantel auf dem Berg Horeb: »Gott kam im sanften, leisen Säuseln« (1 Kön 19,13). Und ist doch Bileam der Prophet, der zu uns spricht: »Spruch des Mannes mit geschlossenem Auge« (Num 24,3). Die beiden mit verhülltem Gesicht, Mose und Elias, sind Jesu Gesprächspartner auf dem Berg der Verklärung.

Papst Johannes Paul II. führt die Aussagen des Konzils weiter und begreift das, was Paulus im Römerbrief schreibt: »Nicht du trägst die Wurzel, die Wurzel trägt dich.« (Röm 11,18.) »Denn unwiderruflich sind Gnade und Berufung, die Gott gewährt« (Röm 11,29). Beim Besuch der Synagoge in Rom 1986 bezeichnet er die Juden als »die älteren Brüder der Christen«. (H. H. Henrix, S. 117ff)

Martin Buber sagt 1933 in einem öffentlichen Religionsgespräch: »Aber der Bund ist mir nicht aufgekündigt worden. Ich liege am Boden, hingestürzt wie diese Steine. Aber aufgekündigt ist mir nicht.« (Martin Buber, S. 164f)

Papst Johannes Paul II. sprach 1980 bei seinem Deutschlandbesuch in Mainz vor jüdischen Repräsentanten vom »Gottesvolk des von Gott nie gekündigten Bund« (K. Richter, S. 152) und greift damit die Worte von Martin Buber auf.

Papst Franziskus schreibt 2013 in »Evangelii gaudium«: »Die Kirche ... betrachtet das Volk des Bundes und seinen Glauben als eine heilige Wurzel der eigenen christlichen Identität (vgl. Röm 11,16–18.).« (Nr. 247/Arbeitshilfe, S. 131) Bei seinem Besuch der römischen Synagoge am 17.1.2016 spricht er vom »unauflöslichen Band, das Christen und Juden vereint. Juden und Christen müssen sich als Brüder fühlen, vereint von demselben Gott und einem reichen gemeinsamen Erbe. Von Feinden und Fremden sind wir zu Freunden und Brüdern geworden.« (Osservatore 22.1.2016, S. 7)

Daher mahnt Herbert Frankemölle an, liturgische Texte und Lieder auf antijüdische Aussagen kritisch zu sichten. Als Beispiel nennt er den Thomas von Aquin zugeschriebenen Eucharistiehymnus »Pange Lingua«, »Preise Zunge das Geheimnis«.

In der häufig gesungenen 5. Strophe Nr. 216 hieß es bis 1969: »Dieses Bund wird ewig währen und der alte hat ein End.« (Oremus, S. 849)

Im Gotteslob von 1975 Nr. 542 heißt es »verschlimmbessert«: »Das Gesetz der Furcht muß weichen, da der neue Bund begann.«

Aber auch das neue Gotteslob von 2013, Nr. 493 »verschlimmbessert« weiterhin: »Altes Zeugnis möge weichen, da der neue Brauch begann.«

Der alte Geist ist auch in dieser neuen Übersetzung noch nicht gewichen.

Dabei ist der umstrittene Karfreitagshymnus »Popule meus«, »O du mein Volk, was tat ich dir?« (Gotteslob 206), mit seinen sieben Strophen im neuen Gotteslob nicht mehr abgedruckt. (H. Frankemölle, Christen und Juden. S. 290)

Auch die Bezeichnung des Heiligengedenkens am 25. Januar sollte überdacht werden: »Bekehrung des Apostels Paulus.« Wie kann ein frommer Jude sich bekehren, wenn der Bund Gottes mit ihm nie gekündigt wurde! So hören wir es von Papst Johannes Paul II.

Paulus wurde wie die anderen Apostel durch Jesus Christus berufen, bei ihm in einer Vision. Die Apostelgeschichte lässt Paulus sprechen: »Ich hörte eine Stimme zu mir sagen: Saul, Saul, warum verfolgst du mich? Ich antwortete: Wer bist du Herr? Er sagte zu mir: Ich bin Jesus, der Nazoräer, den du verfolgst. Steh auf, geh nach Damaskus, dort wird dir alles gesagt werden, was du nach dem Willen Gottes tun sollst ... Hananias sagte zu mir: Der Gott unserer Väter hat dich dazu erwählt, seinen Willen zu erkennen ... Du sollst vor allen Menschen sein Zeuge sein.« (Apg 22,8–10.14–15). Jesus ruft ihn an, Gott hat ihn erwählt. »Berufung« und »Erwählung« sollten im Namen des Festes genannt werden, nicht aber »Bekehrung«.

Die neue katholische Einheitsübersetzung der Bibel 2016 wird dem neuen Geist gerecht und lässt die »enormen Fortschritte im Dialog der Kirchen mit dem Judentum ahnen.« (Bettina Eltrop, S. 14f)

Dem Neutestamentler Michael Theobald verdanken wir die Revision des Römerbriefes, besonders die Kapitel 9–11 »haben es in sich«. Die von ihm formulierten Überschriften als Orientierungshilfen zeigen die Unterschiede:

Übersetzung 1980:
Israels falscher Eifer für Gott

Übersetzung 2016:
**Israel und die Heiden auf der Suche nach der Gerechtigkeit.**
**Das Gebet des Apostels für Israel.** (Röm 9,30–10,1–4)

Übersetzung 1980:
Israels Ungehorsam

Übersetzung 2016:
**Mögliche Gründe für das Nein Israels** (Röm 10,14–21)

Übersetzung 1980:
Der erwählte Rest und das verblendete Volk

Übersetzung 2016**:**
**Das nicht verstoßene Volk und der erwählte Rest.**
**Israel und die Heidenchristen. Zwei miteinander verschränkte Wege.** (Röm 11,1–15)

## d) Versöhnung

Am Bamberger Fürstenportal zeigt das Tympanon das Jüngste Gericht. Ecclesia steht auf der Seite der Gerechten, unter ihrem Podest rettet ein Engel einen Gerechten. Die Synagoga steht auf der Seite der Verdammten, ein Teufelchen unter ihrem Podest blendet einen Juden (H. Schreckenberg, S. 253) oder er dreht ihm den Kopf um (Heinrich Klotz, S. 271). Das ist schon antijüdisch gemeint.

Die Ecclesia ist eine gestandene Frau, die Ältere, die uns selbstbewusst anschaut. Die Synagoga ist eine junge Frau, ihr gebeugtes Haupt wirkt kokett, ihr Körper erotisch.

Bild 89 (unten): *Ecclesia auf der Seite der Gerechten (außen links), Synagoga auf der Seite der Verdammten (außen rechts),* Tympanon, Bamberger Fürstenportal um 1230.

Bild 90 (rechts): *Teufelchen blendet Juden,* Tympanon, Bamberger Fürstenportal.

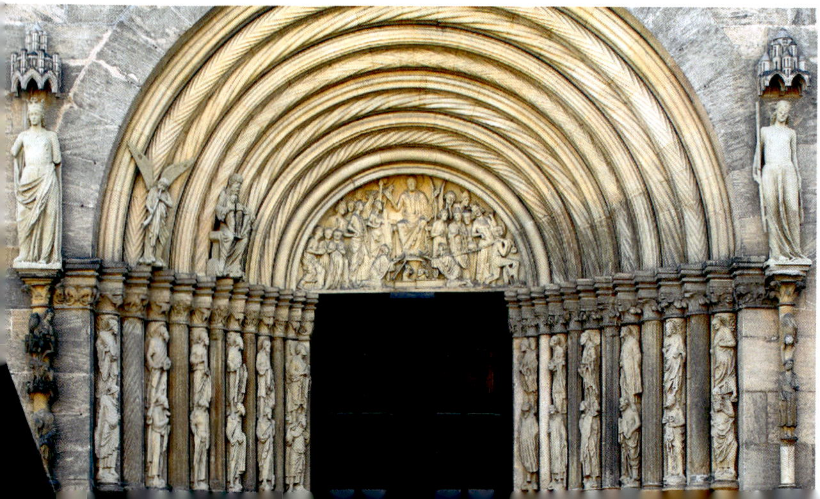

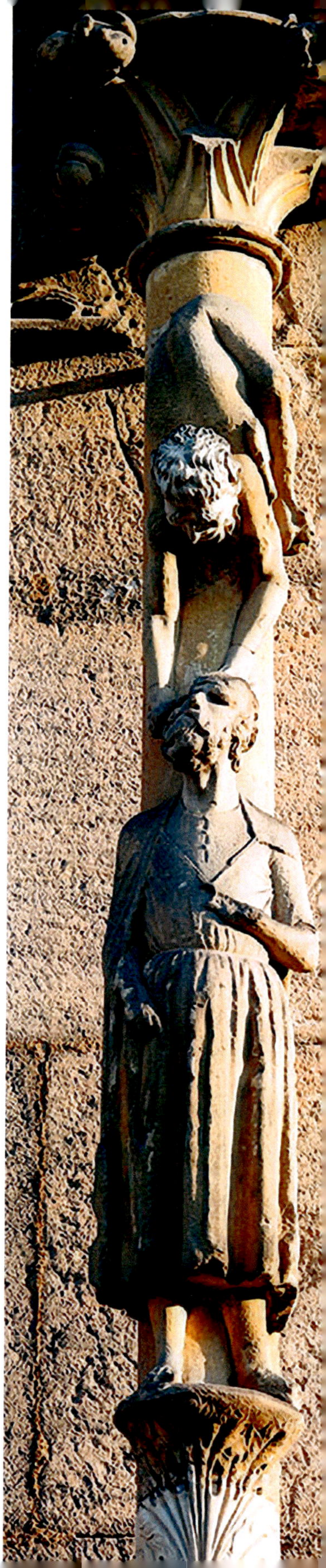

Rolf Toman beschreibt weiter: »Sie trägt nichts als ein Kleid von beinahe durchsichtiger Stofflichkeit, das, in der Hüfte gegürtet, ihren Leib wie nasse Seide enthüllt. Der Unterleib wölbt sich vor und macht diese allegorische Frauenfigur zu dem, was ihr von der zeitgenössischen Theologie zugeschrieben war, ›die erste Braut Gottes‹ gewesen zu sein, ›die untreu geworden und zur Dirne herabgesunken, am Ende der Zeiten wieder zu ihm zurückkehren wird‹, wie es Helga Sciure veranschaulicht. Das bestätigt sich obendrein in der Rückenansicht, denn die Skulptur ist, in dieser Weise vielleicht erstmalig nach der Antike, als vollrunde Freifigur gestaltet. Hier erst entfaltet der Künstler ihre laszive Erscheinung zur vollen Geltung. Das Kleid wirkt ärmellos noch körpernäher als in der Vorderansicht. Und doch bleibt der Gestalt der Synagoga im erhobenen Haupt jene Würde, die sie der Ecclesia als, wenn auch antipodisches, Gegenüber bestehen lässt.« (Rolf Tomann, S. 380)

Der Bamberger Bischof Ludwig Schick sagt: »Die schöne Frau Synagoge steht etwas gebeugt und traurig da.« (Ludwig Schick, S. 31)

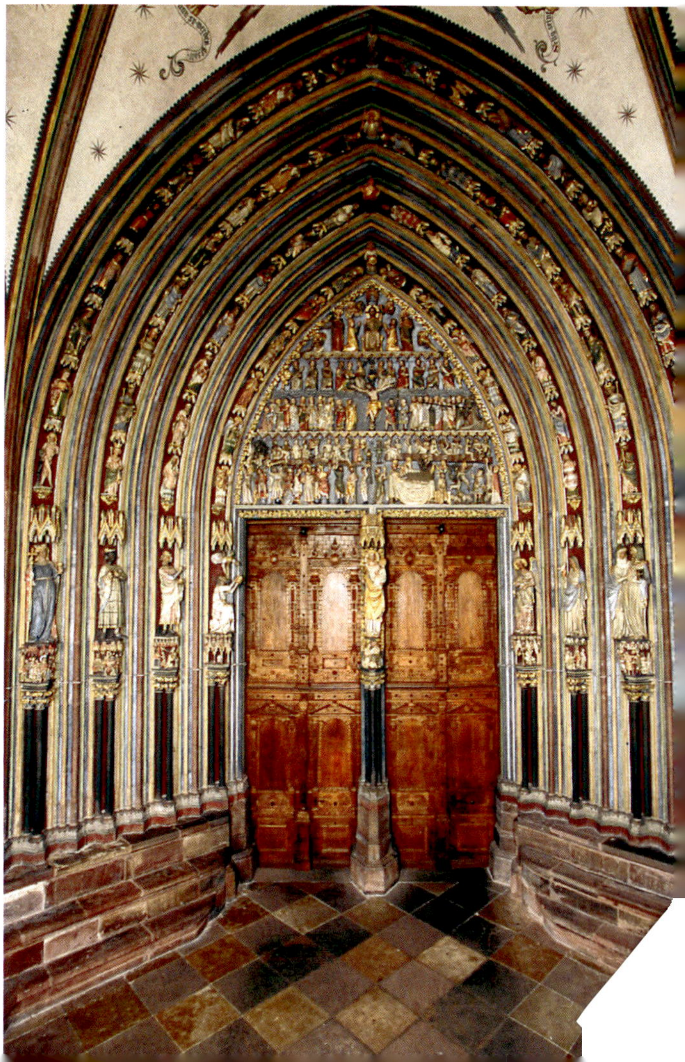

**Bild 91: Westportal, Freiburger Münster, um 1270.**

Im Westportal des Freiburger Münster führen Ecclesia und Synagoga jeweils die Klugen und die Törichten Jungfrauen an. Vor der Synagoga stehen der Engel Gabriel, Maria und Elisabeth (Heimsuchung). Sie bilden die Brücke vom Alten zum Neuen Testament.

Bild 92 (links): *Ecclesia*, Westportal, Freiburger Münster, um 1270.

Bild 93 (rechts): *Synagoga*, Westportal, Freiburger Münster, um 1270.

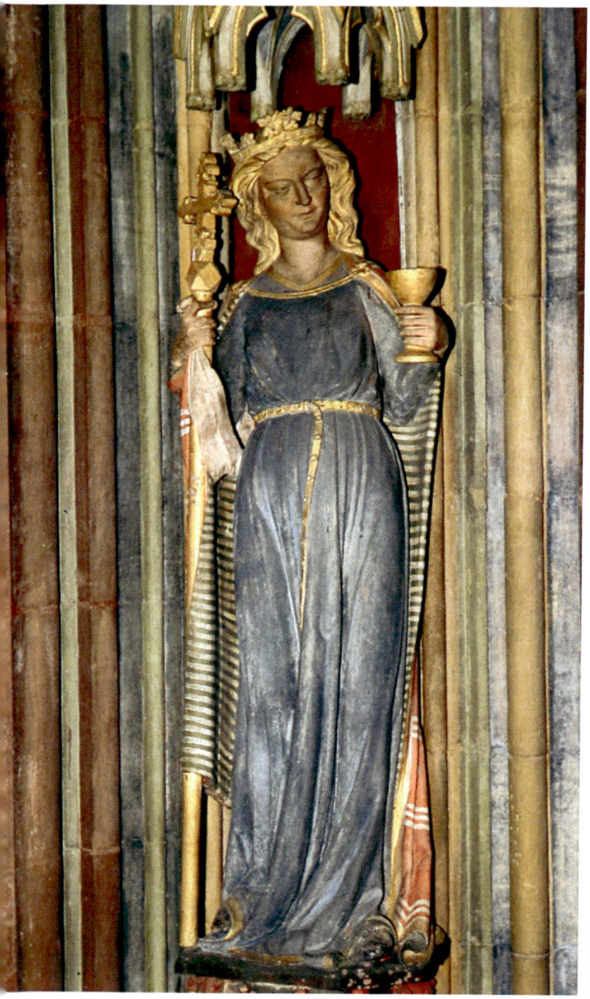

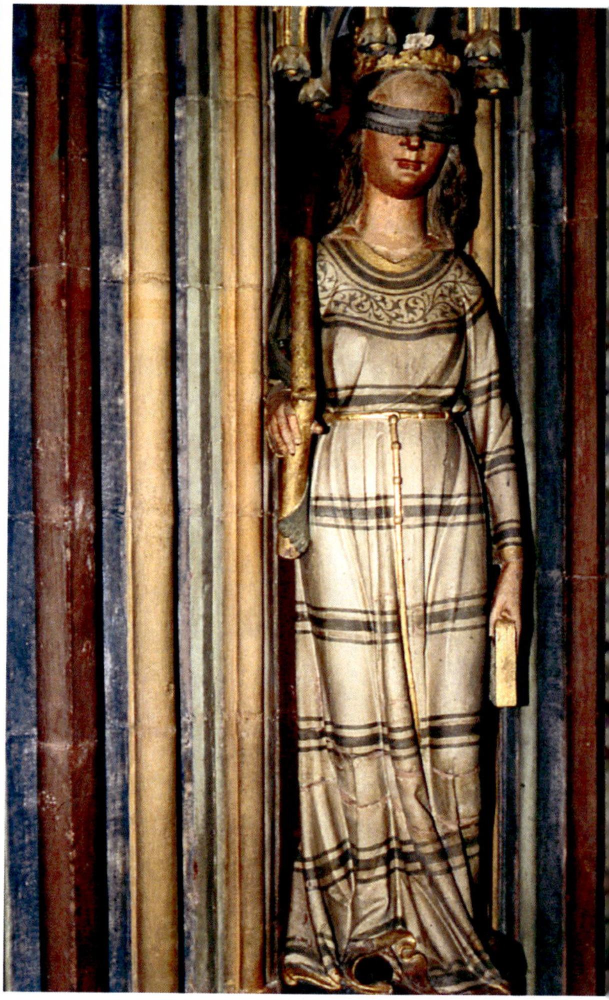

Beide sind gleich modisch gekleidet, beide tragen eine Krone.
Die Synagoga steht aufrecht mit erhobenem Blick wie die Ecclesia.

Bild 94: Links: *Ecclesia*, Mitte: *König Salomon unter Jesus*, Rechts: *Synagoga*, Portal, Straßburger Münster, um 1230.

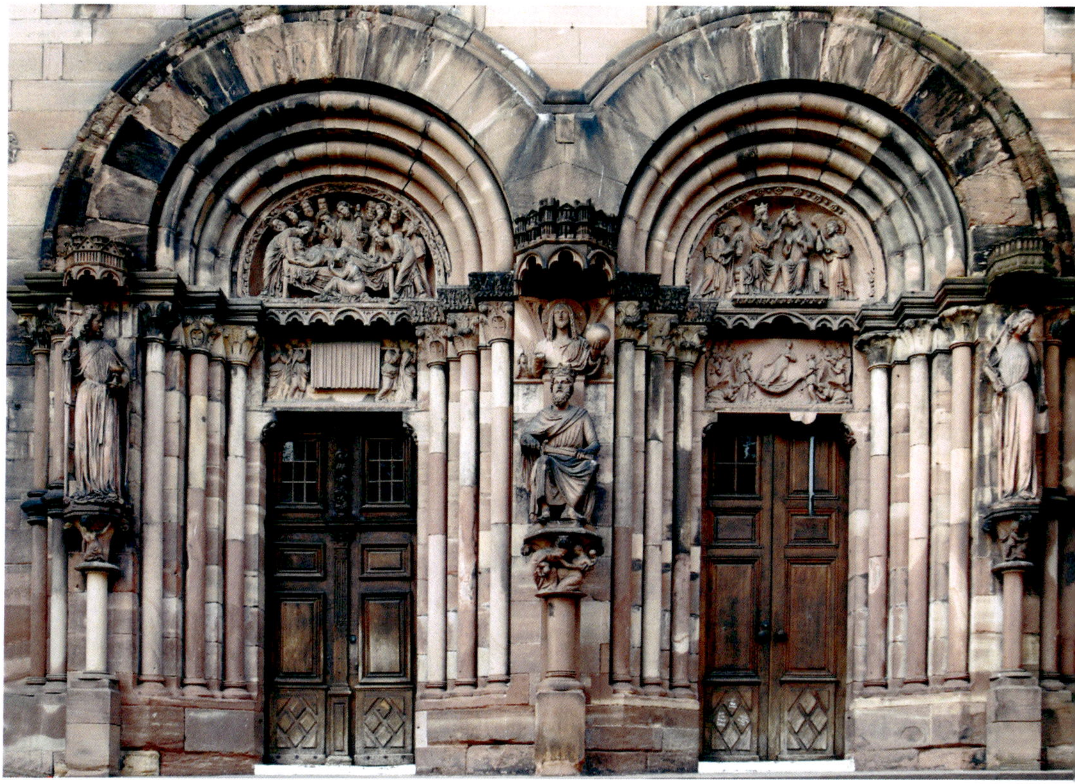

Anders am Straßburger Münster: Am Mittelpfeiler zwischen Ecclesia und Synagoga thront König Salomon als Richter mit dem Richtschwert unter der Halbfigur Christi. Beide werden leicht übersehen, sie gehören aber zur gesamten Ikonographie der mittelalterlichen Exegese des Hohen Liedes: Salomon ist der weise Richter, er ist der »alttestamentliche Typus Christi, vor allem als Sponsus, also als Bräutigam der beiden Bräute des Hohenliedes, die in der mittelalterlichen Exegese als Ecclesia und Synagoga verstanden wurden.« (Otto von Simson, S. 71)

Von der legendären Weisheit des Salomon erwartet man, dass sie am Ende aller Zeiten in der Lage sei, beide allegorische Frauengestalten in gemeinsamer Hinwendung zu ihrem göttlichen Bräutigam zu vereinen.

Das deutet an die Schönheit beider Frauen, ihre Verbindung mit Salomon und damit zueinander. Ihre endzeitliche Versöhnung steht unmittelbar bevor. (Uwe Geese, S. 80)

Ihren unverlierbaren Glanz als Gottes erste Braut hat der Künstler dargestellt. Am Ende der Zeiten wird die Synagoga zum Bräutigam zurückkehren. (Monumenta Judaica, Nr. 46)

Kranz formuliert: »Synagoga und Ecclesia sind die beiden Bräute Christi, die sich am Ende der Zeiten in gemeinsamer Liebe zu ihrem göttlichen Bräutigam vereinen werden.« Wie passend ist die Buchmalerei, die die Liebenden aus dem Hohenlied als Ecclesia und Synagoga zeigt.

**Bild 95: Jüdisches Gebetbuch cod. Levy, fol. 169v. Buchmalerei Liebende aus dem Hohen Lied, 13.Jhd. Universitätsbibliothek Hamburg**

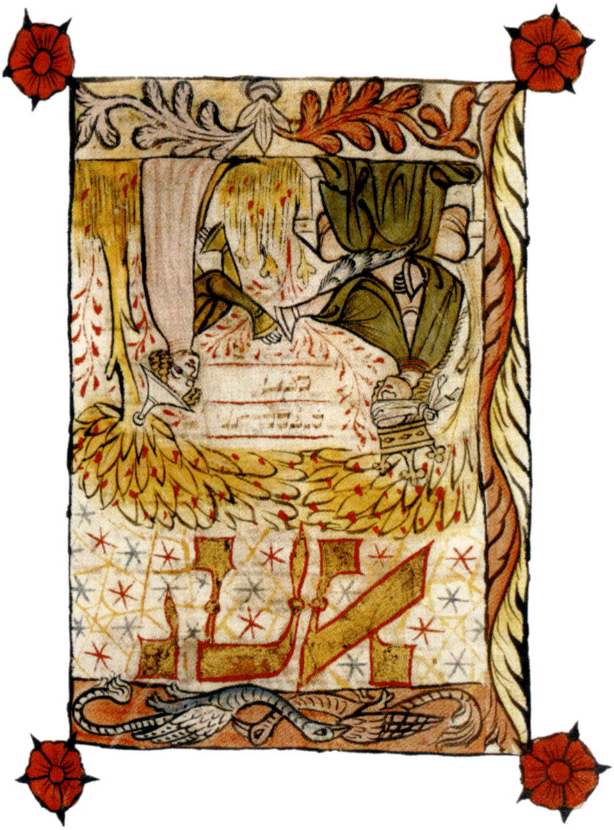

Bei Augustinus finden wir in der Auslegung zu Psalm 126 (125) schon diese Gedanken: »Der Name Salomo bedeutet ›Mann des Friedens‹. Der wahre Mann des Friedens aber ist der, von dem der Apostel Paulus sagt: ›Er ist unser Friede. Er vereinigte die beiden Teile (Juden und Heiden) und riß durch sein Sterben die trennende Wand der Feindschaft nieder. Er ist der wirkliche Mann des Friedens, der die zwei Wände, die aus verschiedenen Richtungen stammen, in sich verband. Als Schlußstein vereinte er sie: das

Volk der Gläubigen aus der Beschneidung und das Volk der Gläubigen aus den Heidenvölkern.‹« (Augustinus, S. 210)

**Bild 96: Glasmalerei, Paris, Saint Denis, Mitte des 12. Jahrhunderts.**

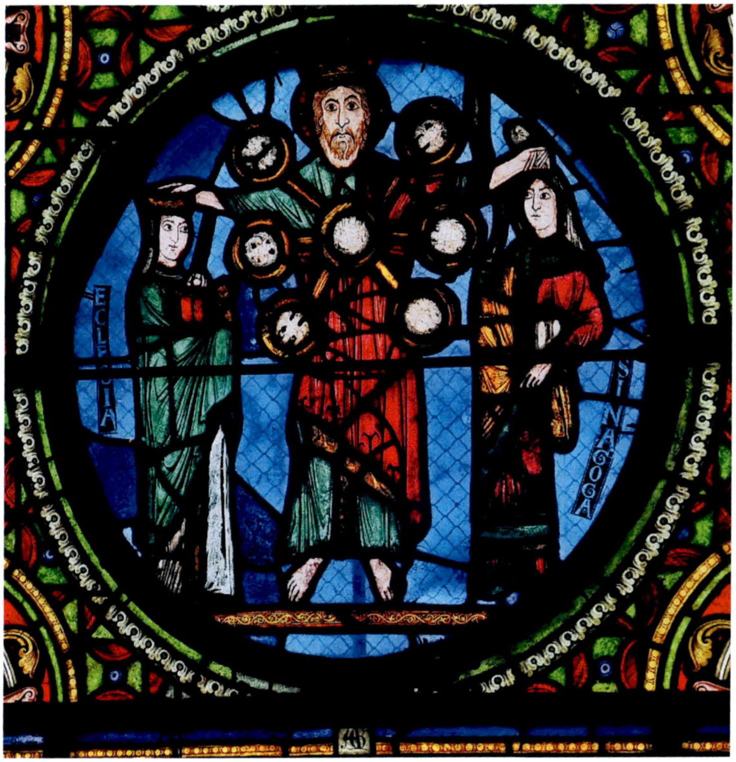


Diese Versöhnung zeigt auch ein Fenster des Abtes Sugar in Saint Denis:

Christus hält seine Hände über die Kirche und die Synagoge. Er segnet die gekrönte Kirche und er nimmt der Synagoge den Schleier von den Augen. (G. Lehner, S. 19) Ecclesia trägt einen grünen Mantel, Synagoga einen roten. Christus trägt die beiden Farben auf Untergewand und Mantel verteilt. In ihm sind beide enthalten, Synagoga und Ecclesia. Er enthüllt uns einst das Geheimnis Israels.

Hoffnungsvoll formuliert der jüdische Theologe David Flusser: »Es scheint mir, daß sehr wenige Juden einen Einspruch dagegen erheben, wäre der Messias, wenn er wiederkommen wird, der Jude

Jesus.« (In: F. Mussner, Traktat, S. 84) Und der jüdische Theologe Pinchas Lapide erklärt in seinem Rundfunkdialog mit Hans Küng: »Wenn der Messias kommt und sich dann als Jesus von Nazareth entpuppen sollte, dann würde ich sagen, daß ich keinen Juden auf dieser Welt kenne, der etwas dagegen hätte.« (Ebd. S.84)

Bild 97 a: *Jesus Christus, der Wiederkommende*, Gladbacher Tragaltar, 1160.

Bild 97 b: *Ecclesia*, Gladbacher Tragaltar, 1160.

Zu diesem eschatologischen Programm gehört nach Alice Gudera Ecclesia und Synagoga auf dem Tragaltar von Stavelot. Im Gladbacher Tragaltar sieht sie die Ecclesia und Synagoga eher in Zugehörigkeit zur Kreuzigung und zum Erlösungstod und nicht zum eschatologischen Programm. (Gudera, S. 125)

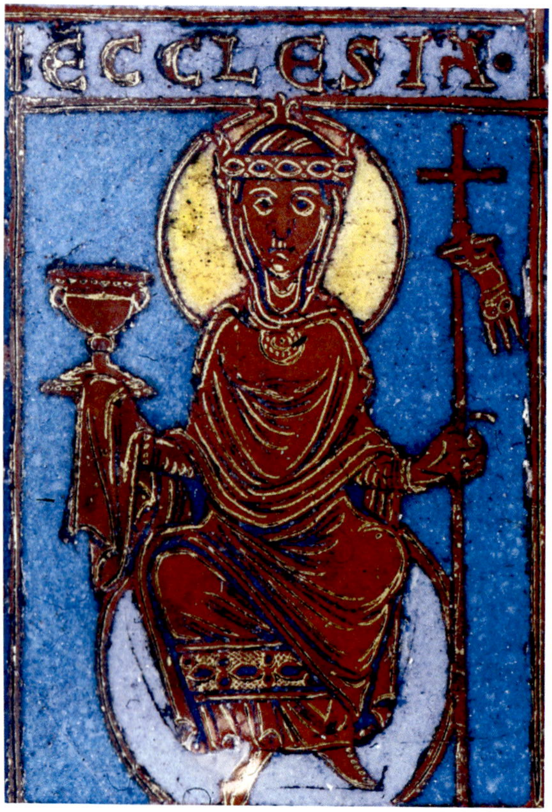


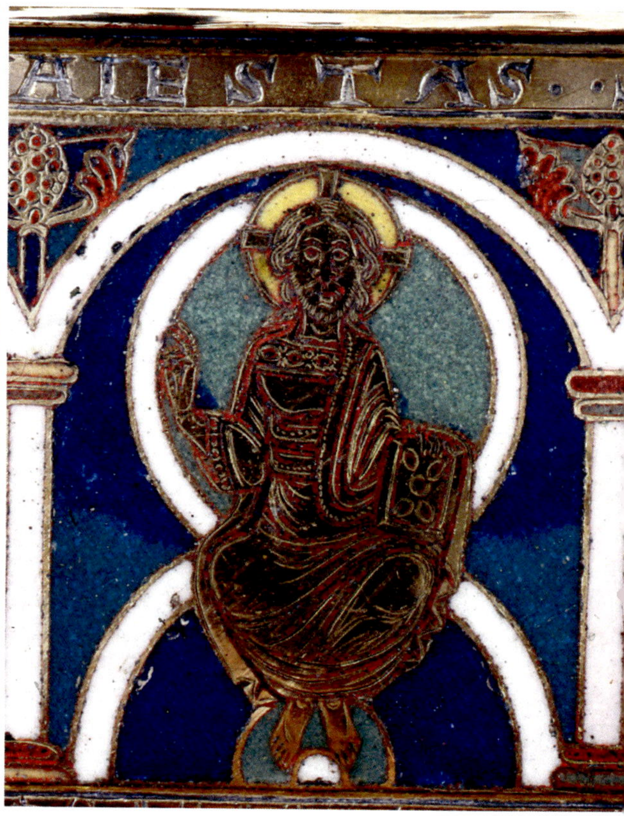

Bild 97 c: *Synagoga*, Gladbacher Tragaltar, 1160.

Ich meine aber, dass beim Gladbacher Tragaltar der wiederkommende Christus, an der gegenüberliegenden Seite des Osterbildes, eine zusammengehörende Bedeutung hat zur Ecclesia und Synagoga. Wie die Ecclesia und Synagoga sitzt der Pantokrator auf einer Sphaira. Er ist der Bräutigam der Ecclesia und der Synagoga, er wird am Ende der Zeiten beide zusammenführen.

»Zwei Schwestern stehn dir, schwesterlichen Steins,/
Feindselig sich, verwitternde Weissage,/
Trunkender Triumph die mit dem Kelche Weins,/
Blind trauernd jene in gebrochener Klage.//
Ach, ihre Stirn trägt geschwisterlicher/
Den Fluch: sie beide schändeten den Christ,/
Die eine mordete den Christ der Bücher,/
Die andere den, der ewig kommend ist.//
Geheim alljährlich in Karfreitagsnacht/
Vertauschen sie die Binden Pokal/
Triumph und Träne, Sieg und Leidesmal./
So feindlich halten sie die Wechselmacht//
Bis an den Jüngsten Tag–? Bis an die Stund,/
Da sie als Gottes Töchter sich erkennen,/
Geschwisterlich im Reuekuß erbrennen –/
Aufweinend, wann seid ihr Mund an Mund?«
*(Ernst Bertram (1884–1957), in: G. Kranz, S. 349)*

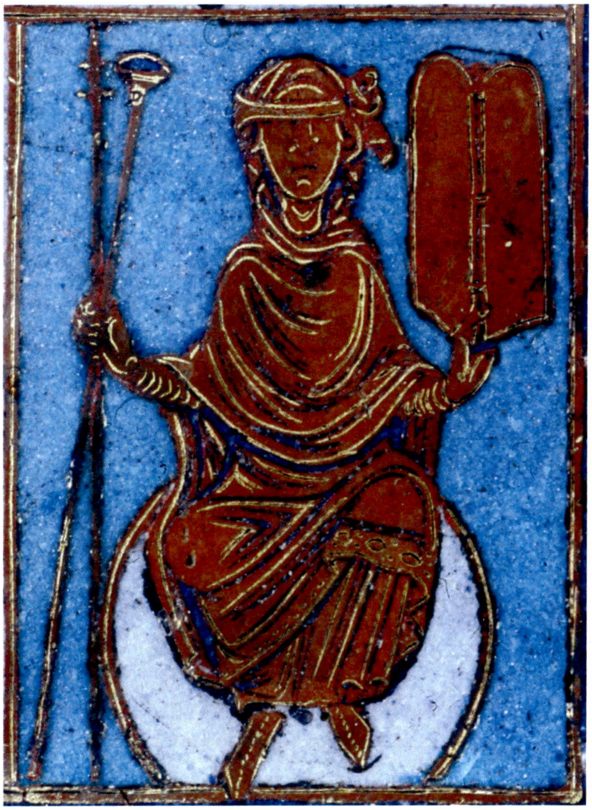

Hans Maier spricht von der Zusammengehörigkeit von Ecclesia und Synagoga. Ihre gemeinsame Darstellung weist hin auf eine wechselseitige Beziehung, ein Aufeinander-Angewiesensein. Sie bilden ein Paar. »Offenbar kann Ekklesia auch im Augenblick ihres höchsten Triumphs nicht auf ihre Partnerin, die Synagoge, verzichten. Eine Folgerung ist klar: Die Synagoge kann sich aufrichten. Sie braucht nicht mehr in Trauer zu erstarren. Die ehernen Tafeln kann sie wieder fest in die Hand nehmen, ... steht doch Gott wie in alten Zeiten auch heute zum Bund mit seinem ersterwählten, erstgeliebten Volk. Auch die Binde vor den Augen braucht sie nicht mehr zu tragen. Denn sie war und ist nicht blind. Sie kann ihren freigewordenen Blick auf ihre jüngste Verwandte Ekklesia richten, eingedenk der Tatsache, dass deren Schicksal mit dem ihren unlöslich verbunden ist.« (Hans Maier, S. 723ff)

**Bild 98 (rechts):** ***Ecclesia*****, Tympanon, Bamberger Fürstenportal, um 1230.**

Wilhelm Bruners deutet das Gemeinsame anhand der Bamberger Ecclesia und Synagoga, 1235: »Der Ecclesia fehlen die Unterarme und Hände, der Synagoga das Sehen, weil die Augen verbunden sind: die Handlose und die Blinde. Die Ecclesia sieht zwar über das Biologisch-Nationale hinaus ins Universale, aber sie sieht nur, aber kann nichts tun. Die Synagoge ist handlungsfähig und thoratreu in ihrem Tun. Die Frage im Judentum lautet: ›Was muß ich tun?‹, der Impuls im Christentum war immer stärker: ›Was muß ich glauben?‹ Am Bamberger Dom haben wir eine wunderbare Symbolik: beide sind aufeinander verwiesen; wenn sie sich trotz ihrer ›Behinderungen‹ zusammentun, sind sie handlungsfähig und können den Weg in die Zukunft gemeinsam suchen: die eine leiht der anderen die Augen, die andere der einen die Hände.« (Wilhelm Bruners, persönliche E-Mail an den Autor vom 11/2017)

Martin Buber hat ein höchst »eindrucksvolles Ecclesia-Synagoga-Diptychon«: »Ich lebe nicht fern von der Stadt Worms. Wenn ich hinüberfahre, gehe ich immer zuerst zum Dom. Das ist eine sichtbar gewordene Harmonie der Glieder, eine Ganzheit, in der kein Teil aus der Vollkommenheit wankt. Ich umwandle schauend den Dom mit vollkommener Freude.

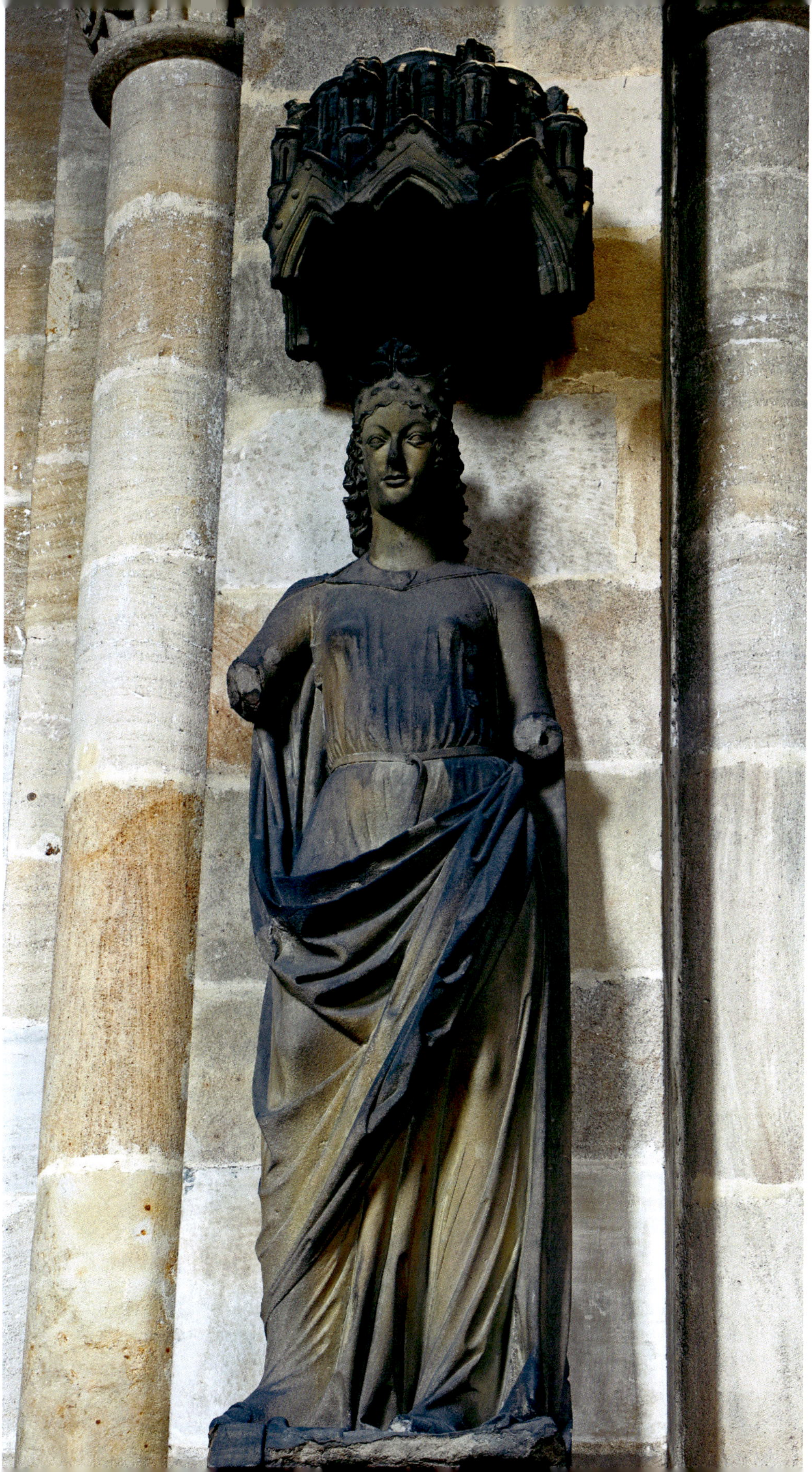

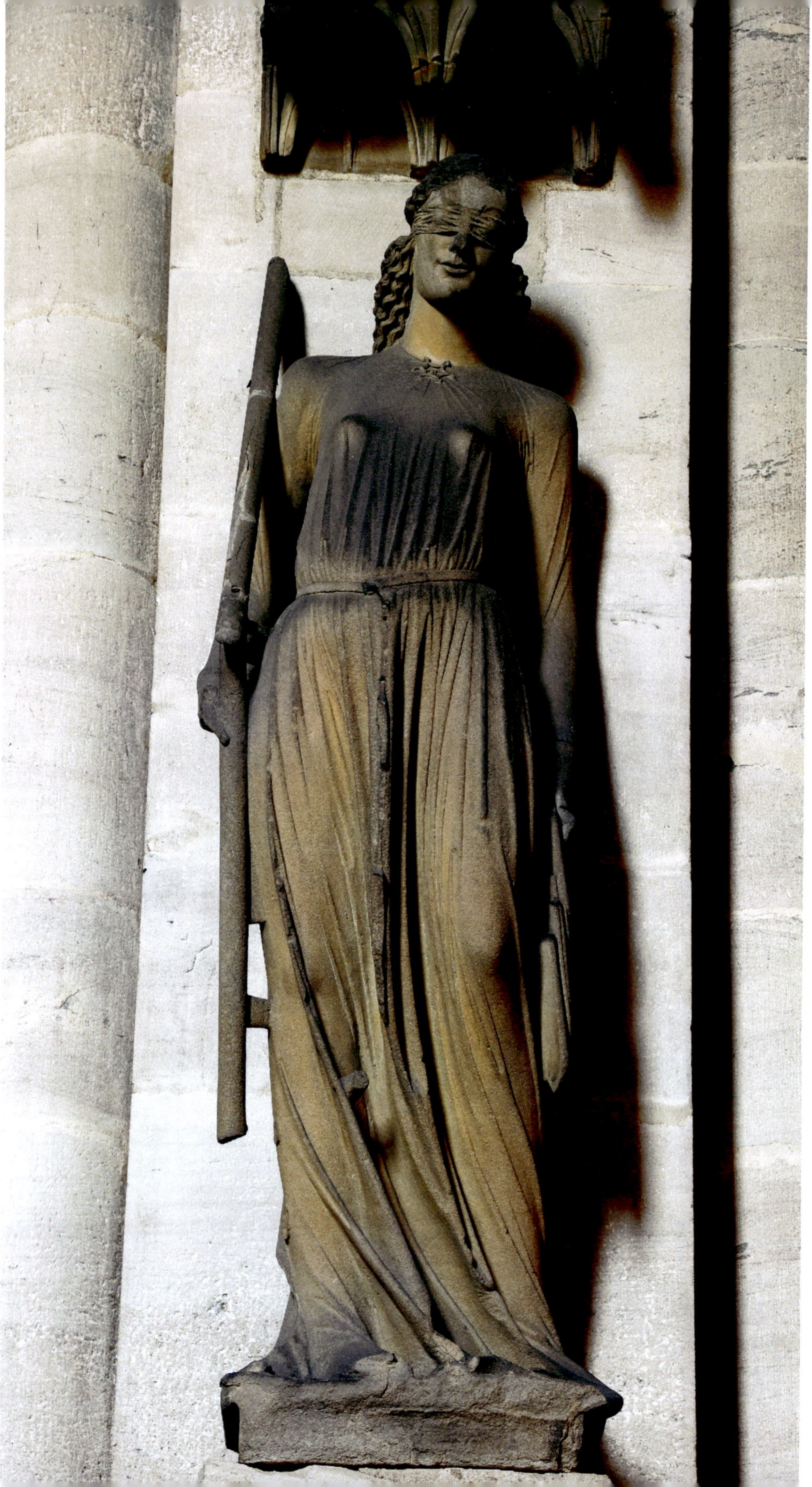

Bild 99 (links): *Synagoga, Tympanon,* Bamberger Fürstenportal, um 1230.

Dann geh ich zum jüdischen Friedhof hinüber. Der besteht aus schiefen, zerspellten, formlosen, richtungslosen Steinen. Ich stelle mich darein und blicke von diesem Friedhofsgewirr zu der herrlichen Harmonie empor, und mir ist, als sähe ich von Israel zur Kirche auf.

Ich habe da gestanden, war verbunden mit der Asche und quer durch sie mit den Urvätern. Das ist Erinnerung an das Geschehen mit Gott, das allen Juden gegeben ist.

Der Dom ist, wie er ist. Und der Friedhof ist, wie er ist. Aber gekündigt ist uns nicht worden.« (M. Buber, S. 164f)

Die Kunst gibt das theologische Denken und sicher auch die Lebenseinstellung der Menschen wieder. Das sehen wir bei den diskriminierenden Darstellungen der Synagoga. Die Gladbacher waren da konservativ und blieben in ihrem Motiv der Synagoga bei der Concordia, bei der Übereinstimmung. Aber auch manche Künstler blieben konservativ wie die Künstler der Straßburger und der Bamberger Synagoga. Diese Einstellung blieb in der Münsterkirche von Tragaltar und Bibelfenster angefangen bis zu den Kunstwerken der Nachkriegszeit, die – mit wenigen Ausnahmen – in Wertschätzung das Alte Testament dem Neuen Testament entsprechend darstellen.

Die Kunstwerke geben den Satz der Deutschen Bischöfe wieder, den Papst Johannes Paul II. bei seinem Besuch in Deutschland 1980 zitiert: *»Wer Jesus Christus begegnet, begegnet dem Judentum.«* (K. Richter, S. 151)

Kunstwerke, die das Judentum diskriminieren, können sicher nicht entfernt werden aus denkmalpflegerischen Gründen, sie sollten nicht entfernt werden, damit wir nicht die Existenz solcher Darstellungen und ihre verheerende Geschichte vergessen. Wir verdrängen dann, dass die dahinterstehende Theologie auch heute noch nicht überall überwunden ist. (M.-T. Wacker, Ecclesia und Synagoga, S. 73) Die Darstellungen müssen beschrieben werden.

So schreibt Erzbischof Ludwig Schick zur Synagoga am *Bamberger Dom*: »Blind erklären dürfen die Christen niemanden, weil sie dadurch selbst blind werden und zur Blindheit in unserer Gesellschaft weltweit beitragen.« Die Synagoge in unserem Bamberger Dom soll stehen bleiben, aber sie soll jedem sagen: So sind die Christen mit ihren älteren Geschwistern, den Juden, umgegangen. *»Das darf nie wieder geschehen.«* (L. Schick, S. 32ff)

Im folgenden Gedicht schreibt 1966 Schalom Ben-Chorin ähnlich (Schalom Ben-Chorin, S. 15):

**Ekklesia und Synagoge am Dom zu Bamberg**

»Worte, die die Zeit in sich begraben,
wurden Stein und stauten sich im steilen
Faltenwurfe gotischer Gewänder.
Worte, die wir fast vergessen haben,
müssen warnend unter uns verweilen:
Ewigkeit geschmückter Säulenränder.
Das Gespräch der beiden Frauen
hat den Dom zu Bamberg längst verlassen,
so wie Glockentöne gottwärts fliegen.
Was wir Staunende am Tore schauen,
sind die Pfeiler wuchtiger Tränenmassen,
die den Rücken des Jahrtausends biegen.
Dieser Kampf wird nie versiegen,
unermeßlich ist der Rede Grund,
allem zeitlichen Geschehen fern.
Als aus Steinen solche Bilder stiegen,
starrte Bund im Steine gegen Bund
und warb um die Rechte des Herrn.«

Die Verantwortlichen *der Liebfrauengemeinde Trier* erklären in einem Flyer zu ihren Portalskulpturen der Ecclesia und Synagoga: »Der Anblick der so dargestellten Synagoga erinnert manchen Betrachter an das grauenvolle Leiden des jüdischen Volkes in der Geschichte unseres Landes, vor allem an die Shoa, die millionenfache Ermordung von Juden während der Nazi-Herrschaft des zwanzigsten Jahrhunderts, der wir heutige Christen fassungslos und mit tiefer Scham und Trauer gegenüberstehen.«

Im *Magdeburger Dom* liegt ein Flyer aus: »Juden und Christen im Magdeburger Dom. Ein Gedenkweg.« Es ist eine geschichtliche Beschreibung, eine Beschreibung der Kunstwerke von Ecclesia und Synagoga, der Judensau, des Glasfensters von 1947 mit dem bekannten Motiv Ekklesia und Synagoga und heutiger Gedenkplatten.

Ausgehend von der Bewertung der Münsteraner Alttestamentlerin Wacker zu den Darstellungen des 19. und des frühen 20. Jahrhundert, wurde an *St. Lamberti in Münster* diese Tafel angebracht (M.-T. Wacker, Ecclesia und Synagoga, S. 74):

> »Durch solche und ähnliche figürliche Gegenüberstellungen
> von Ecclesia und Synagoga
> wurden Juden von Christen über Jahrhunderte
> auf schmerzliche Weise herabgewürdigt.
> Im Sinne des II. Vatikanischen Konzils
> distanziert sich die Kirche heute
> von dieser antijüdischen Sichtweise.
> Die katholische Kirchengemeinde St. Lamberti setzt sich gemeinsam
> mit der jüdischen Gemeinde Münster
> dafür ein, daß Würde und Rechte
> aller Menschen gewahrt werden.«

Das *Kölner Domblatt* 2008 setzt sich unter dem Titel »Der Kölner Dom und die Juden« auch mit den abwertenden bis diskriminierenden Bildern auseinander.

Auf dem Gladbacher Tragaltar wird gezeigt, dass Isaak zur Schlachtbank geführt wird. In der Zeit des Nationalsozialismus wurden von den 1300 Juden der Stadt Mönchengladbach 979 zur Schlachtbank geführt. Ihr Andenken möchte ich auch ehren durch diesen geschrieben »Stolperstein«. Bleiben wir wachsam in unserer Scham.

Paul Celan beschreibt in seinem Gedicht »Todesfuge« die Vernichtung der Juden und das Motiv Ecclesia und Synagoga, Kirche und Judentum, wiederholt er: »dein goldenes Haar Margarete / dein aschenes Haar Sulamith.« (Paul Celan, S. 40) (Der Hinweis ist von Carl Hollenstein, S. 31)

**Todesfuge**

»Schwarze Milch der Frühe wir trinken sie abends
wir trinken sie mittags und morgens wir trinken sie nachts
wir trinken und trinken
wir schaufeln ein Grab in den Lüften da liegt man nicht eng
Ein Mann wohnt im Haus der spielt mit den Schlangen der schreibt
der schreibt wenn es dunkelt nach Deutschland *dein goldenes Haar Margarete*
er schreibt es und tritt vor das Haus und es blitzen die Sterne er
pfeift seinen Rüden herbei
er pfeift seine Juden hervor und läßt sie schaufeln ein Grab in der Erde
er befielt uns spielt auf nun zum Tanz
Schwarze Milch der Frühe wir trinken dich nachts
wir trinken dich morgens und mittags wir trinken dich abends
wir trinken und trinken
Ein Mann wohnt im Haus der spielt mit den Schlangen der schreibt
der schreibt wenn es dunkelt nach Deutschland *dein goldenes Haar Margarete*
*Dein aschenes Haar Sulamith* wir schaufeln ein Grab in den Lüften da
da liegt man nicht so eng
Er ruft stecht tiefer ins Erdreich ihr einen ihr andern singet und spielt
er greift nach dem Eisen im Gurt er schwingts seine Augen sind blau
stecht tiefer die Spaten ihr einen ihr andern spielt weiter zum Tanz auf.
Schwarze Milch der Frühe wir trinken dich nachts

wir trinken dich mittags und morgens wir trinken dich abends
wir trinken und trinken
ein Mann wohnt im Haus *dein goldenes Haar Margarete*
*dein aschenes Haar Sulamith* er spielt mit den Schlangen
Er ruft spielt süßer den Tod der Tod ist ein Meister aus Deutschland
er ruft streicht dunkler die Geigen dann steigt ihr als Rauch in die Luft
dann habt ihr ein Grab in den Wolken da liegt man nicht eng
Schwarze Milch der Frühe wir trinken dich nachts
wir trinken dich mittags der Tod ist ein Meister aus Deutschland
wir trinken dich abends und morgens wir trinken und trinken
der Tod ist ein Meister aus Deutschland sein Auge ist blau
er trifft dich mit bleierner Kugel er trifft dich genau
ein Mann wohnt im Haus *dein goldenes Haar Margarete*
er hetzt seinen Rüden auf uns er schenkt uns ein Grab in der Luft
er spielt mit den Schlangen und träumet der Tod ist ein Meister aus Deutschland
*dein goldenes Haar Margarete*
*dein aschenes Haar Sulamith*«
*(Paul Celan)*

Diese Schrift soll zeigen, dass entgegen der Meinung des Kirchenvorstandes von 1853 der Tragaltar doch einen Nutzen hat, sicher für uns heute (Lebendiges Münster 1956 III, 2.), sie soll auch als Erklärung für das neuzeitliche Motiv am Ambo dienen.

Es braucht sehr viel Zeit, wie wir anhand der Nachkriegsdarstellungen gerade in bedeutenden Kirchen wie dem Passauer Dom und dem Aachener Dom sehen, bis das neue Denken des II. Vatikanum, das in *Nostra Aetate* ausgesprochen wird, in uns lebt.

Der Aachener Bischof Heinrich Mussinghoff sagte in der römischen Synagoge 2015 aus Anlass zu 50 Jahren *Nostra Aetate* bei einer Pressebegegnung: »Nostra Aetate ist ein Dokument der Umkehr, in dem sich die Kirche von einer Kultur der Vorurteile, der Missachtung und der Gleichgültigkeit gegenüber den Juden abwendet und die theologischen Grundlagen für ein Verhältnis der Wertschätzung, des Dialogs und der Freundschaft legt.« (Pressemitteilungen)

Der Ecclesia an der Osnabrücker Kirche St. Marien hat man jetzt einen Schleier um die Augen gebunden.

So geschieht es auch im Magdeburger Dom am Gedenktag 9. November.

**Bild 100: *Ecclesia/ Synagoga,* um 1260, *mit Binde,* Magdeburger Dom, am Gedenktag 9. November.**

*Eine Binde um die Augen der großen Ecclesia Plastik in der Münsterkirche St. Vitus* könnte unser Nicht-Sehen und heutiges Ein-sehen ausdrücken, ein Zeichen unserer Umkehr, »der Scham und Reue, die auf Jahrhunderte der Christenheit zukommt«. (H. Vorgrimmler, S. 246)

Das Fest Beschneidung des Herrn wurde in der katholischen Kirche 1969 der erneuerten Grundordnung des Kirchenjahres geopfert. Es war ein Festtag der jüdischen Wurzeln des Christentums. Bis heute gehört er zur liturgischen Praxis der angelikanischen Gemeinschaften und der Evangelischen Kirchen. (J. H. Tück, S. 59)

Eine Gruppe von sechs Theologen aus dem Jesuitenorden legten 2009 Papst Benedikt XVI. eine »Petition zur Wiederherstellung des Festes der Beschneidung des Herrn verbunden mit der Namensgebung Jesu« vor. (Christian M. Rutihauser SJ., in: J. H. Tück, S. 223, 371)

Die Evangelische Kirche in Deutschland feiert elf Wochen nach Pfingsten den »Israelsonntag«. Einen »Tag des Judentums« begehen die österreichische, die italienische, niederländische und polnische Bischofskonferenzen am 17. Januar, einen Tag vor Beginn der weltweiten Gebetswoche für die Einheit der Christinnen

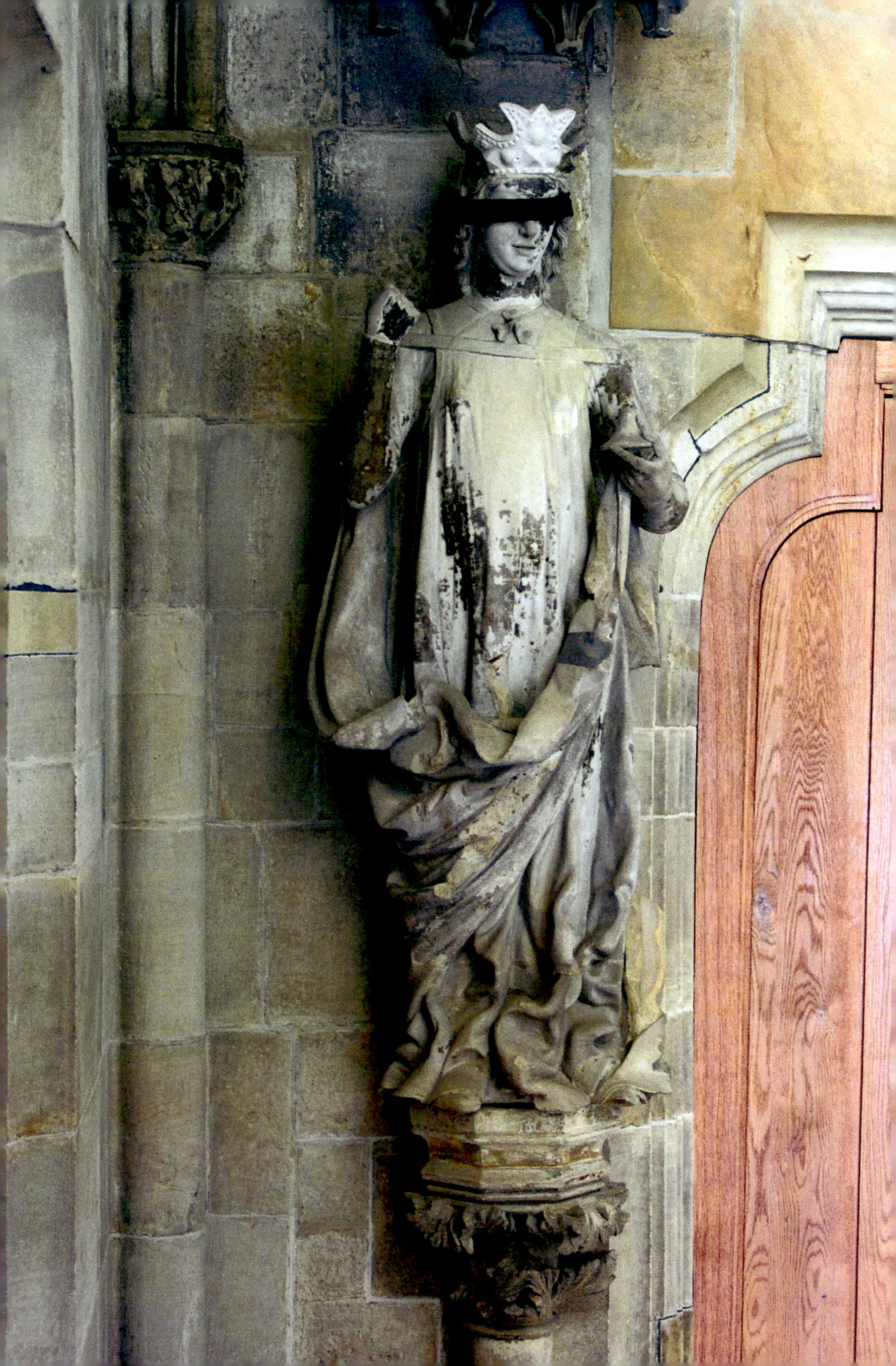

und Christen. »Warum eigentlich nicht in Deutschland?«, fragt Andreas Batlogg. (Andreas Batlogg, S. 2)

Die beiden deutschen Gedenktage – 9. November 1938, Pogromnacht, Zerstörung der Synagogen; 27. Januar 1945, Befreiung des KZ Auschwitz – erübrigen nicht einen »Tag des Judentums« für die katholische Kirche in Deutschland.

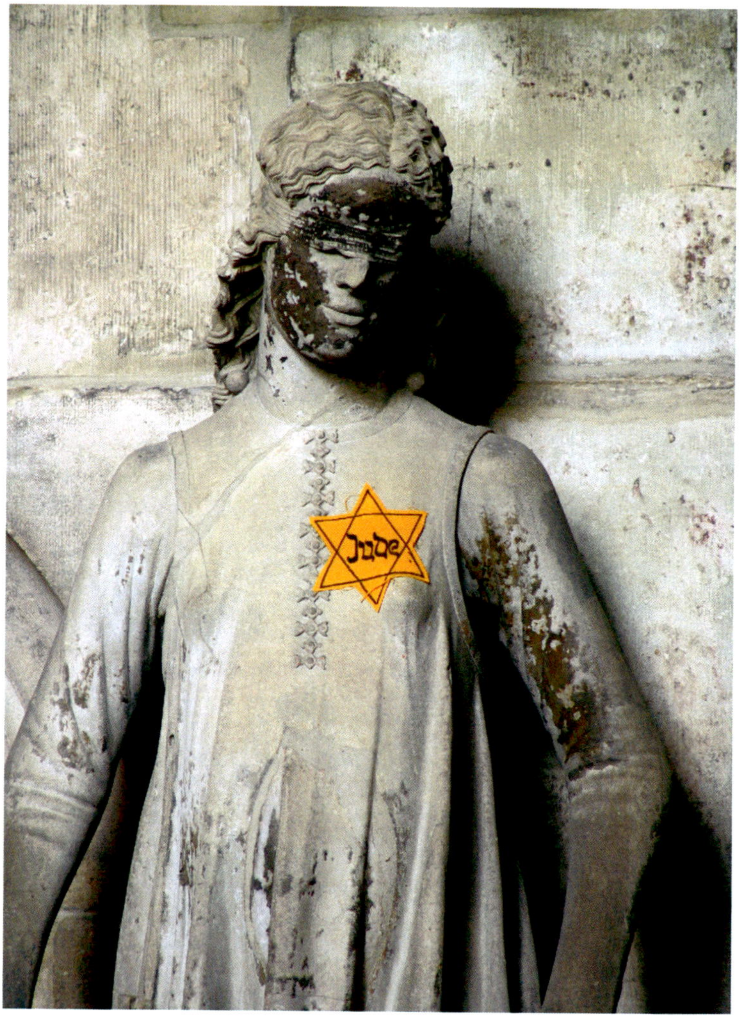


Bild 101: *Synagoga,* um 1260, *mit Judenstern,* Magdeburger Dom, am Gedenktag 9. November.

# 13. Schlussbetrachtung

Meine Großmutter erzählte von der jüdischen Nachbarin Frau Strauß, die am Vorabend ihrer Deportation nach Theresienstadt 1942 eine gestickte Decke zur Verlobung meiner Eltern abgab. Sie wollte nicht ins Haus kommen, »um der Familie keine Schwierigkeiten zu bereiten«. Die Decke schmückte sonntags unseren Esstisch.

Ein Stolperstein in Rheindahlen erinnert an Johanna Strauß und ihre Familie.

Ein Geschäft in meinem Heimatort wurde noch lange von den Älteren nach ihren jüdischen Besitzern genannt, und nicht nach den durch die Arisierung neuen Besitzern. »Wir gehen bei Nathan einkaufen.«

Bild 102: Stolperstein Rheindahlen, Henriette Nathan.

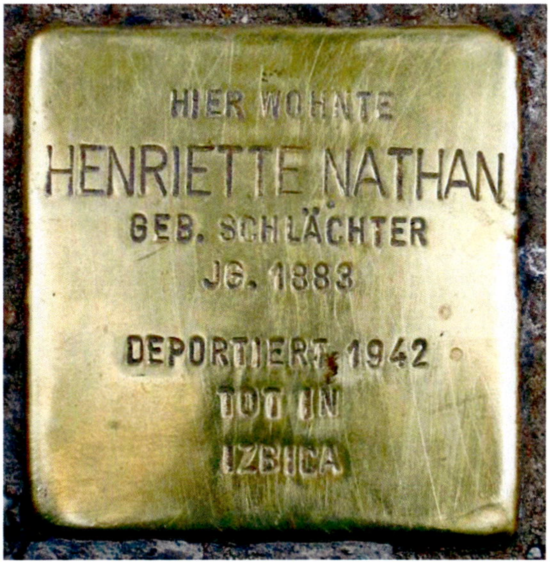


Da gibt es einen kleinen abgeschlossenen Friedhof gegenüber dem alten Friedhof, immer zu sehen für mich, den Messdiener, beim Begräbnisgang zum großen neuen Friedhof. Es ist der jüdische Friedhof, durch die Stadtverwaltung gut gepflegt, aber doch fremd und geheimnisvoll. Heute übernimmt die Pflege die St. Helena Bruderschaft. Der Nachbar, ein Freund aus der Jugendzeit, verwahrt den Schlüssel.

Dann kam Post aus Paraguay. Mein Vater hatte bei einem jüdischen Malermeister gelernt, Albert Liffmann. Seine Kinder konnten nach Paraguay fliehen. Er floh nach Holland. Nach dem deutschen Einmarsch 1942 musste er den Judenstern tragen. 1943 wurde er

Bild 103: Stolpersteine Rheindahlen,
Johanna, Oskar und Edith Strauß.

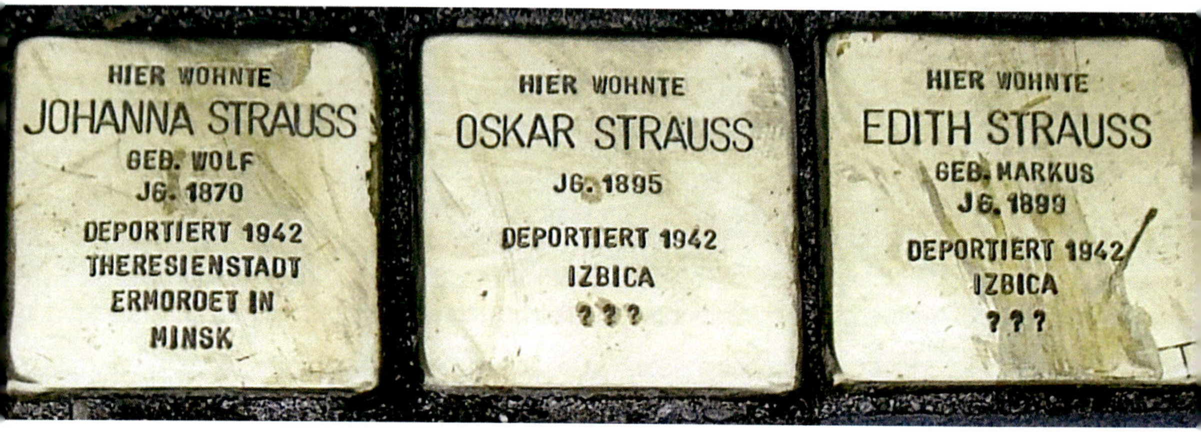


interniert im KZ Westerbork. Dort heiratete der Witwer am 19. Juli 1943 Else Schottländer, am 20 Juli wurde das Ehepaar Liffmann nach Sobibor deportiert und drei Tage später ermordet.

Auf der Eickener Straße 50, vor seinem Wohnhaus, unweit der Kirche St. Maria Rosenkranz in Mönchengladbach, liegt für ihn ein Stolperstein. Dort hat mein Vater sein Handwerk gelernt, an der Rosenkranzkirche arbeite ich heute.

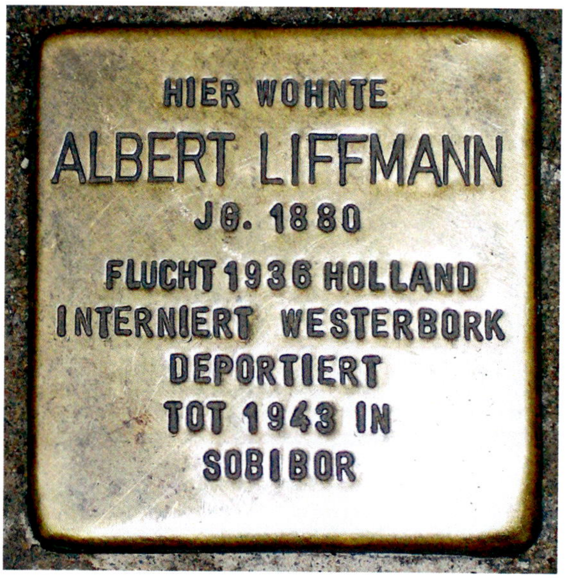


Bild 104: Stolperstein
Albert Liffmann.

Aber dass hinter diesen Namen und den Zahlen von sechs Millionen ermordeter Juden sich Einzel- und Familienschicksale verbergen, wurde mir erstmals bewusst, als ich als Seelsorger in die Eifel kam und 1978 das Buch von Hans-Dieter Arntz las »Juden in der Voreifel«, und in Mönchengladbach das umfangreiche Werk von Günter Erckens »Juden in Mönchengladbach«.

Bild 105: Gedenkstein der Pfarrgemeinde St. Mariä Himmelfahrt Neuwerk, im Gedenken an die neun ermordeten jüdischen Bürger und einen jüdischen Gefallenen im Ersten Weltkrieg.

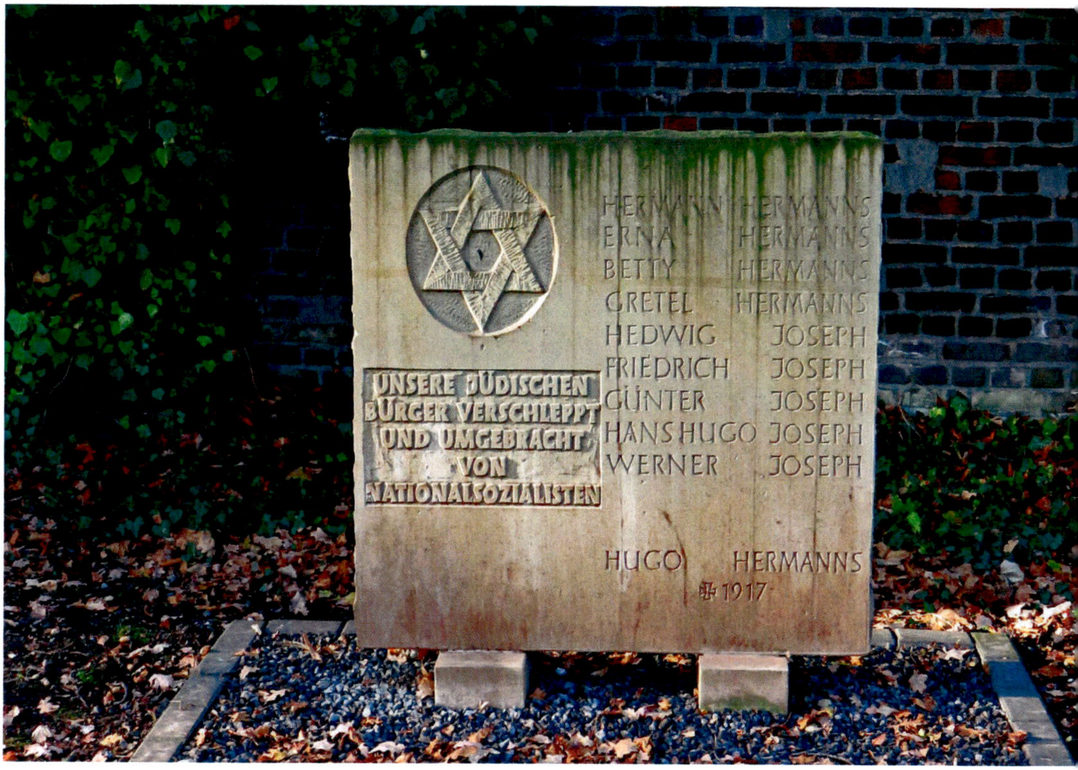


Die Pfarrgemeinde St. Mariä Himmelfahrt Neuwerk hat dann zu den Gedenksteinen mit den Namen der Toten des Ersten und Zweiten Weltkrieges einen Gedenkstein aufgestellt, der die Namen der neun ermordeten jüdischen Bürger bewahrt und eines Gefallenen im Ersten Weltkrieg. Im Gedenkstein des Ersten Weltkrieges war sein Name nicht in Stein geschlagen, weil dort nur die Namen der gefallenen christlichen Soldaten eingemeißelt sind.

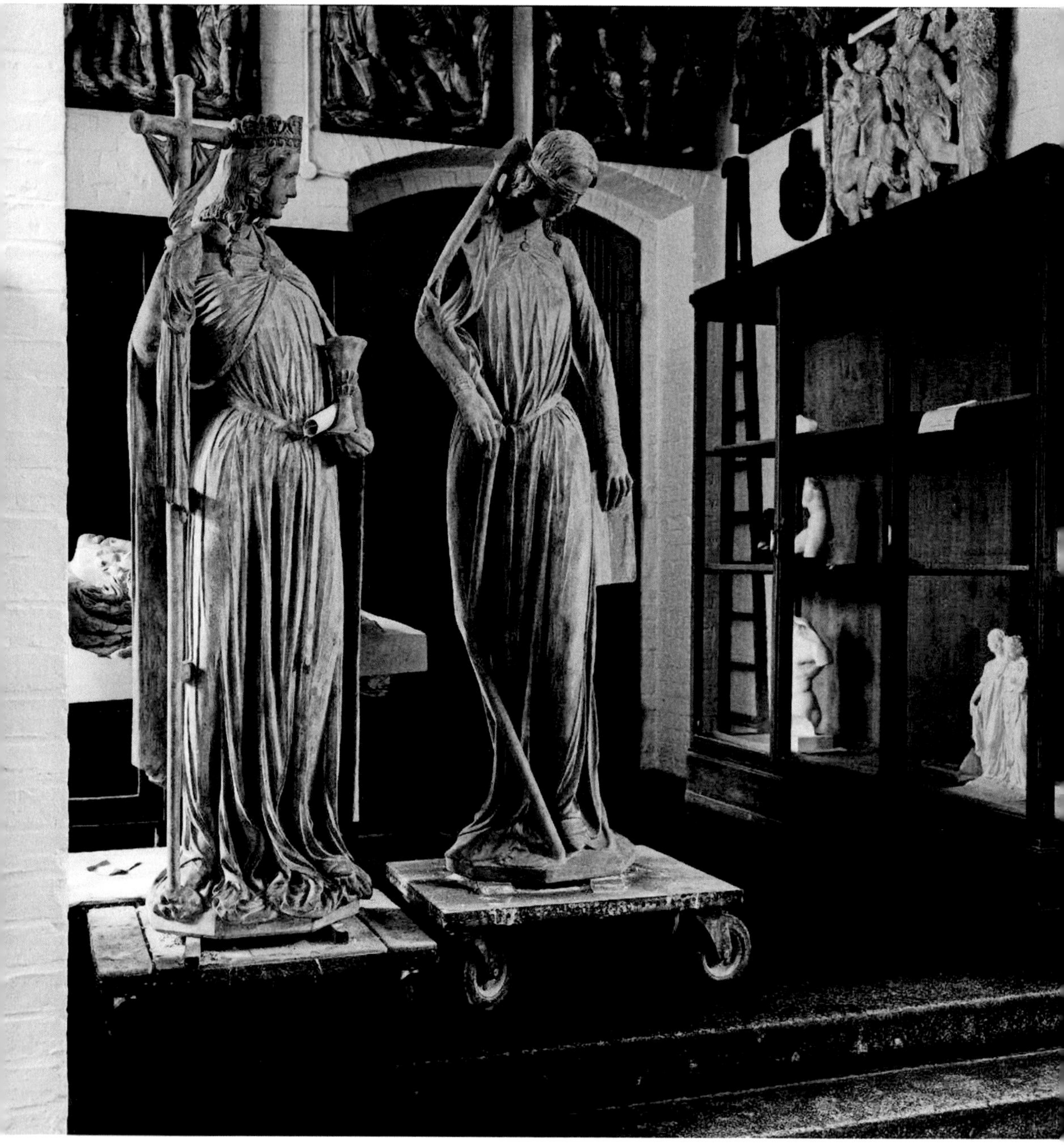

Bild 106: *Ecclesia und Synagoga*, Gipsformerei, 1994, Berlin-Staatliche Museen.

# 14. Dank

Durch die »Gesellschaft für Christlich-Jüdische Zusammenarbeit Mönchengladbach« bleibt diese Vergangenheit gegenwärtig und wird der jüdisch-christliche Dialog theologisch und persönlich geführt. Bischof Dr. Heinrich Mussinghoff nennt 2015 als Vorsitzender der »Unterkommission für die religiösen Beziehungen zum Judentum der Deutschen Bischofskonferenz« die achtzig Gesellschaften für Christlich-Jüdische Zusammenarbeit unter anderem Akteure des Dialogs. In seiner Erklärung zum 9. November 2019 dankt Bischof Dr. Helmut Dieser »den drei Christlich-Jüdischen Gesellschaften auf dem Gebiet des Bistums Aachen in Aachen, Mönchengladbach und Krefeld, die maßgeblich in den vergangenen Jahrzehnten zum guten Verhältnis zwischen Christen und Juden beigetragen haben«. (Bistum Aachen 10.11.2019)

Die Bischöfliche Akademie des Bistums Aachen hat unter der damaligen Leitung von Professor Hans Hermann Henrix den Dialog mit der jüdischen Theologie und dem Judentum geführt und so für unser Bistum einen Schwerpunkt gesetzt. Seine zahlreichen Bücher begleiten mich bis heute.

Seit 1997 sehe ich in meiner Wohnung die Fotografien der Gipsmodelle der Straßburger Ecclesia und Synagoge und der Synagoga vom Bamberger Dom, die der niederländische Photograph Cor van Gastel aufgenommen hat.

Das Motiv auf dem Gladbacher Tragaltar wurde mir bewusster durch den Artikel von Gisbert Kranz, durch die bedeutende Ausstellung »Ecclesia und Synagoga« von Professor Herbert Jochum, durch die Betrachtung des Motives im 19. und 20. Jahrhundert von Professorin Marie-Theres Wacker und durch meine berufliche Nähe zum Vitus Münster.

Dank Anita Gramsch und Ursel Doffek konnte ich das umfangreiche Textmaterial bearbeiten. Pastoralreferentin Annette Diesler übersetzte Texte aus dem Französischen. Clemens M. M. Bayer, der Fachmann mittelalterlicher Inschriften, übersetzte und erklärte die lateinische Umschrift. Mein Schwager Werner Lenzen feilte an meinem Stil, Pastoralreferent Eugen Godoj half mit bei der Bildrecherche.

Seit Jahrzehnten ist Willy Mevissen der Fotograf der Münsterkirche, auf seine Aufnahmen kann ich dankenswerter Weise zurückgreifen und auf die Bilddateien des Kühlen-Verlags. Monika Schnitzler bearbeitete die Aufnahmen des Tragaltares.

Dr. Heinrich Mussinghoff, dem emeritierten Bischof von Aachen, danke ich für sein Vorwort. Jahrelang war er der Vorsitzende der obengenannten Unterkommission. Er lebt den Dialog durch seine Kontakte zu Rabbinern und seine Liebe zum Land Israel. Außerdem ist er ein hervorragender Kenner der hebräischen Sprache.

Auf Anregung von Professor Reinhold Breil und Dr. Christian Bremen, die das Projekt »We, the six million« in Zusammenarbeit der Rheinisch-Westfälischen Technischen Hochschule Aachen und der Gesamtschule Rheydt-Mülfort in Mönchengladbach durchgeführt haben, erscheint dieses Buch im Aachener Mainz-Verlag, der auch einen Schwerpunkt auf die regionale Geschichte legt. Bei der Drucklegung fand ich in der Lektorin Julia Huntscha und im Lektor Christoph Swiontek engagierte Fachleute. Für ein für mich überraschend sensibles, aber betontes Einfügen der Bilder danke ich Wolfgang Müller.

Propst Dr. Peter Blättler ist die Münsterkirche mit ihrer Kunst und ihrer Deutung anvertraut gemeinsam mit den Damen und Herren des Kirchenvorstandes, des Münsterbauvereines und des Gemeinde-Rates. Ihm danke ich für seine ausführliche theologische Nachbetrachtung.

Für seine erste schriftliche Äußerung, sein Geleitwort, am 1. November 2020 als neuer Oberbürgermeister danke ich sehr Felix Heinrichs. Er betont seine Beziehung zur Münsterkirche St. Vitus und zur Abtei. Zu seinem politischen Programm gehört für ihn auch als Christ das friedliche Miteinander der Religionen in Mönchengladbach.

Dr. Albert Damblon, ehemaliger Propst am Vitus-Münster, hat durch Anregungen und seinen jahrelangen freundschaftlichen verbalen Druck mich zur ausführlichen Niederschrift und Veröffentlichung dieses Textes lektorierend geführt. Ohne ihn wäre ich nie zu einem Abschluss gekommen.

Wolfgang Bussler

# Nachwort von Propst Dr. Peter Blättler

Wolfgang Bußler legt ein überzeugendes Buch über das Verhältnis von »Ecclesia und Synagoga« vor. Überzeugt haben mich beim Lesen die kunstgeschichtlichen Details, die gekonnt herausgearbeitet und mit vielen Fotos illustriert und belegt werden. Überzeugend fand ich die ehrliche Aufarbeitung des sehr wechselhaften Verhältnisses, das Christen zu Juden insbesondere im letzten Jahrtausend eingenommen haben. Überzeugungskraft spürte ich in der Leidenschaft, mit der Bußler gerade die Christen aller Konfessionen einlädt, das Verhältnis zum Judentum neu zu bestimmen und auch theologisch wie geistlich neu auszurichten. Aus einer Versöhnungsgeschichte der Christenheit mit dem Judentum kann Kostbares und Wegweisendes werden: Eine Geschichte des Verstehens. Christsein lässt sich erst wirklich verstehen, wenn die tiefe Verwurzelung im Judentum erkannt und anerkannt wird. Versöhnungsgeschichte der Christenheit mit dem Judentum kann zur Verstehensgeschichte des eigenen christlichen Glaubens werden. Nur versöhnt und verbunden mit dem Judentum kann der biblische Gott besser, klarer und deutlicher verstanden werden. Der Gott Jesu Christi spricht nämlich nicht anders und nichts Anderes als der Gott des ersten Testamentes, als der Gott Abrahams, Isaaks und Jakobs. Es gibt eben nur den einen Gott, der in beiden Testamenten der Bibel spricht.

Als Propst des Münsters freut mich besonders, wie eng Wolfgang Bußler seine kunsthistorischen Betrachtungen und die Neuausrichtung des christlich-jüdischen Gesprächs mit der über tausendjährigen Geschichte unserer Mönchengladbacher Münsterbasilika verwoben hat. Genial ist, wie Bußler andere Kunstwerke mitteleuropäischer Kirchen, die das Verhältnis von Christentum zum Judentum thematisieren, vergleichend mit einbezieht. Verbindendes wie Unterscheidendes wird deutlich herausgearbeitet. So zeigt sich, dass die Kunstgeschichte des Vitusmünsters in Mönchengladbach in diesem

Vergleich eine klare Botschaft erkennen lässt. Die Abbildungen auf dem Tragaltar, das Bibelfenster und die modernen Kunstwerke der Münsterkirche wie der Ambo stellen unter dem Strich heraus, dass die beiden Schwestern »Ecclesia und Synagoga« in unterschiedlichen Epochen versöhnt beieinander sein konnten. Die Epochen, in denen die Ecclesia den Streit und die Auseinandersetzung suchte, waren rückschrittliche und verheerende Zeiten.

Wolfgang Bußler möchte mit seinem Buch zu einer Epoche des Fortschritts in der Christlich-Jüdische Zusammenarbeit in Mönchengladbach und darüber hinaus anstiften. Gerade auch deswegen danke ich ihm von Herzen für das vorgelegte Buch und wünsche den vielen Lesern eine gelungene Entdeckungsreise durch unsere Mönchengladbacher Münsterbasilika und zugleich durch die wechselhafte Geschichte zwischen Christen und Juden in Mitteleuropa. Mögen die Kunstwerke unseres Münsters in ihrer Grundaussage nicht nur Recht behalten, sondern zukünftig auch immer mehr Recht bekommen. Möge die in ihnen hervortretende Wertschätzung für das erste Testament der Bibel und für das Judentum uns allen wegweisend für weitere Entdeckungsreisen auf unserem Glaubensweg sein. Der eine Gott hat eschatologisch betrachtet sicherlich beide Schwestern im Blick, wenn er wiederkommt. Er kommt auf die Ecclesia genauso zu wie auf die Synagoga. »Deinen Tod, o Herr, verkünden wir und deine Auferstehung preisen wir, bist du kommst in Herrlichkeit.« Auch in dieser Hinsicht transportiert der Mönchengladbacher Tragaltar als Instrument eucharistischer Frömmigkeit eine zutiefst messianische Botschaft, die im Einklang von Erstem und Zweitem Testament der einen biblischen Botschaft gründet. Christen wie Juden warten eben doch gemeinsam auf den einen Gott, der auf uns zu kommen will.

Peter Blättler

# Literatur

Die Bibel. Einheitsübersetzung Altes und Neues Testament. Stuttgart 1980.
Die Bibel. Einheitsübersetzung Altes und Neues Testament. Stuttgart 2016.
Gotteslob, Mönchengladbach 1975.
Gotteslob, Aachen 2013.
Meßbuch Teil I, Einsiedeln-Köln 1975.
Oremus 1954, M. Gladbach.

**Dichtung**

Augustinus, Lektionar zum Stundenbuch, I–8, Freiburg 1978, S. 210.
Benyoetz, Elazar, in: Garhammer Erich, Zum literarischen Werk des rheinisch-jüdischen Autors. Pastoralblatt 8/2019. Erftstadt, S. 249.
Buber, Martin, Die Stunde und die Erkenntnis, Reden und Aufsätze. Zwiegespräch mit Karl Ludwig Schmidt. Berlin 1936.
Celan, Paul, Todesfuge. Mai 1945. Die Gedichte. Gesamtausgabe, Frankfurt 2003.
Kranz, Gisbert, Die Langverstoßene ist die Sehrgeliebte. Die Straßburger »Synagoge« im Spiegel der Dichtung. Christ in der Gegenwart 42/1988, Freiburg.
Rhabanus, Maurus, in: Haarländer Stephanie, Rhabanus Maurus zum Kennenlernen. Mainz 2006, S. 142.
Schalom, Ben Chorin, Ecclesia und Synagoge am Dom zu Bamberg, in: Kranz Gisbert, Deutsches Bildwerk im deutschen Gedicht. München 1975.
Weisenborn, Günter, Memorial. Berlin 2019.

**Stadtgeschichte**

Der Bücherbesitz des Klosters St. Vitus in Gladbach. Band 1.1+2. Die Handschriften von St. Vitus. Köln 1998.
Gemeinschaft Lebendiges Münster – Dieter Deeken, Frühe Zeugnisse der Buchkunst in der Abtei St.Vitus zu Gladbach. o.A. 2o12.
Bange, Hans, Das Bibelfenster zu Mönchengladbach. Mönchengladbach 1985.
Bange, Hans, Der Ambo zu Mönchengladbach. o.A.
Bayer, Clemens M.M., Mail vom 15.12.2019. Privatarchiv Wolfgang Bußler.
Bloch, Peter, Bibliothek und Skriptorium, in: Die Abtei Gladbach 974–1802. Mönchengladbach 1974.
Brülls, Holger, Die Mönchengladbacher Synagoge von 1883.aus: Rheinischwestfälische Zeitschrift für Volkskunde. Band XLV. 2000. Bonn.
Bußler, Wolfgang, Synagoga und Ecclesia. Jüdisch/alttestamentliche und christlich/neutestamentliche Motive in der Münsterkirche in Mönchengladbach. Archiv Bußler. Mönchengladbach o.A.

Festschrift 20 Jahre Gesellschaft für CHRISTLICH-JÜDISCHE Zusammenarbeit Mönchengladbach. Mönchengladbach 2009.
Clasen, Carl-Wilhelm, Mönchengladbach. Denkmäler des Rheinlandes. Düsseldorf 1966.
Clemens Paul, Die Kunstdenkmäler der Städte und Kreise Gladbach und Krefeld. Düsseldorf 1896.
Coester, Ernst, Münsterschatzkammer Mönchengladbach. Köln 1988.
Cremer, Daniel, Tragaltar, in: Damblon/Falk/von Hülsen-Esch/Wiegmann, Dem Himmel ein bisschen näher. Die Schatzkammer der Münsterkirche in Mönchengladbach. Mönchengladbach 2013.
Cuypers, Wilhelm, Dr. Theodor Willemsen. Mönchengladbach 1989.
Damblon, Albert, Ab-kanzeln gilt nicht. Zur Geschichte und Wirkung christlicher Predigtorte. Münster 2003.
Dattenberg, Heinrich, Kunstschätze der Benediktinerabteikirche St. Vitus zu Mönchengladbach. Tragaltar, in: Brandts Rudolf, M.Gladbach I, aus Geschichte und Kultur einer rheinischen Großstadt. Mönchengladbach 1950, S. 400.
Erckens, Günter Juden in Mönchengladbach. Bd. 1. Mönchengladbach 1988.
Erlemann/Bange/Maiburg, Das Gladbacher Münster. Mönchengladbach 2006.
Erlemann, Edmund, Predigt zur Einweihung der Skulptur von Franz Gutmann, Ecclesia-Gemeinschaft der Glaubenden. St. Vitus Münster 22.8.1997.
Jansen, Helmut, Der brennende Dornbusch. Darstellungen des Alten und Neues Testamentes in der Münsterkirche zu Mönchengladbach. Mönchengladbach 2014.
Johann, Wolfgang, Gemaltes Licht – die Fenster der Münster Basilika St. Vitus. Mönchengladbach 2008.
Kasten, Brigitte, Die Grundherrschaft des Klosters St. Vitus, in: Löhr Wolfgang, Loca Desiderata: Mönchengladbacher Stadtgeschichte, Bd 1. Köln 1994, S. 337.
Löhr, Wolfgang, Mönchengladbach im 19./20. Jahrhundert, in: Loca Desiderata Bd. 3/1. Köln 2003.
Marx, Michael, Wickrath im Zweiten Weltkrieg, in: Loca Desiderata Bd. 3/1. Köln 2003.
Oberlack, Heinz, 50 Jahre Münster-Bauverein. Mönchengladbach 1996.
Schilly, Doris, Mitten unter uns. Jüdisches Leben in Mönchengladbach. Erfurt 2006.
Schüngeler, Heribert, Widerstand und Verfolgung in Mönchengladbach und Rheydt. Mönchengladbach 1985.
Stadtarchiv, Stolpersteine in Mönchengladbach.
Waldecker, Christoph, Rheydt 1815 – 1974, in: Loca Desiderata Bd.3,1. Köln 2003.
Waldecker, Christoph, Das jüdische Mönchengladbach. Vitus-Post 8/2004. Mönchengladbach.
Winkelmann-Giesen, Christine & Bayer, Clemens M. M., Die Handschriften von St. Vitus. Köln 1998.

## Judentum

Arntz, Hans-Dieter, Judaica. Juden in der Voreifel. Euskirchen 1982.
Battenberg, Friedrich, Das europäische Zeitalter der Juden. Darmstadt 1990.
Monumenta Judaica. 2000 Jahre Geschichte und Kultur der Juden am Rhein. Köln 1963.
Neue Synagogen in Deutschland. Gebauter Aufbruch. Regensburg 2010.
Schreckenberg, Heinz, Die Juden in der Kunst Europas. Freiburg 1996.

## Ecclesia und Synagoga

Bloch, Peter, Nachwirkungen des Alten Bundes in der christlichen Kunst. Sonderdruck aus: MONUMENTA JUDAICA. Köln 1963.
Eckert, Willehad Paul, Antijudaismus in der christlichen Kunst, in: Ginzel, Günther B. (Hrsg.), Antisemitismus. Bielefeld 1991.
Fichtl, Friedemann, Der Teufel sitzt im Chorgestühl. Eschbach 2006.
Geese, Uwe, Gotische Skulpturen. Petersberg 2007.
Jochum, Herbert, Ecclesia und Synagoga. Das Judentum in der christlichen Kunst. Ottweiler 1993.
Jochum, Herbert, Ecclesia und Synagoga. Alter und Neuer Bund in der christlichen Kunst, in: H. Frankemölle, Der ungekündigte Bund. Freiburg 1998.
Jülich, Theo, Die mittelalterlichen Elfenbeinarbeiten des Hessischen Landesmuseum Darmstadt. Regensburg 2007.
Klotz, Heinrich, Geschichte der Deutschen Kunst. Mittelalter 600–1400. München 1998.
Lauer, Joachim, Synagoga und Ecclesia, in: Welt und Umwelt der Bibel. 38 Nr.4-2005. Stuttgart
Liebeschütz, Hans, Synagoga und Ecclesia. Heidelberg 1983.
Nyssen, Wilhelm, Die Fenster der Heiligen Übereinstimmung, in: Der Dom zu Köln. Köln 1980, S.107.
Raddatz, Alfred, Die Entstehung des Motivs Ecclesia und Synagoga, in: Judentum im Mittelalter. Eisenstadt 1978.
Rickelt, Lutz, E-Mail 9.11.2020. Privatarchiv Wolfgang Bußler.
Schwebel, Horst, Die Kunst und das Christentum. München 2002.
Seibert, Jutta, Lexikon christlicher Kunst. Freiburg 1980.
Seiferth, Wolfgang, Synagoga und Kirche im Mittelalter. München 1964.
von Simson, Otto, Von der Macht des Bildes im Mittelalter. Berlin 1993.
Toman, Rolf, Gotik. Köln 2007.
Wacker, Marie-Theres, Gottes erste Liebe, in: D. Sattler, 1200 Jahre Bistum Münster. Münster 2005.
Wacker, Marie-Theres, Ecclesia und Synagoga im späten 19. und frühen 20. Jahrhundert. Münster 2017.
Wacker, Marie-Theres, Ecclesia und Synagoga als Anstoß. Theologische Grundsatzprobleme zur bildlichen Darstellungen des Judentums an katholischen Kirchen in Münster, Maria-Laach und Branitz. Oppeln 2018.
Weber, Paul, Geistliches Schauspiel und kirchliche Kunst in ihrem Verhältnis erläutert an einer Ikonographie der Kirche und Synagoge. Stuttgart 1894.

Wien Ausstellungsheft: Ecclesia und Synagoga in der christlichen Kunst von 850 bis 2000. Wien 2002.

### Aachen

Deutz, Ilse und Helmut, Heilsgeschichte in Glasbildern des Aachener Domes.: Die figürlichen Fenster der Chorhalle. Aachen 1993.

### Augsburg

Thierbach, Melanie, Oettinger Tragaltar. Diözesanmuseum Augsburg. Augsburg 2000.

### Bamberg

Bruners, Wilhelm, E-Mail 11/2017, in: Privatarchiv Wolfgang Bußler.
Bußler, Wolfgang, Ecclesia-Synagoga. Pastoralblatt 11/2017. Erftstadt.
Schick, Ludwig, Die Synagoga mahnt zur Achtung der Juden und aller Religionen, in: Was der Bamberger Dom uns sagen kann. Bamberg 2012.

### Brixen

Wolfsgruber, Karl, Der Brixener Dombezirk. Die Johanneskapelle. Bozen 1990.
Andergassen, Leo, Der Dom zu Brixen. Bozen 2009.
Andergassen, Leo, Südtirol – Kunst vor Ort. Bozen 2014.

### Freiburg

Bachmann, Michael, Das Freiburger Münster und seine Juden. Regensburg 2017.
Bachmann, Michael, Juden zur Seite, zur Linken des *crucifixus*. Das Münster 4/2020. Regensburg, S.336f.

### Hildesheim

Denkmal für die Synagoge am Lappenberg in Hildesheim. Hrsg.: Friedrich Weinhagen. Stiftung/Stadt Hildesheim, o.A.
Siemer, Hermann, Das Mahnmal für die Synagoge in Hildesheim. Hildesheim 1989.

### Jülich-Kirchberg

Nestler, Iris, Meisterwerke Glasmalerei des 20. Jhd. in den Rheinlanden Bd. 2, Mönchengladbach 2017.

### Köln

Kier, Hiltrud, Die romanischen Kirchen in Köln. Köln 2014.

Wacker, Bernd & Lauer, Rolf, Der Kölner Dom und die Juden. Domblatt 2008/2018. Köln.
Wacker, Bernd, Ostentative Ahnungslosigkeit. Das sogenannte Kinderfenster im Kölner Dom. in: Domblatt 2021, Köln, S.191/220.

### Magdeburg

Zachhuber, Waltraut, Juden und Christen im Magdeburger Dom. Ein Gedenkweg. Magdeburg 2015.

### Marburg

Parello, Daniel, Die Elisabethkirche in Marburg, Glasmalereien. Regensburg 2009.

### Passau

Möseneder, Karl, Der Dom zu Passau. Regensburg 2016.

### Österreich

Stift Rein. Brenner Elisabeth. Raaba 2014.

### Parma

Der Dom zu Parma. Bologna 2008.

### Rom

Gatz, Erwin, Roma Christiana. Regensburg 1998.
Rosenberger, Michael, Ein römischer Pilgerführer. S. Pudenziana, S. Sabina. Münsterschwarzach 1990.
Dohmen, Christoph, Mose. Michelangelo. Leipzig 2011, S. 195ff.
Wallace, William E., Michelangelo. Skulpturen. Köln 1999.

### Straßburg

Bauch, Kurt, Straßburg. Berlin 1941.
Dehio, Georg, Das Straßburger Münster. München 1941.
Franck-Oberaspach, Karl, Der Meister der Ecclesia und Synagoge am Straßburger Münster. Düsseldorf 1902.
Klein-Ehrminger, Madeleine, Das Münster unserer Lieben Frau zu Straßburg. Lyon 1986.
zu Sayn-Wittgenstein, Franz, Das Straßburger Münster, in: Elsaß. München 1967, S.222.

**Trier**

Ronig, Franz, Der Dom zu Trier. Königstein im Taunus 1982.
Friedrich, Verena, Der Trierer Dom in Bildern. Passau 2010.

**Wasserburg am Inn**

Feulner, Theodor, Der sogenannte »Lebensbaum« (lebendes Kreuz) an der Außenwand des Chores von St. Jakob in Wasserburg a. Inn. Jahrbuch 1981. Wasserburg a. Inn.

**Worms**

Preißler, Matthias, Die SchUM-Städte Speyer-Worms-Mainz. Regensburg 2013.
Schäfer, Tobias/Janson, Felicitas/Kohlgraf, Peter(Hrsg.), Der Dom zu Worms – Krone der Stadt. Regensburg 2018.

**Xanten**

Hilger, Hans Peter, Der Dom zu Xanten und seine Kunstschätze. Königstein im Taunus 1997.
Karrenbrock, Reiner/Kempkens, Holger, St. Viktor zu Xanten. Xanten 2002.

**Hl. Hildegard**

Gutjahr, Hiltrud/Zatonyi Maura, Die Miniaturen des Liber Scivias der Hl. Hildegard von Bingen. Abtei Rüdesheim. Beuron 2011.

**Pisano**

Swarzenski, Georg, Nicolo Pisano. Frankfurt a. Main 1926.
Keller, Harald, Giovanni Pisano. Wien o. A.

**Press**

Press, Friedrich, 1904–1990. Katalog. Magdeburg 1999.

**Koffmann**

Koffmann, Joshua, Synagoga und Ecclesia. Campus Philadelphia, in: Brunner Hans, Die Botschaft heute 6/2017. Aachen.

**Tragaltar**

Bracker-Wester, Ursula, Porphyr aus Kölner Boden. Monumenta Annonis. Köln 1975.
Brandt, Michael, Abglanz des Himmels. Romanik in Hildesheim. Hildesheim 2001.

Braun, Joseph, Der christliche Altar. München 1924.
Budde, Michael, Altare Portatile. Kompendium der Tragaltäre des Mittelalters 600–1600. Münster 1997.
Grimme, Ernst Günther, Große Kunst aus Tausend Jahren. Kirchenschätze aus dem Bistum Aachen. Aachen 1968.
Gudera, Alice, Der Tragaltar aus Stavelot. Ikonographie und Stil. Bremen 2003.
Pütz, Hannes, E-Mail vom 22.1.2021. Privatarchiv Wolfgang Bußler.
Soltek, Stefan, Kölner romanische Tragaltäre, in: Ornamenta Ecclesia Bd. 2. Köln 1985.
Steinmann, Marc, Mauritius und Gregorius Tragaltar, in: Der Schrein des Heiligen Anno im Siegburger Kirchenschatz. Köln 2014, S. 31f.

**Christentum – Judentum: Antisemitismus**

Alexander, Kurt, Rede bei der Kundgebung des Verbandes der Jüdischen Jugendvereine Deutschlands zu Berlin am 27. Oktober 1919, in: Kalomynos 4/2008.Essen.
Endres, Elisabeth, Die gelbe Farbe. Die Entwicklung der Judenfeindschaft aus dem Christentum. München 1989.
Ginzel, Günter B. (Hrsg.), Antisemitismus. Erscheinungsformen der Judenfeindschaft gestern und heute. Bielefeld 1991.
Hollenstein, Carl, Katholizismus und Antisemitismus, in: Urs Altermatt, Katholizismus und Antisemitismus (in der Schweiz).in: Orientierung 3/2000. Zürich.

**Martin Luther**

Bienert, Walther, Martin Luther und die Juden. Frankfurt a.M. 1982.
Lehner, Gerold, Martin Luther und die Juden. Die dunkle Seite der Reformation. Gmunden 2015.
Martin Luther und die Juden. Begleitheft zur Ausstellung 2017, Evgl. Nordkirche. Hamburg 2016.

**Christentum – Judentum: Dialog**

Kleines Konzilskompendium, Karl Rahner/Herbert Vorgrimler (Hrsg.). Freiburg 1966.
Gemeinsame Synode der Bistümer in der Bundesrepublik Deutschland. Freiburg 1976.
Deutsche Bischofskonferenz, Texte zu den katholisch-jüdischen Beziehungen seit Nostra aetate. Arbeitshilfe Nr. 307. Bonn 2019.
Batlogg, Andreas R., Tag des Judentums, in: Stimmen der Zeit 1-2011. Freiburg.
Beier, Peter, in: Münz, Christoph/Sirsch, Rudolf W., 60 Jahre Woche der Brüderlichkeit. Münster 2013.
Dieser, Helmut, Entschieden dem erstarkten Antisemitismus entgegentreten. Nachrichten Bistum Aachen 10.11.2019. Aachen.

Eltrop, Bettina, Neue theologische Akzente in der revidierten Einheitsübersetzung 2016 zu Römer 9–11. in: Anzeiger für die Seelsorge 11/2018. Freiburg.
Evangelische Kirche im Rheinland. Kirche und Israel. Zur Erneuerung des Verhältnisses von Christen und Juden. Düsseldorf 1993.
Frankemölle, Hubert, Christen und Juden gemeinsam ins dritte Jahrtausend. Paderborn 2001.
Frankemölle, Hubert, Der ungekündigte Bund. Freiburg 1998.
Papst Franziskus, Evangelii Gaudium, Bonn 2013.
Papst Franziskus, Ansprache beim Besuch der Römischen Synagoge am 17.1.2016, in: Osservatore Romano 22.1.2016, Rom, S. 7.
Görg, Manfred, In Abrahams Schoß. Christsein ohne Neues Testament. Düsseldorf 1993.
Hemmerle, Klaus. in: Feiter Reinhard, Ausgewählte Schriften Band 5. Freiburg 1996.
Henrix, Hans Hermann, Judentum und Christentum, Gemeinschaft wider Willen. Kevelaer 2004.
Hoffmann, Norbert P, Im Dialog vertiefte Freundschaft, in: L'Osservatore Romano 25.1.2019. Rom.
Homolka, Walter/Zenger, Erich, Die neue Karfreitagsfürbitte für die Juden. Freiburg 2008.
Homolka, Walter, Der Jude Jesus – eine Heimholung. Freiburg 2020.
Kaspar, Walter, Juden und Christen. Freiburg 2020.
Küng, Hans, Das Judentum. München 1991.
Küng, Hans, Das Christentum. München 1994.
Kuschel, Karl-Josef, Streit um Abraham. München 1994.
Löning, Karl, Eschatologische Krise und (Neuer) Bund, in: H. Frankemölle, Der ungekündigte Bund. Freiburg 1998.
Lohfink, Gerhard/Weimer Ludwig, Maria – nicht ohne Israel. Freiburg 2008.
Lohfink, Norbert, Der niemals gekündigte Bund. Freiburg 1989.
Metz, Johann Baptist, Gedanken zum Verhältnis von Kirche und Synagoge, in: Süddeutsche Zeitung. München 1988.
Mussinghoff, Heinrich, 50 Jahre Nostra Aetate – Pressebegegnung in der römischen Synagoge 9.9.2015: Pressemitteilung der Deutschen Bischofskonferenz. 150a. Bonn.
Mussinghoff, Heinrich, Gott ist der Gott und Vater aller Menschen. Aachen 2019, S. 108.
Mussner, Franz, Traktat über die Juden. München 1979.
Richter, Klemens, Die katholische Kirche und das Judentum. Dokumente von 1945–1982. Freiburg 1982.
Tück, Jan-Heiner (Hrsg.), Die Beschneidung Jesu. Was sie Juden und Christen heute bedeutet. Freiburg 2020.
Vorgrimler, Herbert, Der ungekündigte Bund. Systematische Aspekte, in: H. Frankemölle, Der ungekündigte Bund. Freiburg 1998.
Zenger, Erich, Das Erste Testament. Münster 1991.

# Bildnachweise

Aachen: Klaus Herzog: 56;
Augsburg Diözesanmuseum St.Afra: 3a,3b;
Balve: Erzbistum Paderborn-Fachstelle Kunst: 71;
Diözesanmuseum Bamberg: Foto: Ludmilla Kvapilova-Klüsener: 89,90.98,99;
Brixen: Archiv Tappeiner Verlag,Bozen: 62,63;
Brüning, Harald: 35;
Brüssel-Stavelot: Foto Museum Brüssel: 68;
Corpus Vitrearum Deutschland/Freiburg i.B. Foto: Rafael Toussaint: 36; Rüdiger Becksmann: 39; Andrea Gössel: 68;
HCMDarmstadt, Foto: Wolfgang Fuhrmannek: 20,72;
Domschatz Essen: 21;
Freiburg, Münster: Karlheinz Raach: 91–93;
Fritzlar: Kämpf Jürgen: 28;
Heinze, Stefan: 34,61;
Abtei St. Hildegard Rüdesheim Bingen: 26;
Katalog Herbert Jochum: 23b, 37,70;
Köln: Meiering Dominik: 27;
Kunze, Hans Wulf: 59;
Magdeburg Dom: Quast Giselher: 85,100,101;
Benediktiner Abtei Maria Laach: 53;
Mönchengladbach: Beck, Veronika: 19;
Deeken, Dieter: 72b+c,79;
van Gastel, Cor: 106;
Mevissen, Willy: 1,2,4–18,80,82–84,97;
Weiss Reginald: 73–76.81;
Schnitzler, Ulrich: 77,78;
Stadtarchiv Mönchengladbach: 86–88.102–104;
Thifessen, Karl Heinz: 105;
Nestler, Iris: 57,58;
Straßburg: Fondation de l'Œuvre Notre-Dame , Strasbourg: 94a, 94b;
Hamburg Staats- und Universitätsbibliothek Codex Levy 37 fols. 169v.: 95;
bpk/Skulpturensammlung und Museum für Byzantinische Kunst, SMB/Antje Voigt. Berlin: 24;
bpk/Gemäldegalerie, SMB/Jörg P Anders. Berlin: 25;
Bildarchiv Foto Marburg: 29,30,38;
Foto Michael Jeiter: 50;
Bayrische Staatsbibliothek München. Clm 4452, VD: 22;
Passau Dom: Dionys Asenkerschbaumer: 54,55;
Stift Rein: Prior Martin Höfler OCist.: 48,49;
Thurnau: Hans Hager: 46,47;

Trier Domschatzkammer, Foto: Rita Heyen, Amt für kirchliche Denkmalpflege Trier: 23a;
Wacker, Marie-Theres: 51;
Wasserburg a. Inn: Foto Matthias Haupt 2014. Stadt Wasserburg a.Inn: 43
Wikimedia: Sailko: 31; Ingsoc: 42; J. Bittner: 44; D. Descouens: 45; G. Ullah: 52; Calimeronte: 60; Vassil: 96;
Stift Wilten/Innsbruck: 33a;
Worms: Renate J. Deckers-Matzko: 40;
Stadtarchiv Worms: 41;
Xanten: Katholische Propsteigemeinde St. Viktor Xanten. Foto: Michel Saint-Mont: 64a+64b.

– Ich habe mich bemüht, alle Inhaber der Bildrechte herauszufinden. Für etwaige Versäumnisse bitte ich um Nachsicht. Teilen Sie mir bitte die bestehenden Ansprüche mit. – (W. B.)

Ferner bedanke ich mich bei denen, durch deren finanzielle Unterstützung diese Arbeit veröffentlicht werden konnte:

- Irmgard-Regnit-Stiftung, Mönchengladbach
- Gesellschaft für Christlich-Jüdische Zusammenarbeit Mönchengladbach

Gesellschaft für
CHRISTLICH-JÜDISCHE Zusammenarbeit
Mönchengladbach e.V.

- Buber-Rosenzweig-Stiftung

BUBER-
ROSENZWEIG-
STIFTUNG GESELLSCHAFTEN FÜR
CHRISTLICH-JÜDISCHE ZUSAMMENARBEIT

- Stadtsparkassen Mönchengladbach

gefördert
aus
PS
Die Lotterie der Sparkasse

- Gemeinschaft Lebendiges Münster Mönchengladbach

Lebendiges Münster

- Münster Bauverein Mönchengladbach

münster bauverein
mönchengladbach

- Pax-Bank Aachen

Unterstützt durch die

Pax-Bank

- Region Mönchengladbach im Bistum Aachen

Region Mönchengladbach im Bistum Aachen

- Ringfoto Schnitzler

RINGFOTO Schnitzler

- Kirche im Bistum Aachen

Kirche im Bistum Aachen

# In der Verlagsgruppe Mainz edition_ aixact erschien außerdem:

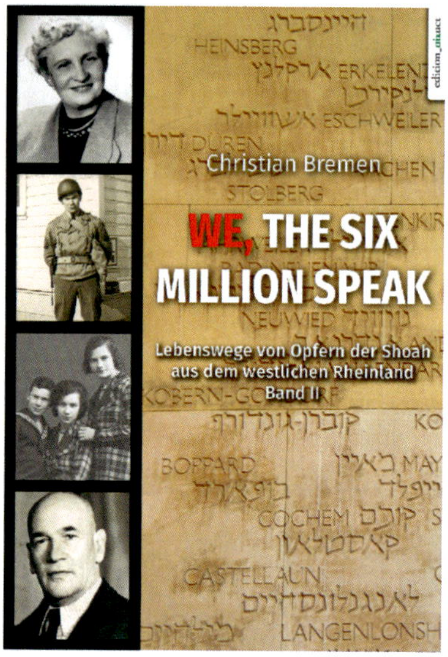


Bremen, Christian

## We, The Six Million Speak

*Lebenswege von Opfern der Shoah aus dem westlichen Rheinland Band II*

Seit Ende 2018 ermutigt und inspiriert die Wanderausstellung »we, the six million« Schülerinnen und Schüler zu eigenen Reflexionen über die Shoah. Was an Aachener Schulen mit Ausstellungen und Projektarbeiten begann, hat sich mit Ausstellungen an Schulen im ganzen Rheinland über diese Grenzen hinausentwickelt. Und nach dem ersten Band mit biographischen Arbeiten zu Lebenswegen von Opfern der Shoah aus dem westlichen Rheinland liegt hiermit nun der zweite Band mit Beiträgen von Lehrenden und Studierenden der RWTH Aachen vor.

Die hier gesammelten biographischen Arbeiten erweitern dabei die Perspektive und das Themenspektrum der Ausstellung um den Aspekt der Retterinnen und Retter, die jüdische Menschen während der NS-Zeit unterstützten, ihnen zur Flucht oder zu einem Versteck verhalfen und sich dadurch selbst in Lebensgefahr brachten. Die so oft vorgebrachte Schutzbehauptung, dass man nichts habe tun können, entpuppt sich nicht zuletzt angesichts dieser Beispiele solidarischen und mitmenschlichen Handelns als Ausrede. Die Botschaft, die dieses Handeln für das Hier und Heute bereithält, ist vielleicht aktueller denn je …

344 Seiten, Paperback
ISBN: 978-3-98511-002-5
EUR 19,80